Über dieses Buch Rudolf Steiner, Begründer der Anthroposophie, starb 1925. Aber seine Lehre vom Menschen hat nichts von ihrer Aktualität verloren – ganz im Gegenteil: Der Mensch kommt gar nicht mehr dazu, bewußt zu leben – zu viele Eindrücke stürmen auf ihn ein; und der ständig wachsende Leistungsdruck zwingt ihn, ein Ausmaß an Energie zu mobilisieren, das er eigentlich gar nicht verkraften kann. – Dieses Buch gibt Aufschluß darüber, welches heute die meßbaren Ergebnisse der Anthroposophie sind, es erörtert, was in der Zukunft möglich erscheint, und es beschäftigt sich mit der Frage, welche ganzheitliche »Alternative« die Anthroposophie dem Menschen von heute bietet.

Anthroposophie heute

Herausgegeben von
Kurt E. Becker
und Hans-Peter Schreiner

Fischer Taschenbuch Verlag

Perspektiven der Anthroposophie

Herausgegeben von
Johannes M. Mayer und Wolfgang Niehaus

10.–11. Tausend: Januar 1987

Überarbeitete und aktualisierte Ausgabe
Veröffentlicht im Fischer Taschenbuch Verlag GmbH,
Frankfurt am Main, März 1984

Die Originalausgabe erschien 1981 in der Reihe ›Geist und Psyche‹
herausgegeben von Nina Kindler, im Kindler Verlag, München
Lektorat: Monika A. Weißenberger
Umschlaggestaltung: Jan Buchholz/Reni Hinsch
Gesamtherstellung: Clausen & Bosse, Leck
Printed in Germany
1280-ISBN-3-596-25535-X

Inhalt

Kurt E. Becker / Hans-Peter Schreiner

Vorwort

Auf dem ersten Höhepunkt positivistischer Wissenschaft, in einer Zeit, in der alle Phänomene menschlichen Lebens von der Naturwissenschaft für erklärbar und seine Probleme für lösbar gehalten wurden, hat RUDOLF STEINER (1861–1925) eine Gegenbewegung ins Leben gerufen: Die Anthroposophie (Menschenweisheit), eine Geisteswissenschaft, die nicht nur das Materialistisch-Greifbare, sondern auch das Geistige im Menschen erfassen will. Nicht nur Intellekt und Verstand, auch Gefühl, Empfindung – das ganze Leben soll die Anthroposophie durchdringen: »Es kommt nicht darauf an, die Lehren der Geisteswissenschaft verstandesmäßig zu beherrschen, sondern das Gefühl, Empfindung, ja das ganze Leben mit ihnen zu durchdringen. Nur durch eine solche Durchdringung erfährt man auch etwas von ihrem Wahrheitswert. Sonst bleiben sie doch nur etwas, was man glauben oder auch nicht glauben kann. Richtig verstanden, werden die geisteswissenschaftlichen Wahrheiten dem Menschen eine wahre Lebenserfahrung geben, ihn seinen Wert, seine Würde und Wesenheit erkennen lassen, den höchsten Daseinsmut geben.«[1]

Auch wenn STEINER die Naturwissenschaft und ihren Dogmatismus (»Die Menschen werden immer mehr und mehr eingeschnürt werden in das, was die Autorität über sie verhängt«)[2] immer wieder angegriffen hat, weil sie nicht den Menschen als Ganzes, sondern nur Teile des sichtbaren Menschen sah,[3] fand er sich selbst doch im Einklang mit ihr. Zwischen der »Naturwissenschaftlichen Tatsachenforschung« und den Ergebnissen der Geisteswissenschaft sah STEINER keinen Widerspruch,[4] sondern zweierlei Wissenschaft, die sich ergänzt und nur zusammen wahre, menschengemäße Wissenschaft ist: die äußere, sinnliche Welt als Suchfeld der Naturwissenschaft und die geistige Welt als Suchfeld der Geisteswissenschaft. Beide in Einklang zu bringen zu einer Wissenschaft vom Menschen, war STEINERS Bestreben.

Die Erkenntnisse der Anthroposophie schöpfte RUDOLF STEI-

NER aus geistigen Quellen, die er sich in meditativer Schau erschloß. Dieses Wissen über Herkunft, Entwicklung, Leib, Geist und Seele des Menschen, über Reinkarnation und Karma, hat er in unzähligen Büchern, Schriften, Aufsätzen und Vorträgen ausgebreitet. In über dreihundert Bänden hat er eine umfassende, ins Detail gehende Weltenschau dargelegt, die nachzuvollziehen oder auch nur annähernd in ihrer vollen Tragweite zu erfassen auch heute nur wenigen möglich ist.

RUDOLF STEINER ist eine der faszinierendsten und zugleich umstrittensten Persönlichkeiten der Jahrhundertwende. Auf der Grundlage seines Menschen- und Weltbildes, jenseits von Begriffen wie Dogma, Norm, Prinzip und Pflicht[5] und geprägt von allumfassender Liebe (»Die Erde ist der Kosmos der Liebe«[6]) und reifer, individueller Freiheit, hat sich eine Bewegung herauskristallisiert, die – nach ihren ersten Höhepunkten in den zwanziger Jahren – heute eine noch nicht abschätzbare Wirkung auf die abendländische Gesellschaft der Gegenwart hat. Von STEINER und der 1913 gegründeten Anthroposophischen Gesellschaft ausgehend, haben seine Erkenntnisse und Ideen in alle Lebensbereiche Eingang gefunden.

Wohl bekannteste anthroposophische Institution ist die von STEINER und dem Inhaber der Waldorf-Astoria Zigarettenfabriken, EMIL MOLT, 1919 ins Leben gerufene Waldorfschulbewegung. Heute werden in fast neunzig freien Waldorfschulen in der Bundesrepublik – und vielen im Ausland – Kinder und Jugendliche auf das Leben vorbereitet. Fast 200 Waldorfkindergärten und Freizeitzentren ergänzen die Schulen allein in Deutschland.

Die Waldorfschulen zählen zu den ersten »freien«, d. h. nicht in überkommener Bildungstradition stehenden Schulen überhaupt. RUDOLF STEINER sah Erziehung als Kunst, die von den Lehrern zwar nach bestimmten Gesetzen, aber auf völlig individuelle Weise ausgeübt werden sollte. Im Mittelpunkt des Unterrichts steht vor allem das Künstlerisch-Musische. Dem freien Gefühls- und Willensleben des Schülers wird weitgehend Rechnung getragen. Schulstreß und »Sitzenbleiben«, an staatlichen Schulen immer wieder beklagt, gibt es in Waldorfschulen nicht.

Im Umfeld zunehmender Umweltbelastung und der daraus resultierenden Ökologiebewegung ist ein weiterer Zweig anthroposophischer Arbeit in den Mittelpunkt gerückt –

der biologisch-dynamische Landbau, an dem sich heute in der Bundesrepublik etwa vierhundert Betriebe mit bis zu sechzig Mitarbeitern pro Betrieb orientieren. Er hat sich als praktikable Alternative zur herkömmlichen Landwirtschaft erwiesen: Mit ausschließlich natürlicher Düngung, mit abwechslungsreichen Fruchtfolgen und der Berücksichtigung kosmischer Konstellationen wird das Wachstum gesunder, widerstandsfähiger Pflanzen gefördert.

Die Erzeugnisse der bio-dynamisch orientierten Bauern sind als Demeter-Nahrungsmittel in zweitausend deutschen Reformhäusern zu haben. Das Angebot ist reichhaltig. Es reicht von Molkereiprodukten über Konserven, Obstsäften bis zu Backwaren und Kindernährmitteln. Oft gibt es Nachschubprobleme, vor allem bei Frischwaren wie Gemüse und Obst, die von zusätzlich siebenhundert Verkaufsstellen angeboten werden.

Von zunehmender Bedeutung ist auch der Einfluß der Anthroposophie auf die moderne Medizin: In allen größeren Städten der Bundesrepublik gibt es eine Vielzahl von Ärzten, die sich an RUDOLF STEINER und seinen »medizinischen Impulsen« orientieren. Auch in einer Reihe von Kliniken gilt die Orientierung an STEINER. Die bekanntesten sind das Gemeinschaftskrankenhaus in Herdecke, die Filderklinik bei Stuttgart und die ITA-WEGMAN-Klinik in Arlesheim in der Schweiz. Für »Chefärzte« ist in anthroposophischen Kliniken kein Platz. Vor allem in Herdecke hat das kollegiale Beratungssystem unter Verzicht der Fachärzte auf Privathonorar – diese Honorare fließen dem Krankenhaus zu – mitgeholfen, neue gesundheitspolitische Sozialformen in die Diskussion zu bringen.

RUDOLF STEINER und die Ärztin ITA WEGMAN, die entscheidende Mitinitiatorin der anthroposophisch orientierten Medizin, wollten, daß der Mensch als Ganzes gesehen und behandelt, das seelisch-geistige Wesen mit in das Krankheitsbild einbezogen wird. Aus den Einsichten in die den Menschen umgebenden Naturreiche in ihrer gesetzmäßigen Wechselwirkung zu seinem Innern entwickeln anthroposophische Mediziner ihre Therapie. Die Ärzte sehen sich nicht in Gegnerschaft zur »Schulmedizin«, sie sehen ihre Behandlungsart als »Erweiterung« dieses Heilwesens. STEINER: »Nicht auf die Mißachtung der materialistischen Medizin, sondern darauf müssen die Bestrebungen gehen, daß in diesen materialistischen Betrieb die Geisteswissenschaft hineingetragen werden muß.«[7]

Eine Vielzahl von Präparaten, die auf den Rezeptblöcken anthroposophischer Mediziner stehen, kommt aus der württembergischen Kleinstadt Schwäbisch-Gmünd und aus dem schweizerischen Arlesheim. Dort hat die Weleda AG Sitz und Produktionsstätten.

Auch in der Krebstherapie gehen Anthroposophen neue Wege. In eigenen Forschungslaboratorien sind sie mit Mistelpräparaten zu mittlerweile auch von der »materialistischen« Medizin diskutierten Resultaten gekommen, die völlig neue Möglichkeiten in der Behandlung von Krebserkrankungen eröffnen.

Zunehmend internationale Anerkennung finden STEINERS Ansätze zu einer modernen Heilpädagogik, die der Wiener Arzt Dr. KÖNIG zur vieldiskutierten Camphill-Bewegung ausgeweitet hat. Die Integration behinderter Erwachsener in den »normalen« Ablauf einer Familien- und einer Dorfgemeinschaft, die vollgültige Anerkennung behinderter Menschen, ist in Deutschland in beeindruckenden Beispielen verwirklicht worden. Die über zweihundert Menschen zählende Dorfgemeinschaft Sassen bei Fulda, eine der »modellhaftesten« Einrichtungen STEINERscher Heilpädagogik, zieht alljährlich ganze Heerscharen offizieller und inoffizieller Delegationen an.

Mit seiner Idee von der »Dreigliederung des sozialen Organismus« hat RUDOLF STEINER auch die gesellschaftspolitische Initiative ergriffen. Verschiedene anthroposophisch orientierte Gruppen, wie der »Achberger Kreis«, versuchen heute, STEINERS soziale Vorstellung als »dritten Weg zwischen Kapitalismus und Kommunismus« in praktikable Realität umzusetzen. An Wahlerfolgen der »Grünen« war der Achberger Kreis nicht unmaßgeblich beteiligt. Ohne Billigung der Anthroposophischen Gesellschaft freilich, die, STEINERS Intention gemäß, die Politik »nicht als unsere Sache« ansieht. Die Achberger und die anderen »politischen« Gruppen im Umfeld der Anthroposophie, zu denen auch Leute wie DUBČEKS Wirtschaftsberater OTA SĬK oder der Künstler JOSEPH BEUYS gestoßen waren, fühlen sich aber durch viele Aussagen STEINERS in ihren Aktivitäten bestätigt.

STEINER wollte den sozialen Organismus dreiteilen – in voneinander unabhängige Systeme: das Geistesleben, das Wirtschaftsleben und das Rechtsleben. Zwischen diesen Säulen des sozialen Lebens – »Staat« ist ausschließlich auf das Recht beschränkt – wird der »notwendige Verkehr erfolgen annähernd wie gegenwärtig der zwischen den Regierungen souveräner Staatsgebiete«.[8]

Die Organisation des Wirtschaftslebens als assoziatives Zusammenwirken von Produzenten und Konsumenten hat sich in der proletarischen Bewegung der beginnenden zwanziger Jahre allerdings an keiner Stelle durchsetzen können, obwohl STEINER Bedürfnisse und Wünsche der Arbeiter exakt analysierte und die diskutabelste Alternative einerseits zum aufkommenden Marxismus und andererseits zu den morsch gewordenen autoritär-kapitalistischen Systemen anbot. Ansätze der Realisierung der »Dreigliederung« sind zu Beginn der zwanziger Jahre gescheitert. STEINER hat seine Pläne zur aktuellen Verwirklichung der Dreigliederung verbittert fallen gelassen. Heute werden seine Aussagen zur sozialen Frage wieder diskutiert.

Die Bedeutung des Einflusses von RUDOLF STEINER auf Literatur und Kunst ist immer wieder unterschätzt worden. Ganze Legionen von Dichtern und Künstlern sind von STEINER inspiriert worden, ohne sich jedoch jemals auf ihn zu berufen. Unter den bekanntesten Dichtern des Jahrhunderts haben sich nur zwei völlig zu STEINER bekannt: CHRISTIAN MORGENSTERN und der Schweizer ALBERT STEFFEN, der STEINER auch als Vorsitzender der Anthroposophischen Gesellschaft nachgefolgt war.

Auch RUDOLF STEINERS Architektur hat viele Nachahmer gefunden, die sich nie zu ihrem Lehrmeister bekannten. Trotzdem: Die von STEINER und seinen Schülern *bewußt* beeinflußte Architektur ist überall da zu bewundern, wo anthroposophische Zentren sind – in Waldorfschulen, Kliniken, in Großstädten, in den Zentren der Camphill-Bewegung und in Dornach in der Schweiz, dem Sitz der Anthroposophischen Gesellschaft bei Basel. Dort hat STEINER das Goetheanum entworfen, einen Monumentalbau, der alles bis dahin an Bauformen Dagewesene über Bord wirft. Der Bau, 1913 zuerst in Holz errichtet und nach einem Brand in Beton wiederaufgebaut (beendet 1928/29) ist heute als freie Hochschule für Geisteswissenschaft das Zentrum der anthroposophischen Gesellschaft. Neben dem Verwaltungssitz befindet sich dort eine Bühne, die – einmalig in der Welt – beide Teile von GOETHES Faust in voller Länge aufführt, außerdem zahlreiche Veranstaltungsräume, in denen ein umfangreiches Studienprogramm für Geisteswissenschaft angeboten wird. Tausende von Menschen besuchen alljährlich das Goetheanum.

Die Einflüsse STEINERS auf alle Bereiche des Lebens sind in ihrer Vielfalt kaum abschätzbar. Sogar das religiöse Element hat in der Anthroposophie mit der »Christengemeinschaft« einen Platz eingenommen. Jeglicher religiöser Dogmatismus, jegliches dogmatische Sendungsbewußtsein ist der von STEINER inspirierten Christengemeinschaft ähnlich fern wie der Anthroposophie an sich. Die Christengemeinschaft, die in zahlreichen Städten Kirchen und Gemeinden unterhält, orientiert sich ausschließlich an STEINERS Christologie. Sie ist nicht innerhalb der anthroposophischen Bewegung zu sehen, sondern als Parallele zu ihr.

Durch den universalen Geist STEINERS ist es gelungen, inmitten einer wissenschaftsgläubigen, materialistischen Welt den Menschen als Mensch wieder in den Mittelpunkt der Betrachtungsweise zu rücken. Für die menschlichen Frustrationen der Industriegesellschaft bietet er Auswege: Der Zulauf scheint ihm recht zu geben.

Propaganda für ihre Weltanschauung machen die Anthroposophen nicht. Getreu nach STEINER: »Dasjenige, was heute allgemein Sitte ist, daß einer, nachdem er eine Meinung erworben hat, nicht schnell genug für seine Meinung Propaganda machen kann, das kann von uns nicht angestrebt werden.«[9] Aber auch ohne Propaganda: Die Ideen STEINERS scheinen sich ohne lauten Flügelschlag zu realisieren. Das aufzuzeigen, war die Aufgabe, die an die Autoren dieses Buches gestellt wurde. Zu fragen, welches die meßbaren Ergebnisse der Anthroposophie sind und welche Ergebnisse künftig möglich erscheinen, schließlich, welche ganzheitliche Alternative die Anthroposophie bietet.

Die Autoren werden dabei wesentlich mit zwei Grundanforderungen konfrontiert: Eine präzise Skizzierung der theoretischen Fundierung ihres Themenbereichs innerhalb der Geisteswissenschaft zu leisten und den daraus resultierenden Anspruch an der anthroposophischen Wirklichkeit zu überprüfen.

Die Einführung in die Anthroposophie gibt FRIEDRICH HIEBEL, eine der großen Persönlichkeiten der Anthroposophie. Er hat STEINER noch selbst erlebt. Sein literarisch-biographisches Werk hat ihn als Humanisten par excellence über die Grenzen der Anthroposophie hinaus bekannt gemacht.

Emmendingen / Frankenthal, im Januar 1984

Friedrich Hiebel

Zum Weltbild Rudolf Steiners

Ganzheitliche Alternative

Konnte RUDOLF STEINER während seiner Lebenszeit (1861 bis 1925) in keinerlei tradierte Kulturzusammenhänge eingeordnet werden, so widersetzt sich selbst heute noch, nachdem die Ergebnisse seiner Geistesanschauung vielfache Früchte bei wachsender Anerkennung gefunden haben, die Universalität seiner Geistesleistung konventioneller Biographik.

Konfrontation mit der Alternative einer solch durchgreifenden Kulturerneuerung, wie sie die Anthroposophie darstellt, erfordert vorerst Unbefangenheit und Vorurteilslosigkeit. Aus Bequemlichkeit des Denkens und aus Furcht, sich bewußt von ungeprüften Vorurteilen trennen zu müssen, anstatt sich selbständig einer solchen Alternative gegenüberzustellen, scheint es leichter, sein Werk totzuschweigen als den Anfang zu wagen, der Urteilskraft eigenen Denkens zu vertrauen.

Der Begründer der Anthroposophie ging geradlinig von der abendländischen Geistesentwicklung aus.[1] Er wuchs schicksalhaft aus dem Weltbild der neuzeitlichen Naturwissenschaft und Technik heraus. Mit aller Konsequenz wandte er sich ausschließlich an die Urteilskräfte des selbständig unterscheidenden Denkens, wenn er über die Erlangung der Bewußtseinssteigerung sprach, die durch eine Pflege des Seelenlebens zu erreichen ist. Berührte er dabei das Wesen echter Meditation, dann trat er nicht mit dem Gehabe eines orientalischen Yogi auf oder propagierte gar hypnotisch-mediumistische Praktiken, die diffuse Einblicke in prä- oder postexistente Seelenzustände zu erhaschen suchen.

Sprach er vom Erringen des reinen Denkens, das sich sinnlichkeitsfrei erweist, indem es sich so lange von Leibesvorgängen löst, wie die unabgelenkte Aufmerksamkeit aus freiem Wollen währt, dann tat er das mit der Nüchternheit eines Mathematikers und mit der Anschaulichkeit eines Naturwissenschaftlers. Er wies darauf hin, daß jeder Mensch eine solche

Erfahrung reinen Denkens in jeglicher Lebenslage haben kann und damit bereits ein erstes, grundlegend übersinnliches Erlebnis herbeiführt. Dabei stellte er dies in einem Stil dar, der sich bewußt von aller rhetorischen Schönrednerei fernhält, die Sensationslust erwecken würde, wo nur an das rein menschliche Empfinden für die Wahrheit appelliert werden darf.

Als Sohn eines Beamten der österreichischen Südbahn verbrachte er seine Kindheit auf Stationsgebäuden, in denen sein Vater Telegraphist gewesen war. Damals, 1861, war dies der Schauplatz fortgeschrittenster Technik. Das prägte von Anfang an entscheidend das Schicksal des späteren Begründers der Geisteswissenschaft. Er besuchte die Realschule und daraufhin die Technische Hochschule, wo er neben Mathematik und Geometrie in die Gebiete der Physik, der Elektrizität, der Wellenlehre und der Chemie gelangte. Sein Schicksal entscheidender Lehrer war der Germanist KARL JULIUS SCHRÖER, der ihm die Herausgabe der Naturwissenschaftlichen Schriften GOETHES empfahl und ihm durch die Übungen im mündlichen und schriftlichen Ausdruck das geistige Rüstzeug gab, das den späteren Redner und Schriftsteller zur schicksalhaften Vollendung führte.

Wie FICHTE, HEGEL und manch andere Genies der deutschen Geistesgeschichte, verbrachte er einige Jahre als Privatlehrer, in denen er sich die Gymnasialfächer, die dem Realschüler verschlossen sind, autodidaktisch aneignete, um sie dann in seiner Hauslehrertätigkeit sogleich auch seinen Schülern zu vermitteln. Er promovierte zum Doktor der Philosophie, während er bereits am GOETHE- und SCHILLER-Archiv in Weimar an der Herausgabe der Naturwissenschaftlichen Schriften GOETHES arbeitete.

Alle seine damaligen beruflichen Verpflichtungen hatten schicksalsgemäß einen bewußt vorübergehenden Charakter. Nach seiner Tätigkeit am GOETHE- und SCHILLER-Archiv in Weimar war er mehrere Jahre Herausgeber des *Magazin für Literatur* in Berlin und Lehrer an der dortigen Arbeiterbildungsschule, bevor er dann das Amt eines Generalsekretärs der deutschen Sektion der *Theosophical Society* übernahm. Auch diese Tätigkeit erwies sich nach einem Jahrzehnt nur als eine vorübergehend vorbereitende. Es zeigte sich allmählich die Unmöglichkeit, seine Weltanschauung, die aus einem verinnerlichten Christentum abendländischer Geistigkeit hervorwuchs, mit den orientalisierend irrigen Doktrinen der Theosophischen Gesellschaft verbunden zu sehen.

Ehe er das Generalsekretariat der deutschen Sektion der Theosophischen Gesellschaft übernommen hatte, veröffentlichte er sein Buch *Das Christentum als mystische Tatsache* (1902). Während er seine Tätigkeit innerhalb der Theosophenkreise begann, hielt er bereits einen Vortragszyklus über Anthroposophie. Zehn Jahre später verselbständigte sich die Geistesbewegung RUDOLF STEINERS mit der Begründung der Anthroposophischen Gesellschaft, der bald darauf die Grundsteinlegung des Zentralbaues der Anthroposophie, des Goetheanum in Dornach bei Basel, folgte.

Von Goethe zum Goetheanum

Vergegenwärtigen wir uns die feindseligste Verkennung, die GOETHE gegenüber vor hundert Jahren gewaltet hat. Seit den Tagen der Burschenschaftsbewegung brandmarkten die Nationalisten der BISMARCK-Zeit GOETHE als vaterlandsfremd und landesverräterisch. Im Lager engstirnig Konfessioneller beider Kirchen erhielt sich die Anklage des »Heidentums« und dessen »Gottlosigkeit«. Der wachsende Einfluß des Marxismus und des Positivismus der »Kraft-und-Stoff«-Philosophen spielte das Präludium für die Umdeutung von GOETHES Naturerkenntnissen zu Vorahnungen des späteren DARWINismus, wie dies von HAECKEL, VIRCHOW und HELMHOLTZ proklamiert wurde, bis schließlich EMIL DU BOIS-REYMOND, bald nach seiner berühmt-berüchtigten Ignorabismus-Erklärung – in der Berliner Rektoratsrede »Goethe und kein Ende« –, der Naturforschung des Dichters den Todesstoß zu versetzen versuchte.[2]

Ein Jahr nach dieser Rektoratsrede erschien der erste Band der Neuausgabe von GOETHES Naturwissenschaftlichen Schriften in KÜRSCHNERS Deutscher National-Literatur mit der Einleitung des zweiundzwanzigjährigen RUDOLF STEINER. Diese siebenundsechzig Seiten lange Einleitung mit den auf vierhundertsechzig Textseiten befindlichen Fußnoten, voll von aufschlußreichen Erklärungen und denkerisch selbständigen Hinweisen, stellt eine Erstlingsleistung dar, die in ihrer Genialität auf dem Gebiet der Erschließung der GOETHEschen Naturanschauung nicht ihresgleichen hat.

Als Mitarbeiter am GOETHE- und SCHILLER-Archiv in Weimar (1890–1897) wurde STEINER Herausgeber der Naturwissenschaftlichen Schriften der Weimarer Sophien-Ausgabe, nachdem er bereits im Alter von fünfundzwanzig Jahren die erste selbständige Schrift, *Die Grundlinien einer Erkenntnistheorie der Goetheschen Weltanschauung,* 1886, veröffentlicht hatte. Seine über vierzehn Jahre gehenden GOETHE-Studien wurden mit dem Buch *Goethes Weltanschauung* (1897) abgeschlossen. Vor diese Zeit fielen zahlreiche Aufsätze im Jahrbuch der GOETHE-Gesellschaft und sein im Wiener GOETHE-Verein gehaltener Vortrag über *Goethe als Vater einer neuen Ästhetik.* Nachher erschienen neben seinen Schriften über *Faust* und *Das Märchen* zahlreiche in den Druck gegebene Vorträge, die sich auf die gesamte Geisteswelt GOETHES beziehen und im Zusammenhang mit dem Aufbau der Zentralstätte seines Wirkens, dem *Goetheanum* in Dornach, der Freien Hochschule für Geisteswissenschaft, stehen.

In HEINZ KINDERMANNS *Das Goethebild des XX. Jahrhunderts*[3] findet sich auf vielen Seiten eine Würdigung von STEINERS GOETHE-Forschung, die darauf hinweist, daß er »als erster den Weg beschritt, der uns seither – und erst lange nach seinem Alarmruf – die Universalität GOETHES und sein überbrückendes Eingreifen in den geistesgeschichtlichen Weltprozeß in seiner vollen abendländischen Bedeutung klarmachte ... STEINER entfaltet nicht nur ein Panorama von GOETHES sich wandelnder Weltvorstellung und Weltweisheit, sondern er setzt sie mit der stärksten spezifisch-menschlichen Kraft, dem Werden und Wirken einer universal-schöpferischen Persönlichkeit in engste Beziehung.« STEINER hält, so heißt es weiter in dem Buch des Germanisten an der Wiener Universität, als einer der ersten »die zentrale Bedeutung der Metamorphosen-Erkenntnis für GOETHES Dichtung und Weltbild« fest. Seine »Analysen von GOETHES Farbenlehre sind weit vorausdeutend«; und zum Schluß heißt es, »daß RUDOLF STEINERS meist übergangene oder am Rande beachtete GOETHE-Erschließung zu den wichtigsten Pioniertaten der GOETHE-Forschung im zwanzigsten Jahrhundert gehört«.

Auch der Heidelberger Germanist REINHARD BUCHWALD erwähnt in seinem Buch *Goethezeit und Gegenwart* die Wirksamkeit RUDOLF STEINERS, deren man gedenken müsse, »wenn man zeigen will, wie im BISMARCKschen Reich unter WILHELM II. von

1914 die Frage nach der deutschen Kultur gestellt wurde und wie dies im Geiste GOETHES geschah«.

Es ist Angelegenheit wissenschaftlicher Wahrhaftigkeit, auf diese »wichtigste Pioniertat der GOETHE-Forschung« unseres Jahrhunderts näher einzugehen. Sie liegt in bezug auf die Erkenntnis von GOETHES Weltbild in folgenden Ergebnissen:

Die Bedeutung der GOETHEschen Morphologie tritt nicht in den Resultaten der Einzeluntersuchungen zutage, sondern in der Methode des Studiums der organischen Natur.

In der anorganischen Welt herrscht Wechselwirkung der Teile einer Erscheinungsreihe. In der organischen Welt bedingt das Ganze, die Idee, jedes einzelne aus sich selbst.

Die Idee des Typus, des Urbilds, ergibt sich nicht dem diskursiven Verstand, sondern der Vernunft in anschauender Urteilskraft, der »scientia intuitiva« im Sinne SPINOZAS, des archetypischen Intellekts, den KANT als göttliches Vermögen hypothesiert, aber dem Menschen abspricht.

Dadurch gewinnt der Entelechiebegriff des ARISTOTELES bei GOETHE neue Wirklichkeit zur Erkenntnis des Organischen. Der Organismus, der sich als Entelechie entwickelt, d. h. aus sich selbst bestimmt, weil er in *(en)* sich selbst als Ziel *(télos)* seine Bestimmung besitzt *(echéin)*, ist eine sinnlich-übersinnliche Einheit. Die genaue Unterscheidung zwischen dem Anorganischen, das der zerlegende Verstand als Summe der Erfahrung analytisch erfaßt, und dem Organischen, das die zusammenschauende Vernunft als Resultat der Erfahrung synthetisch erkennt, ist eine »wissenschaftliche Tat ersten Ranges«, deretwegen GOETHE als »KOPERNIKUS und KEPLER der organischen Welt« bezeichnet werden muß.

STEINER verteidigt – als Philosoph – GOETHES Morphologie an zwei Angriffsfronten: gegen den Agnostizismus KANTS und gegen die materialistische Interpretation der darwinistischen Entwicklungslehre. Die Typus-Idee GOETHES ist keine Abstraktion einer dualistischen, im Transzendentalen bleibenden Idee. Sie entspringt einem Weltbild des Monismus. Sie ist aber als Einheitslehre keineswegs zugleich auch Gleichheitslehre. »GOETHE denkt sich die Welt als einen Kreis von Kreisen, von denen jeder einzelne sein eigenes Erklärungsprinzip hat. Die modernen Monisten kennen nur einen einzigen Kreis, den der unorganischen Naturgesetze.«

GOETHE befreit sich vom Dogma der Offenbarung des Transzendentalen sowie auch vom Dogma des einseitigen Empirismus im pragmatischen Materialismus. In ihm verbindet sich im harmonischen Ausgleich die empirische Methode der Naturforschung mit dem objektiven Idealismus. Dieser ist Stufenweg von niederer zu höherer Erfahrung der Idee.

Der frühe STEINER interpretiert diesen Weg mit folgender Zusammenfassung der Gedanken: »Wer dem Denken seine über die Sinnesauffassung hinausgehende Wahrnehmungsfähigkeit zuerkennt, der muß ihm notgedrungen auch Objekte zuerkennen, die über die bloße sinnenfällige Wirklichkeit hinaus liegen. Die Objekte des Denkens sind aber die Ideen. Indem sich das Denken der Idee bemächtigt, verschmilzt es mit dem Urgrund des Weltendaseins; das, was außen wirkt, tritt in den Geist des Menschen ein: es wird mit der objektiven Wirklichkeit eins. Das Gewahrwerden der Idee in der Wirklichkeit ist die wahre Kommunion des Menschen.«

Das Erstlingswerk des fünfundzwanzigjährigen STEINER, *Die Erkenntnistheorie der Goetheschen Weltanschauung*[4] (1886), bringt den Nachweis, daß die Abtrennbarkeit der Verhältnisse von Raum, Zahl, Bewegung, Energie, Wärme, Ton, Farbe und von anderen Sinnesqualitäten nur eine Funktion des abstrahierenden Denkens ist. Indem wir die Wahrnehmung von ihrer äußeren Erregung bis zu den Organen der Sinne verfolgen, untersuchen wir nur den fortwährenden Übergang von metamorphosierten Wahrnehmungen. Nirgends ist ein Punkt zu finden, der von der Objektivität des Wahrgenommenen zur Subjektivität der Wahrnehmung führt. Der Inhalt der bestimmten oszillierenden Bewegungen sind die Sinnesqualitäten selbst. Durch ein im GOETHEschen Sinne anschauendes Innewerden der oszillierenden Bewegungen erkennen wir den Inhalt der Erscheinungswelt, nicht durch das Hinzudenken einer abstrakt vorgestellten hypothetischen Materie. Daher GOETHES Ausspruch: »Die Sinne trügen nicht, das Urteil trügt.«

RUDOLF STEINERS Buch *Goethes Weltanschauung* (1897), das seine vierzehnjährige Herausgebertätigkeit der Naturwissenschaftlichen Schriften abschließend zusammenfaßt, stellt GOETHE in den Zusammenhang abendländischen Denkens von PLATO bis HEGEL. Als empirischer Idealist empfing GOETHE von Anfang an seine Weltansicht als Monismus. Er rückte die einseitige Richtung der Ideenlehre des PLATONismus, der die Sinneswelt in Schein verflüchtigt und die Urbilder in einem jenseits der Sinne gedachten Reich von ihr abtrennt, wieder zurecht, indem er am Entelechiebegriff des ARISTOTELES anknüpfte und diesen gegenwartsgemäß fortentwickelte.

GOETHES Verhältnis zum Christentum wird von STEINER im geistesgeschichtlichen Zusammenhang mit dem dualistischen PLATONismus gedeutet. Die Jenseitslehre der christlichen Konfessionen lief GOETHES Einheitsanschauung von Gott-Natur zuwider. Eine unabänderliche Trennung von Glauben und Schauen war ihm unerträglich. Die Frage, wie kommen Idee und Sinnenwelt außerhalb des Menschen zueinander, war für ihn eine ungesund-abstrakte, weil es für ihn keine Natur ohne Geist (Idee) gab. Da ihm innerhalb der christlichen Konfessionen die Gottesanschauung mit der vom PLATONismus geprägten Jenseitslehre entgegentrat, mußte er sich unter Schwierigkeiten eigensten Ringens erst allmählich sein persönliches Verhältnis zum Christuswesen bilden. Hätte die abendländische Philosophie an die durch ARISTOTELES entfaltete Ideenlehre PLATOS angeknüpft, »so wäre sie bewahrt geblieben von manchem, was der GOETHEschen Weltanschauung als Verirrung erscheinen muß«.

Die GOETHESche Weltanschauung setzt auf der Grundlage der aristotelischen Einheitslehre im Bereich der Naturerkenntnis das fort, was die thomistische Scholastik als Annäherung von Glauben und Wissen und für das Reich der Gedanken angebahnt hat. GOETHES empirischer Idealismus steht durchaus im Einklang mit der paulinischen Gotteserfahrung des Urchristentums, indem er sich konsequent der orthodoxen Jenseitslehre des späteren Kirchentums entgegensetzt.[5]

Wie sehr STEINER GOETHE als den »KOPERNIKUS« der Idee des Organischen hinstellt, so eindrücklich schränkt er dessen Anschauung über Sittlichkeit und Freiheit des Menschen ein. GOETHE hat zwar die dem Menschen mögliche, höchste Erkenntnisart der Natur gegenüber intuitiv betätigt, aber er hat sie nicht an sich selbst beobachtet. Er besaß ein echtes Gefühl für die Natur des Sittlichen. Sein Ausspruch, das Gewissen bedürfe keines Ahnherrn, mit ihm sei alles gegeben, er habe es nur mit der eigenen Welt zu tun, beweist dies. GOETHE kam aber nicht zur Anschauung der Freiheit, weil er eine lebenslange Abneigung gegen die Selbsterkenntnis hatte. Wäre das nicht der Fall gewesen, so hätte die Erkenntnis des Menschen als einer auf sich selbst gegründeten freien Persönlichkeit die Vollendung seiner Weltanschauung werden können. Die Keime zu dieser Ansicht sind überall vorhanden. GOETHES Weltanschauung widerspricht in keinem Punkt der Auffassung der höchsten Idee des Menschen als der freien Persönlichkeit.

So steht RUDOLF STEINERS philosophisches Hauptwerk *Die Philosophie der Freiheit* (1894), das er als Dreiunddreißigjähriger herausgab, noch mitten in der Endphase seiner GOETHE-Studien und ist doch zugleich mit den anderen erkenntnistheoretischen Publikationen, die vorausgegangen waren, unabhängig von GOETHE im Aufbau seines ihm ureigensten Werkes, der Anthroposophie als der Entwicklungsweisheit vom Bewußtwerden des Menschentums.

Wir werden innerhalb der jüngsten GOETHE-Forschung oftmals gewahr, wie sie das Mystisch-Kabbalistische, Alchimistisch-Magische, Gnostisch-Neuplatonische im Extrem überbetont und die Durchgangspunkte des jungen GOETHE zu Unrecht verabsolutiert. In einem bedeutsamen Aufsatz von ANDREAS B. WACHSMUTH über »Die Magia naturalis im Weltbild Goethes«[6] wird richtig betont, daß GOETHE bloß durch das alchimistisch-magische Weltbild der Renaissance-Literatur gegangen ist, um anschließend seine eigene Methode auszubilden. Dabei heißt es in Anerkennung RUDOLF STEINERS: »Die Kennzeichnung der Botanik im Denkstil der Magia naturalis war nötig, um deutlich zu machen, wie anders die Pflanzenforschung GOETHES und nicht nur diese beschaffen gewesen wäre, wenn er sich noch im Denkgehäuse der Magie befunden hätte. Wie viele Mühe wäre der späteren Anthroposophie erspart geblieben. Aber die Untersuchung über die Metamorphose der Pflanzen wäre für GOETHE dann kein Thema gewesen, auch nicht die vorangegangene Abhandlung über den Zwischenkieferknochen und alle die weiteren Arbeiten, aus denen sich ihm bis 1796 das Bild von einer neuen Wissenschaft klärte. Er gab ihr den Namen Morphologie, den sie behalten hat, und erkannte und formulierte ihre Methode so grundlegend, daß ihre Hauptgedanken auch für die spätere Forschung in Geltung geblieben sind.«

Im Gegensatz zu diesem klar unterscheidenden Aufsatz spricht man innerhalb der neuesten GOETHE-Forschung immer einseitiger vom »dämonischen« GOETHE, vom Magier, Alchimisten, Mystiker, Gnostiker und bringt dafür Belege aus Dichtungen, Briefen, Tagebüchern und Gesprächen, chronologisch wahllos nebeneinandergereiht. Gemessen an diesen Veröffentlichungen erscheint RUDOLF STEINERS GOETHE-Forschung geradezu kühl im Ton, kritisch im Aufzeigen der Grenzen und objektiv im Hinweis auf Zukunftskeime. Es gehört zur Pioniertat seiner Forschung, genau die Linie gezogen zu haben, die zwischen GOETHES einheitlich geschlossenem Naturbild und seiner aphoristischen Lebenskunde liegt. Diese suchte subjektiv in keimhaften Ahnungen, was jenes in objektiven Anschauungen gefunden hatte.

In aller Beschränkung, die er sich dabei auferlegt, zeigt GOETHE sich selbst als Meister der Metamorphose, des Wissens und Anschauens. Wo er in allem Entfaltung sieht, betrachtet er diese auch innerhalb der menschlichen Erkenntnisfähigkeit. Vier Epochen der Wissenschaft bezeichnet ein im Nachlaß gefundener Zettel:

»Kindliche: poetische, abergläubische
Empirische: forschende, neugierige
Dogmatische: didaktische, pedantische
Ideelle: methodische, mystische.«

Ein kleines Juwel seiner Anschauung von Polarität und Steigerung! Wie die Erkenntnisse vom Kindlichen über das Empirische und Dogmatische schließlich im Ideellen ihre höchste Steigerung erfahren, so schweben sie auf jeder dieser Stufen zwischen zwei Polaritäten, einer positiv-aufsteigenden und einer negativ-absteigenden: poetisch oder abergläubisch, forschend oder neugierig, didaktisch oder pedantisch. Zum Schluß steht der Erkennende vor der entscheidenden Alternative: hier strenge Methode, dort vernebelnde Mystik.

Wie GOETHE von vier Stufen oder Epochen der Wissenschaft spricht, so äußert er sich auch schon früher über die »Nutzenden, Wissenden, Anschauenden und Umfassenden«. Die Nutzenden umreißen das Feld der Wissenschaft und ergreifen es praktisch. Die Wißbegierigen verarbeiten, was sie vorfinden. »Die Anschauenden verhalten sich schon produktiv, und das Wissen, indem es sich selbst steigert, fordert das Anschauen. Die Umfassenden, die man in einem stolzeren Sinne die Erschaffenden nennen könnte, verhalten sich im höchsten Sinne produktiv, indem sie nämlich von Ideen ausgehen, sprechen sie die Einheit des Ganzen schon aus, und es ist gewissermaßen nachher die Sache der Natur, sich in diese Idee zu fügen.«

Diese Aufzeichnung wurde im Weimarer Archiv erst zur Zeit

aufgefunden, als RUDOLF STEINER dort mitarbeitend anwesend war. Er schrieb über diesen Fund einen Aufsatz im zwölften Band des GOETHE-Jahrbuchs, 1891. In seiner Autobiographie *Mein Lebensgang* äußerte er sich am Ende seines Wirkens: »Mir war während meines Weimarer Aufenthaltes die Frage immer entschiedener aufgetaucht: Wie soll man auf den Erkenntnisgrundlagen, die GOETHE gelegt hat, weiterbauen, um von seiner Anschauungsart aus denkend zu derjenigen hinüberzuleiten, die geistige Erfahrung, wie sie sich mir ergeben hatte, in sich aufnehmen kann?«

Von der industriellen zur elektronischen Revolution

Im Herbst des Jahres 1879 begann RUDOLF STEINER, achtzehneinhalb Jahre alt, sein Studium an der Technischen Hochschule in Wien mit den Fächern Elektrizitätslehre, Wärmetheorie, Physik, Chemie, Geometrie und Mathematik. Zur gleichen Zeit fand in Amerika die epochale Tat statt, die zur Erfindung der elektrischen Glühbirne führte.

Es gibt auffallende Parallelen im Werk RUDOLF STEINERS und den gleichzeitigen Erfindungen des Elektromagnetismus, den Anfängen der Elektronik und der Atomtheorien.

Als er die Naturwissenschaftlichen Schriften GOETHES herauszugeben begann, erkannte man im Kreise damaliger Physiker um 1881 die Phänomene der Elektronen. Kurz nach der Veröffentlichung seiner *Philosophie der Freiheit* erfand 1895 MARCONI die drahtlose Telegraphie. Bevor noch RUDOLF STEINER den Boden Weimars verlassen hatte, wurden die ersten Kinofilme gedreht. In Berlin, wohin er seit 1897 übersiedelt war, fuhren elektrische Straßenbahnen, während man bereits an den Bau der Untergrundbahn heranging. Um 1900 wurde das Gewicht des Wasserstoffatoms bestimmt. Während der ersten Versuche mit der Elektronenröhre wurde das Buch *Theosophie, Einführung in übersinnliche Welterkenntnis und Menschenbestimmung* (1904) veröffentlicht. Als man 1910 die erste Verstärkerröhre erfand, erschien *Die Geheimwissenschaft im Umriß.*

Kurz vor Ausbruch des Weltkrieges fand 1913 die Uraufführung des vierten Mysteriendramas RUDOLF STEINERS statt, das den Titel *Der Seelen Erwachen* trägt und als Hauptgestalt die Tragik eines Technikers darstellt, der im geistigen Erkenntniskampf gegen die Widersachermacht des agnostischen Materialismus steht. Im gleichen Jahr erfand man den ersten Röhrensender durch die Doppelgitterröhre. Als 1916 im Goetheanumbau in Dornach, mitten in der Zeit des Weltkrieges, die ersten Szenen aus GOETHES *Faust* aufgeführt wurden, trat zur gleichen Zeit der Kurzwellensender in Betrieb. Wenige Wochen vor der Gründungsversammlung der Allgemeinen Anthroposophischen Gesellschaft – Weihnachten 1923 im Dornacher Goetheanum – wurde in Deutschland die erste Rundfunksendung ausgestrahlt.

Die letzten Zeilen, die RUDOLF STEINER auf seinem Totenbett dem Zeitschriftendruck übergeben hatte, trugen die vermächtnishafte Überschrift »Von der Natur zur Unter-Natur«. Darin lesen wir: »Die Elektrizität muß erkannt werden in ihrer Kraft, von der Natur in die Unter-Natur hinabzuleiten. Es darf der Mensch nur nicht mitgleiten.«

Was man hierbei als bloß statistisches Material der Zeitchronik ablesen kann, erschließt sich demjenigen, der in die Geisteswissenschaft RUDOLF STEINERS eindringt, aus der Tiefe der Schicksalsschrift, die mit dem Leben RUDOLF STEINERS gleichnishaft verbunden ist.

In der Publikation von D. R. G. MELVILLE *(Elektrizität,* Stuttgart 1971) wird das Atom mit einem kleinen »Sonnensystem« verglichen. Der Atomkern, der aus Protonen und Neutronen besteht, ist wie eine Sonne in der Mitte. Die Elektronen kreisen wie Planeten um diesen Atomkern. Es ist ein überwältigendes Bild der jüngsten Physik, das mit den Chiffren des extremsten Materialismus fasziniert. Es muß aus dieser Chiffrenschrift nur in geistgemäßer Weise entziffert werden. Dazu gibt uns die Geisteswissenschaft RUDOLF STEINERS die Handhabe.

Sprechen wir im Sinne einer von GOETHES Naturanschauung gepflegten Wissenschaft des Organisch-Lebendigen, dann bedeutet uns das Sonne-Sein gleichsam das Welten-Herz allen Werdens und Wechselns. Von einem Herz der Welt zu sprechen bleibt natürlich eine bloße Metapher, solange wir nicht hinter diesem Gleichnis das reale Wirksamwerden eines Ideellen zuerst ahnend erleben und dann immer bewußter als Kräfteorganismus übersinnlicher Tätigkeiten des kosmischen Schöpfungsaktes erkennend durchschauen können. Wie die Sonne in ihrem alles schaffenden Kräfteorganismus das Zentrum allen Aufbauens der Lebensfunktionen ist, so gibt es ihr Gegen-

Zentrum unterhalb der Zonen des Lebendig-Gebärenden. Polarität zwischen einem im Oberen gerichteten Licht und einem solchen, das sich im Unten zerstückelnd vernichtet! Was sich ideell einerseits als aufbauendes Licht und andererseits als abbauendes Zerstückeln vorstellen läßt, das kann sich dem gesteigerten Bewußtsein des Sehers in Wesenhaftigkeit anschaubar machen. Wenn der Nukleus eines Atoms vorgestellt werden kann als der Kern, der aus Protonen und Neutronen besteht und »wie eine Sonne in der Mitte« existiert, dann gebraucht ein Autor wie MELVILLE in dem oben erwähnten Buch über das Wesen und Wirken der Elektrizität das Bild vom Sonnensystem, in welchem die Elektronen wie Planeten um diesen Atom-Sonnen-Kern kreisen. Ein Bild, das deshalb so fasziniert, weil es in einem gewissen Sinne eine dämonische Widergeistigkeit der Sonne gegenüber projiziert, was der Autor dieser Publikation sicherlich in dieser Form auszudrücken nicht beabsichtigt hat.

Wenn RUDOLF STEINER von einer Über-Natur spricht, der eine Unter-Natur entgegengesetzt ist, dann leitet er damit keine begriffliche Abstraktion ab. Er lenkt unseren Blick auf das Wesenhafte, das hinter jeder Idee wirkend waltet. Er spricht von geistigen Wesenheiten, die als wirkende Einheiten in das Weltgefüge eingreifen und damit das Menschenschicksal beeinflussen. Wie es Wesenheiten gibt, die kosmisch schaffend hoch über der Menschheit stehen, so gibt es solche, die in ihrer Dämonie unterhalb der Schwelle unseres Bewußtseins lauern. Mächte, die sich in Elektrizität, Magnetismus und Elektronik ausleben, haben in Tiefen der Unter-Natur die ehemals himmelsgeordnete Intelligenz usurpiert. Der Welten-Äther, in welchem sich göttliche Wesen in geistiger Wirkensform offenbaren, liegt so weit höher über der physisch-sinnlichen Erdenwelt, wie die Kräfte von Elektrizität, Magnetismus und Elektronik tiefer unter der Natur verborgen wirksam werden.

Übersinnliche Erkenntnis oder untersinnliche Besessenheit?

Äußerte sich RUDOLF STEINER in bezug auf die oben erwähnte Thematik über Zustände, die er Über- und Unter-Natur genannt hatte, so führte er schon seit den ersten Darstellungen seines geisteswissenschaftlichen Schulungsweges aus, wie groß die Täuschungen sind, die durch Aberglaube, visionäres Traumleben und durch Mediumismus als Entartungen des modernen Zivilisationslebens ein übersinnliches Erleben auf dem Weg zu höherer Erkenntnis zur Karikatur entstellen.

Wer allerdings der Meinung ist, Gedanken seien bloß Schattenbilder von Wahrnehmungen, projiziert durch Emotionen und Willenswünsche, wird den Gedankengängen STEINERS kein Verständnis entgegenbringen, die er warnend im Nachwort seines Buches *Wie erlangt man Erkenntnisse der höheren Welten?* dargestellt hat. Es ist eine Grunderfahrung für den Schüler der Geisteswissenschaft, daß man den denkerischen Teil des Innenlebens abgesondert von allen Sinneswahrnehmungen als reinen Gedanken erfassen kann. Da, wo im Seelenleben das Denken vorherrschend waltet in einem solchen Ausmaß, daß dieses Denken andere Verrichtungen der Seele durchdringt, ist der Leib dabei unbeteiligt. Es gibt reine Gedanken, die in sich selbst bestehen und bei denen alles ausgeschaltet ist, was Wahrnehmung der Sinne oder sonstig leiblichbedingtes Innenleben ist. »Solche Gedanken offenbaren sich durch sich selbst, durch das, was sie sind, als ein geistig, ein übersinnlich Wesenhaftes.« Die Seele erlebt sich in einem solchen reinen Denken außerhalb der Funktionen des Leibes. Sie weiß sich selbst als lebend in einem übersinnlichen Gebiet. Das Erleben des reinen Denkens ist bereits eine übersinnliche Betätigung der Seele, in der man allerdings nur dieses und noch nichts anderes übersinnlich erlebt. »Das übersinnliche Erleben muß sein eine Fortsetzung desjenigen Seelen-Erlebens, das schon im Vereinigen mit dem reichen Denken erreicht werden kann. Deshalb ist es so bedeutungsvoll, diese Vereinigung richtig erfahren zu können. Denn von dem Verständnis dieser Vereinigung aus leuchtet das Licht, das auch rechte Einsicht in das Wesen der übersinnlichen Erkenntnis bringen kann.

Wenn sich das Seelenleben nicht innerhalb der Klarheit des vollbewußten Denkens abspielt, sinkt es in Bereiche des Unterbewußten und wird zum Spielball verschiedenster Abirrungen, indem es von Vorgängen und Verrichtungen des Leibes abhängig wird. Was die Seele dabei erlebt, »ist dann nicht Offenbarung des Übersinnlichen durch sie, sondern Leibesoffenbarung im Bereich der untersinnlichen Welt«.

Der Begriff der Untersinnlichkeit wird von STEINER so exakt

geprägt wie die Anschauung alles dessen, was mit der übersinnlichen Wirklichkeit des leibfreien Geistes zusammenhängt.

Wiedergeburt und Schicksal

Wie Anthroposophie nichts zu tun hat mit Somnambulismus und Mediumismus, so ist sie nicht zu verwechseln mit allen psychischen Experimenten, die auf dem Weg der Hypnose zu Einsichten über das Leben nach dem Tode oder vor der Geburt gelangen wollen. Die erstaunliche Verbreitung solcher Schriften, wie vor kurzem RAYMOND A. MOODYS *Leben nach dem Leben* und dem jetzt sich an die Reihe stellenden *Leben vor dem Leben* von HELEN WARMBACH, zeigt, wohin die Sehnsüchte der gegenwärtigen Menschheit gehen, wenn man auf Wegen des Untersinnlichen sich Einsichten verschaffen will, die man aber gegenwartsgerecht allein durch eine Verstärkung und Erhöhung der bewußten Handhabung der Denkkräfte erlangen kann.

Die Fragen nach dem Sinn des Daseins in der Zeit zwischen Geburt und Tod drängen mit Selbstverständlichkeit heute zum Erfassen der menschlichen Existenz unter dem Gesichtspunkt der wiederholten Erdenleben in Verbindung mit dem Sinn des Schicksals.

Die Erhellung der Menschheitsfrage vom Schicksal ist bei RUDOLF STEINER untrennbar verbunden mit der Wirksamkeit wiederholter Lebensläufe. Zwischen der Gesetzlichkeit des seelischen Schicksalsauftrages und der geistigen Wiederkehr der Individualität wirkt sich das Wesen der menschlichen Freiheit aus. Entwicklung zur Freiheit im Dasein durch Schicksal und Wiederverkörperung bildet die Dreigestalt der Grundfragen menschlicher Existenz im Sinne der Anthroposophie.

Unser Wort Schicksal hat sich erst innerhalb der frühneuhochdeutschen Sprache entwickelt. Erst im Zeitalter GOETHES setzt sich das Wort Schicksal im Hinblick auf individuelles Erleben durch. RUDOLF STEINER bedient sich seinerzeit aus dem theosophischen Sprachgebrauch des indischen Terminus Karma, was Tat-Handlung bedeutet, die in sich ursächliche Wirkung erleidet und bewirkende Ursache schafft. In diesem Sinne, verbunden mit der Individualität des Menschen, die rezeptiv und produktiv zugleich ist, bedeutet Karma im Sinne der

Anthroposophie Schicksal gewordene und Schicksal bildende Tätigkeit im Freiheitswerden der Ichheit.

Tätigkeit, die Schicksal wird, »steht nicht abgesondert für sich da als Wunder, sondern hängt als Wirkung mit den früheren Daseinsformen meiner Seele zusammen, und als Ursache mit den späteren«, heißt es in dem grundlegenden Aufsatz über *Reinkarnation und Karma, vom Standpunkt der modernen Naturwissenschaft notwendige Vorstellungen,* der bereits am Anfang der geisteswissenschaftlichen Tätigkeit RUDOLF STEINERS 1903 in einer weit verbreiteten Publikation der Öffentlichkeit vorlag und heute innerhalb der RUDOLF STEINER Gesamtausgabe unter der Reihe der gesammelten Aufsätze zugänglich ist.

Wie im Sinne der Naturwissenschaft Lebendiges nur aus organischen Lebenskeimen entsteht, so muß Geisteswissenschaft behaupten, daß Seelisches nur wiederum aus Seelischem entstehen kann. »Wenn die Naturwissenschaft in derselben Richtung sich weiterbewegt, die sie seit dem 17. Jahrhundert genommen hat, dann wird auch die Zeit kommen«, so schrieb STEINER, »in der sie selbst – aus sich heraus – diese Anschauung vertreten wird. Denn – das muß immer von neuem betont werden – der anthroposophischen Anschauung von heute liegt genau die gleiche Denkgesinnung zugrunde wie der naturwissenschaftlichen Behauptung, daß Insekten, Würmer und Fische nicht aus Schlamm, sondern aus Lebenskeimen entstehen. Und sie behauptet den Satz ›jede Seele entsteht aus Seelischem‹ in demselben Sinne und in derselben Bedeutung wie der Naturforscher den seinigen: ›Alles Lebendige entsteht aus Lebendigem‹.«

Geisteswissenschaft will und kann nicht aus der Naturwissenschaft heraus ihre Wahrheitserkenntnisse beweisen. »Was betont werden muß, ist vielmehr, daß die Geisteswissenschaft die gleiche *Gesinnung* hat wie die wahre Naturwissenschaft. Zwischen echter Naturforschung und Geisteswissenschaft kann *kein Widerspruch* bestehen.«

In DARWINS Hauptwerk, *Die Entstehung der Arten,* findet sich bekanntlich ein Satz, der beim Lesen zumeist außer acht gelassen wird: »Ich halte dafür, daß alle organischen Wesen, die je auf dieser Erde gelebt haben, von einer Urform abstammen, welcher das Leben vom Schöpfer eingehaucht wurde.« Dazu bemerkt RUDOLF STEINER: »In einem solchen Zeitalter ist es höchst notwendig, immer wieder und wieder zu zeigen, daß es sich die Anthroposophie mit dem ›Einhauchen des Lebens‹ und auch der Seele nicht so leicht macht wie DARWIN und manche DARWINianer, daß aber ihre Wahrheiten mit den Ergebnissen wahrer Naturforschung nicht in Widerspruch stehen ... Die Naturwissenschaft der Gegenwart widerspricht nicht der Geisteswissenschaft, sondern sie ist selbst elementare Geisteswissenschaft.«

Es geht bei RUDOLF STEINER seit eh und je um nichts anderes als um die Methode, welche auf der Grundlage strengster Logik zu ihrer Erweiterung in bezug auf seelische und geistige Werte führen will.

Die anthroposophische Erkenntnismethodik beruht auf dem Grundsatz, daß alle übersinnlich erforschten Erkenntnisse dem logisch prüfenden Verstand zugänglich sind. Wer die übersinnlichen Erkenntnisergebnisse noch nicht selbst seherisch zu erleben vermag, kann diese mit dem logischen Verstand begreifen, wenn er zugleich alles herbeiträgt, was sich aus dem allgemeinen Bildungsleben der Kultur als ergänzende und beweiskräftige Erkenntnisstützen ergibt. Das Studium der Geisteswissenschaft ist selbst die erste und zugleich grundlegendste Stufe auf dem Weg übersinnlicher Erkenntnisse. Es ist die Bemühung, zu einem immer intensiver sich steigernden Erleben des reinen Denkens zu gelangen. Man muß »übersinnlich denken lernen, wie dies in der Mathematik der Fall ist«. Von dieser Analogie ausgehend weist STEINER auf Erziehung zu einem Denken, »das einen Gedanken aus dem andern hervorgehen läßt«.

Ein solches Denken ist entwickelt in RUDOLF STEINERS erkenntnispraktischen Frühschriften *Wahrheit und Wissenschaft* und *Die Philosophie der Freiheit.* Ein Studium dieser Grundwerke schreitet vom verstandesmäßigen Begreifen zum Bereich reiner Ideenlebendigkeit, wo die Gedanken in Selbsttätigkeit sich gegenseitig stützen. Sie fügen sich zu einem tragfähigen Bau, der Eigengesetzlichkeit besitzt im Herzpunkt des Wesens der Anthroposophie.

Das Christus-Wort im Herzpunkt der Anthroposophie

RUDOLF STEINER spricht niemals über Gott im abstrakten Sinn eines transzendentalen Monotheismus. Seinem geistigen Anschauen erschloß sich eine Welt von konkret abgestuften

Wesenheiten, die sich in ihren Schöpfertätigkeiten hierarchisch voneinander abheben, und denen sich innerhalb des Weltendramas der Schöpfung gegengöttliche Mächte widersetzen. Die abstrakte Simplifikation von Gott und Teufel, welche ein Ausdruck der immer geistentfremdeter gewordenen Menschheit der vorigen Jahrhunderte gewesen ist, hat in seinem Weltbild keinen Platz mehr.

Von Christus wird nicht als vom »Herrn« gesprochen im Sinne einer aufgeklärt protestantischen Theologie, die damit noch Vorstellungen des alten Hebräismus bewahrt oder sich gar damit der islamischen Einheitsgottheit annähert.

Das Grundbuch über RUDOLF STEINERS Christusanschauung ist das Werk, das er am Anfang seines geisteswissenschaftlichen Wirkens 1902 veröffentlichte und das aus vorangegangenen Vorträgen sich gestaltet hat. Es setzt sich in umfassender Art mit Gottesvorstellungen anderer Religionen auseinander, indem es konkret von Riten und Initiationsweisen ausgeht, welche diesen Kultverrichtungen als Mysterienlehren zugrunde liegen.

Der Zusammenhang, der zwischen Buddha und Christus besteht, wird ganz besonders deutlich in bezug auf das Ereignis der Verklärung, zu dem RUDOLF STEINER Entscheidendes beigetragen hat. Die Wesenheit des GAUTAMA BUDDHA erreicht im Zustand ihrer höchsten Vollendung eine Bewußtseinshöhe, die mit dem Geschehnis auf dem Berge Tabor, das die synoptischen Evangelien als Transfiguration des Christus beschreiben, verglichen wird. »Buddha schließt mit der Verklärung. Das Bedeutungsvollste im Jesus-Leben beginnt nach der Verklärung. Man übersetze das in die Sprache der Eingeweihten: Buddha ist bis zu dem Punkte gelangt, wo in dem Menschen das göttliche Licht anfängt zu glänzen. Er steht vor dem Tode des Irdischen. Er wird das Weltlicht. Jesus geht weiter. Er stirbt nicht physisch in dem Augenblicke, in dem ihn das Weltlicht durchklärt. Er ist in diesem Augenblicke ein Buddha. Aber er betritt auch in diesem Augenblicke eine Stufe, die in einem höheren Grade der Initiation ihren Ausdruck findet. Er leidet und stirbt. Das Irdische verschwindet. Aber das Geistige, das Weltlicht verschwindet nicht. Seine Auferstehung erfolgt. Er enthüllt sich als Christus für seine Gemeinde. Buddha zerfließt im Augenblicke seiner Verklärung in das selige Leben des Allgeistes. Christus Jesus erweckt diesen Allgeist noch einmal in menschlicher Gestalt in das gegenwärtige Dasein. Solches ward mit dem Initiierten bei den höheren Weihen in einem Sinne vollzogen, der *bildhaft* ist. Diese große Initiation, aber nicht als Bild-Erlebnis, sondern als *Wirklichkeit,* wurde also im Jesus-Leben zu der Buddha-Initiation hinzugefügt.«[7]

Wer dem Universalwerk RUDOLF STEINERS nahekommt und dabei besonders auf seine Vortragsfolgen stößt, wird gewahr, daß zwei Wortzusammenhänge immer wieder hervortreten, die dem Leser in gleichbleibender Lautfolge entgegenkommen, obwohl er sonst einem ungewöhnlichen Wechsel im Reichtum verschiedenster Ausdrucksformen begegnet. Es sind die beiden Wortzusammenhänge, die sich auf den »Christus-Impuls« und auf das »Mysterium von Golgatha« beziehen.

Mit deutlichem Nachdruck wird auf ein Einweihungserlebnis hingewiesen, das dem zur Initiation Strebenden nach dem historischen Ereignis in Palästina zu erlangen möglich wird. Mit dem Mysterium von Golgatha hat sich »auf die christliche Gemeinde das ausgegossen, was sich früher innerhalb des Mysterientempels über die Mysten ausgegossen hat«. Dieses Ausgegossenwerden der Geistigkeit, die von dem Opfertod auf Golgatha ausgeht, bezieht sich auf die gesamte Menschheit, die durch die christliche Gemeinde als Vorläuferschar prototypisch repräsentiert erscheint. Dieses »Ausgegossenwerden« bleibt innerhalb der Kräfte der allgemeinen Glaubensgemeinschaft vorerst seelisch umschlossen.

Es gibt aber neben diesem allgemein im unbewußten Glaubenselement Teilnehmen an dem Ostermysterium auch noch den besonderen Erkenntnisweg individueller Geisterfahrung. Darauf weist nun der Absatz, der sich an das vorige anschließt: »Die Initiation gibt den christlichen Mysten die Möglichkeit, sich dieses Inhaltes des ›Mysteriums von Golgatha‹ bewußt zu werden, während der Glaube den Menschen unbewußt teilhaftig werden läßt der mystischen Strömung, die von dem im Neuen Testamente geschilderten Ereignisse ausgegangen ist und seitdem das Geistesleben der Menschenheit durchzieht.«

In diesen Sätzen drückt sich in allgemeiner Objektivität aus, was dann RUDOLF STEINER am Ende seines Erdenweges in einer persönlichen Art seiner Bewußtseinserhöhung in selbstbiographischen Aufzeichnungen hinterlassen hat. Der betreffende Aufsatz, der sich in *Mein Lebensgang* befindet, geschrieben drei Monate vor seinem Hingang, trägt mit jeder Zeile, Zug um

Zug, die Kunde des Gottessieges über den Menschentod. RUDOLF STEINER schreibt in seiner bewußt gehandhabten Stilistik mathematisch-exakter Nüchternheit über einen Vorgang, der sich als ein seelisch-geistiger Prozeß darstellt, den er mit dem Ausdruck »innere Erkenntnis-Erscheinung« charakterisiert. Es handelt sich dabei um eine seherische Imagination, die sich gedanklich gesteigert und im Herzenserleben verstärkt hat. Darauf deutet der wie in Stein gemeißelte Endsatz: »Auf das geistige Gestanden-Haben vor dem Mysterium von Golgatha in innerster, ernstester Erkenntnis-Feier kam es bei meiner Seelen-Entwicklung an.«

Eine vergeistigte Blutzeugenschaft des Golgatha-Opfers – bislang in dieser denkerischen Bewußtseinshelligkeit noch nicht in der Menschheit vorhanden gewesen – hat in RUDOLF STEINER ihren Herzpunkt gefunden.

Wenn wir dabei von einem Herzpunkt sprechen, treffen wir auf das Wesen des rhythmischen Strömens, durch das sich in seelisch-geistiger Wirklichkeit die Wirksamkeit des Christuswesens vollzieht. Aus diesem Grunde ist es, daß wir in ständiger Wiederholung RUDOLF STEINER vom »Impuls« des Christus sprechen hören. Die Pulsation ist es, die innerhalb des lebendig atmenden Seelenorganismus der Erde in Einklang kommen will mit den lebendigen Seelenkräften der Menschennatur. Es ist die Welt der ätherischen Bildekräfte, in welcher sich die Pulsation des Christusgeistes im Antlitz des Michaelswesens offenbaren will als die gegenwärtig sich vollziehende Wiederkunft des Welten-Wortes, das zum Herrn der Erde geworden ist.

Anthroposophie, deren Schöpfer an der Schwelle zum Atomzeitalter gestorben ist, erscheint als Weltallweisheit vom Menschen, welche die Christus-Offenbarung unserer Zeit aus den Höhen der Über-Natur ist. Sie enträtselt sich aus der Polarität, die zwischen der Sonnenmacht Michaels und dessen widersacherischem Usurpator menschheitsentscheidend wirkt.

Das Wort von der Christus-Offenbarung unter dem Zeitalter des Michael darf allerdings nicht mißverstanden werden. Es ist weder theologisch gefordert noch überhaupt im Zusammenhang mit dem Kirchenchristentum konfessionell gemeint. Es bezieht sich auf die Erkenntnis des dreigegliederten Prinzips, dem alle Kräfte in Welt, Erde und Menschheit unterliegen.

Das wahre Verständnis gegenüber der biblischen Heilsgeschichte hängt von der wiedererlangten Erkenntnis über die

Trichotomie des Menschen ab, der Anschauung von Leib, Seele und Geist (welche noch PAULUS im vollen Sinne besaß), aus der sich dann die Dreigliederung des menschlichen Organismus ergibt, wie sie RUDOLF STEINER nach einer dreißigjährigen Forschertätigkeit entdeckt hat. Aus dieser Erkenntnis ergab sich ihm die Idee der Dreigliederung des sozialen Organismus als der wahrhaft christlich-gerechten Gesellschaftsordnung staatlichen Zusammenlebens. Die Wiedervereinigung von Wissenschaft, Kunst und Religion ist das Ideal, das aus dem neuen Christus-Erleben die wahre Mysterienkunde bringt, die auf allen Kulturgebieten, wie u. a. in Erziehung, Heilkunde und Landbodenbau, fruchtbar wird.

Die Holzplastik, die RUDOLF STEINER für das Goetheanum geschaffen hat, zeigt Christus als den Repräsentanten der Menschheit im kosmisch-notwendigen Widerstreit mit den luziferischen und ahrimanischen Mächten. Die Versuchungsgeschichte Christi, die in den Evangelien geschildert wird, ist hier für das Menschheitsbewußtsein unseres Michael-Zeitalters erneut verständlich gemacht worden.

Die Polarität, wie sie sich im griechischen Evangelientext als *Diabolos* und *Satanas,* als verlockender Versucher und verirrter Verführer darstellt, wird von RUDOLF STEINER bis in alle Einzelheiten hinein als Luzifer und Ahriman dargestellt.

Diese Polarität äußert sich nicht nur seelisch in Eitelkeit oder Geiz, Selbstüberheblichkeit oder Verzweiflung, in Erdflüchtigkeit oder goldgieriger Anbetung der Materie. Sie ist auch im Leibe des Menschen da als Blut und Nerv, als Drüsenfunktion und Knochenbildung, im Stoffwechselsystem und in der Hauptesbildung, auf daß im Herzensrhythmus von Puls und Atemgang das Wort der Welt in jedem einzelnen Ich weiterschaffend auferstehen kann.

Karl-Martin Dietz

Anthroposophie und Wissenschaft

Wer der Anthroposophie erstmals begegnet, kann den Eindruck gewinnen, daß zum Thema »Anthroposophie und Wissenschaft« nicht besonders viel zu sagen sei. Er begegnet zunächst künstlerischen und praxisbezogenen Bereichen der Anthroposophie, wie der Eurythmie, den Waldorfschulen oder Erzeugnissen aus biologisch-dynamischem Landbau. Andererseits aber steht im Zentrum der anthroposophischen Bewegung die »Freie Hochschule für Geisteswissenschaft« am Dornacher Goetheanum, und in der anthroposophischen Literatur findet sich oft »anthroposophisch orientierte Geisteswissenschaft« oder einfach »Geisteswissenschaft« gleichbedeutend mit »Anthroposophie«. – Was mag das für eine »Wissenschaft« sein, die sich ohne größere Schwierigkeiten mit den Künsten verbrüdert und die andererseits vor Fragen nicht zurückscheut, die gemeinhin im Bereich der Religion angesiedelt werden?

Dreifach hängt Anthroposophie mit Wissenschaft zusammen. Erstens: In Pädagogik, Landwirtschaft, Medizin und vielen anderen Bereichen wird anthroposophische Erkenntnismethodik für bestimmte Lebensgebiete und innerhalb einzelner Fachwissenschaften fruchtbar gemacht. Es gibt wissenschaftliche Forschung unter Einbezug der Anthroposophie. Zweitens: Die Anthroposophie als Geisteswissenschaft ist gegründet auf ein erkenntnistheoretisches Fundament. Aus ihm heraus wird in methodischen Schritten ein Erkenntnisweg entwickelt. Anthroposophie ist selbst Wissenschaft. Drittens: Anlaß für die Entwicklung der Anthroposophie durch RUDOLF STEINER ist dessen Auseinandersetzung mit den Wissenschaften seiner Zeit, besonders mit Naturwissenschaft und Philosophie. Anthroposophie ist konzipiert, um Lebensprobleme zu lösen, die von der zeitgenössischen Wissenschaft nicht bewältigt werden. Diese drei Gesichtspunkte seien im folgenden näher betrachtet. Wir beginnen mit dem zuletzt genannten.

Werfen wir zunächst einen kritischen Blick auf das von der modernen Naturwissenschaft geprägte Denken. Seit RUDOLF STEINERS erste erkenntnistheoretische Schrift vor fast einhundert Jahren erschien, sind Probleme und Grenzen der Naturwissenschaft von einer wachsenden Zahl von Wissenschaftlern beschrieben worden und immer deutlicher ins Licht der Öffentlichkeit gerückt. Zunächst sei an einem praktischen Fall skizziert, worum es geht. Es ist dabei nicht einmal notwendig, an die lebensbedrohenden Gefahren zu denken, die inzwischen durch die angewandten Naturwissenschaften ausgelöst werden können – wie die radioaktive Verseuchung weiter Landstriche, die Möglichkeiten der Manipulation am menschlichen Erbgut und andere. Wir wählen vielmehr als Ausgangspunkt ein praktisches Beispiel, wie es uns im Alltag immer wieder begegnet: nämlich die üblich gewordene Intensivhaltung Tausender von Legehennen in Drahtkäfigen ohne Tageslicht auf kleinem Raum und ohne jede natürliche Umgebung, also in sogenannten »Geflügelfarmen«: Ist eine solche Intensivhaltung Tierquälerei? Um diese Frage beantworten zu können, sucht man nach »wissenschaftlichen« Gesichtspunkten. Im Jahre 1963 veröffentlichte KONRAD LORENZ, der Nestor der Verhaltensforschung, sein »psychohydraulisches Triebstaumodell«. Es diente einer Generation von Wissenschaftlern als Arbeitsgrundlage. Legt man dieses Modell zugrunde, dann ist die beschriebene Käfighaltung tierquälerisch. In der Praxis hat dieses Modell zahlreichen Tierschutzinitiativen, Rechtsgutachten und sogar Gerichtsentscheiden zugrunde gelegen. Im Jahr 1978 aber hat KONRAD LORENZ sein Triebstaumodell geändert. Und es beginnt sich allmählich herumzusprechen: nach dem neuen Modell ist es gar nicht mehr so sicher, daß die Intensivhaltung der Legehennen wirklich tierquälerische Wirkungen hat.[1] Es geht nun in unserem Zusammenhang nicht um eine Erörterung der Frage, ob Intensivhaltung wirklich Tierquälerei ist oder nicht; auch nicht darum, ob KONRAD LORENZ sein Modell zu Recht geändert hat. Vielmehr können an dem geschilderten Fall einige *prinzipielle* Probleme der Wissenschaft bewußt werden.

Die Naturwissenschaft ist längst nicht mehr Sache der Wissenschaftler allein, sondern greift weit in das Alltagsleben jedes einzelnen Menschen ein. Sie ist dabei für alle Beteiligten in dreierlei Hinsicht problematisch:

1. Die von der Naturforschung geschaffenen Möglichkeiten werfen immer brennender ethische Fragen auf. *Darf* der Mensch wirklich alles tun, was er technisch tun *kann* (z. B. Massenkäfighaltung von Legehennen)? Naturwissenschaftliche Erkenntnis ist von ethisch-moralischen Fragen nicht zu trennen, andererseits steht naturwissenschaftliches Denken ihnen recht hilflos gegenüber.
2. Die Art, wie mit naturwissenschaftlichen Ergebnissen umgegangen wird, hat mehr und mehr dogmatischen Charakter (z. B. die Rolle des Triebstaumodells von LORENZ in Wissenschaft und Praxis). Selbst wissenschaftliche Forschung basiert nicht vollständig auf eigener Einsicht, sondern auf der Äußerung irgendeiner »Kapazität«.*
3. Was »Erkenntnis« ist, ja sogar, ob es sie im eigentlichen Sinne gibt, wird immer fragwürdiger (z. B.: Welches Modell soll man denn als gesicherte Erkenntnis zugrunde legen?).

Betrachten wir diese Probleme im einzelnen.

Erkenntnis und Handeln

Um die Jahrhundertwende haben selbst führende Naturforscher die Aufgabe ihrer Wissenschaft noch mit sehr schlichten Worten beschreiben können. So der berühmte Physiker ERNST MACH in seinem 1905 erschienenen Buch *Erkenntnis und Irrtum:*

* Im »Spiegel« (Nr. 47, 17. 11. 80) hat KONRAD LORENZ auf einen Artikel von HORST STERN reagiert. Sein Beitrag liefert ein ausgezeichnetes Beispiel für das zweite der genannten Probleme: den dogmatischen Umgang mit der Wissenschaft, gegen den sich hier auch KONRAD LORENZ wenden muß. Er macht geltend, daß keineswegs aus seinem geänderten Triebstaumodell hervorgehe, daß Intensivhaltung nicht Tierquälerei sei. Er wirft vielmehr seinen Schülern und Nachfolgern vor, seine Ergebnisse gefälscht zu haben. »Wer das geschrieben hat, kann nur entweder das ... Modell nicht verstanden, oder aber meine Aussage bewußt gefälscht haben. Eine dritte Interpretation gibt es nicht ... Ich würde mich zu diesem bemitleidenswerten Unsinn nicht äußern, wenn er nicht zum großen Schaden der Tierschutzgesetzgebung geworden wäre und wenn ich nicht zu meinem Entsetzen als Kronzeuge zur Verteidigung einer unverantwortlichen Tierquälerei aufgerufen worden wäre.«

»Die Wissenschaft hat die Aufgabe übernommen, an die Stelle der tastenden, unbewußten Anpassung die raschere, klar bewußte methodische zu setzen. Der verstorbene Physiker E. Reitlinger pflegte pessimistischen Anwandlungen gegenüber zu sagen: ›Der Mensch trat in der Natur auf, als dessen Daseinsbedingungen, aber noch nicht dessen Wohlseinsbedingungen gegeben waren.‹ In der Tat soll er sich die letzteren selbst schaffen, und ich glaube, er hat sich dieselben geschaffen. Dies gilt wenigstens heute schon von den materiellen Wohlseinsbedingungen, wenn auch vorläufig leider nur für einen Teil der Menschen. Wir können von der Zukunft noch Besseres erhoffen ... Bedenken wir die Qualen, welche unsere Vorfahren unter der Brutalität ihrer sozialen Einrichtungen, ihrer Rechts- und Gerichtsverhältnisse, ihres Aberglaubens, ihres Fanatismus zu erdulden hatten, erwägen wir die reichliche Erbschaft der Gegenwart an diesen Gütern, stellen wir uns vor, was wir davon noch in unseren Nachkommen miterleben werden, so ist uns dies ein genügend mächtiger Antrieb, endlich auch an der Verwirklichung des Ideals einer sittlichen Weltordnung mit Hilfe unserer psychologischen und soziologischen Einsichten eifrig und kräftig mitzuarbeiten. Haben wir aber einmal eine solche sittliche Ordnung geschaffen, so wird niemand sagen können, daß sie nicht in der Welt sei, und niemand wird mehr nötig haben, sie in mystischen Höhen oder Tiefen zu suchen.«[2]

Derart kraftvolle Sätze sind heute kaum noch zu hören. Zum einen hat sich inzwischen herausgestellt, daß die 1905 von MACH in Aussicht genommene »sittliche Weltordnung« trotz immenser Fortschritte »unserer psychologischen und soziologischen Einsichten« nicht eingetreten ist. Vielmehr haben ja MACHS »Vorfahren« geradezu in einem goldenen Zeitalter gelebt, gemessen an dem, was an »Qualität der sozialen Einrichtungen, der Rechts- und Gerichtsverhältnisse, des Aberglaubens, des Fanatismus« seither mitten in Europa aufgetreten ist. Überhaupt löst Wissenschaft, so wie sie in der Regel betrieben wird, ethische Probleme nicht – wie MACH meinte –, sondern wirft sie in hohem Maße erst auf. Der Zürcher Physiker WALTER HEITLER faßt dies in seinem sehr lesenswerten Buch *Der Mensch und die naturwissenschaftliche Erkenntnis*[3] lapidar zusammen: »Die Elimination der Ethik ist ... sogar Teil des ›Fortschritts‹« der mechanistischen Naturwissenschaft. Es wird heute wohl von niemandem mehr geleugnet, daß die von der Naturwissenschaft aufgeworfenen ethischen Probleme im wesentlichen ungeklärt sind. Bietet die Anthroposophie Ansätze zu einer Lösung? Zunächst noch zu den beiden anderen Problemstellungen.

Wenn Ergebnisse einer Wissenschaft, wie im angeführten Beispiel, in das tägliche Leben einfließen, bleibt dem Nichtfachmann, z. B. dem Richter in einem Tierschutzprozeß, zunächst nichts anderes übrig, als sie hinzunehmen. Dieses »Hinnehmen« von sogenannten »wissenschaftlichen Ergebnissen« ist geradezu eine seelische Grundhaltung unserer Zeit geworden. Es herrscht eine Wissenschaftsgläubigkeit, die man nur mit dem Verhältnis des mittelalterlichen Menschen zur Kirche vergleichen kann. Auch dort gab es eine Instanz, die in allen wesentlichen Fragen entschied, was richtig, gut und somit erlaubt war. Noch gravierender ist, daß auch eine »wissenschaftliche Bildung« breiter Kreise dem nicht abhelfen kann. Denn der Wissenschaftler selbst ist in hohem Maße von seinen einmal getroffenen Grundannahmen abhängig, die als solche undurchschaubar sind. Dies jedenfalls lehrt die wissenschaftstheoretische Auseinandersetzung der Gegenwart. (Z. B. T. S. KUHN, *Die Struktur wissenschaftlicher Revolutionen.)*

Gibt es überhaupt Erkenntnis?

Physik und Chemie wurden früher als die »exakten« Wissenschaften bezeichnet. Man wollte damit kundtun, daß an der Sicherheit ihrer Erkenntnisse am allerwenigsten zu zweifeln sei. Diese Bastion ist inzwischen gefallen, und die Frage nach der Objektivität und Sicherheit der Erkenntnis auch in diesen Wissenschaften bestimmt die wissenschaftstheoretische Diskussion unserer Tage. So referiert KURT HÜBNER, Professor für Philosophie in Kiel, in seinem 1978 erschienenen Buch *Kritik der wissenschaftlichen Vernunft* über DAVID HUME, den Philosophen des 18. Jahrhunderts, und faßt zusammen:

»Damit wurde deutlich, daß sowohl die Existenz wie der Inhalt von Naturgesetzen keineswegs empirisch gegebene Tatsachen sind, daß wir sie nicht in der Natur einfach vorfinden, sondern daß wir sie offenbar in gewisser Hinsicht an die Natur herantragen, daß wir sie in sie hineinlegen. Wenn wir darüber hinaus behaupten, sie existierten aber doch an sich in der Natur, es bestünde sozusagen eine prästabilierte Harmonie zwischen dem, was wir an sie herantragen und dem, was in ihr wahrhaft existiert, so müssen wir uns darüber im klaren sein, daß eine solche

Behauptung nicht zu begründen ist. Sie drückt vielmehr einen Glauben aus.«[4]

Wieviel schwieriger ist es da erst, den Phänomenen der belebten Natur gerecht zu werden! WERNER HEITLER in *Die Natur und das Göttliche:*

»Die Gesetze des Lebendigen sind denen des Leblosen, d. h. der Physik, übergeordnet. Es gibt offenbar eine hierarchische Ordnung von Gesetzen und Wirksamkeiten, deren zweite Stufe das vegetative Leben darstellt ... Somit hat das Leben von der organischen Materie Besitz ergriffen. Wir nennen die letztere belebt und sprechen bei Pflanzen von einer ersten Stufe der Belebung ... Wir wissen so gut wie nichts darüber, wie es geschieht, daß die Gesetze der Physik und Chemie zugunsten der lebendigen Einflüsse etwas zurückgedrängt sind. Wir wissen auch nicht, bis zu welchem Grad das der Fall ist, und wo die Stelle beginnt, an der wir mit einer ›Aufweichung‹ der Strenge der Physik rechnen müssen.«[5]

Über den Zusammenhang zwischen physikalisch-chemischen Vorgängen und den Phänomenen des menschlichen Bewußtseins herrscht eine ebenso große prinzipielle Unklarheit. ADOLF PORTMANN über das menschliche Gehirn:

»Das Prinzip seiner Funktion kennen wir nicht; wir können aus dem komplizierten Bild der Gehirnstrukturen nichts ableiten über seine Arbeitsweise, durch die wir doch leben.«[6]

So auch NIELS BOHR in HEISENBERGS *Gespräche im Umkreis der Atomphysik:*

»Wir können in den Begriffen von Physik und Chemie nichts finden, das auch nur entfernt mit dem Bewußtsein zu tun hätte. Wir wissen nur, daß es Bewußtsein gibt, weil wir es selbst besitzen ... Das eigentliche Problem lautet doch: Wie kann der Teil der Wirklichkeit, der mit dem Bewußtsein anfängt, mit jenem anderen zusammenpassen, der von Physik und Chemie beschrieben wird?«[7]

Aus diesem Erkenntnisproblem werden weitreichende Konsequenzen gezogen. Das heute vorherrschende wissenschaftstheoretische Fundament der Naturwissenschaft beruht auf dem »Empirismus«, der im sogenannten »Wiener Kreis« der zwanziger und dreißiger Jahre begründet wurde und zahlreiche Nachfolger gefunden hat. Er kam auf dem Umweg über die USA nach dem Zweiten Weltkrieg nach Europa zurück. Ohne hier auf seine Grundlegung eingehen zu können, seien nur einige Sätze über »Die Sinnlosigkeit der Metaphysik« zitiert, wie sie

WOLFGANG STEGMÜLLER in seinen *Hauptströmungen der Gegenwartsphilosophie* zusammenfassend formuliert:

»Metaphysische Aussagen erfüllen nicht das empiristische Sinnkriterium ... Beispiele für sinnlose Aussagen sind ›das Absolute‹, ›das Unbedingte‹, ›das wahrhaft Seiende‹, ›Gott‹, ›das Nichts‹, ›der Weltgrund‹ ... Man beachte, daß mit dieser Auffassung nicht etwa ein Atheismus begründet werden soll. Der letztere bestünde darin, die Wahrheit des Satzes ›es gibt einen Gott‹ zu leugnen. Nach dem empiristischen Sinnkriterium aber wird geleugnet, daß es sich hierbei überhaupt um einen Satz handle ... Wenn metaphysische Sätze sinnlos sind, woher kommt es dann, daß immer wieder metaphysische Systeme aufgestellt werden und den Gegenstand scheinbarer wissenschaftlicher Kontroversen bilden? Carnaps Antwort lautet: Die Wissenschaft bildet nicht die einzige geistige Betätigung von Menschen; Kunst und Religion z. B. sind andere. Metaphysische Systeme sind unklare Mischgebilde aus diesen drei Bereichen. Metaphysiker haben ein starkes Bedürfnis, ihr Lebensgefühl auszudrücken, besitzen jedoch nicht die Fähigkeit, dies in adäquater Weise durch die Schaffung von Kunstwerken zu tun; sie haben eine Vorliebe für das Operieren mit Begriffen und suchen häufig auch eine Art von religiöser Erbauung. So greifen sie zur Wissenschaftssprache und drücken darin völlig unangemessen ihr Welterleben aus. Für die Wissenschaft leisten sie überhaupt nichts und für das Lebensgefühl – im Vergleich zu den großen Kunstwerken – etwas Unzulängliches. Metaphysik ist der inadäquate Ausdruck des Lebensgefühls; Metaphysiker sind Musiker ohne musikalische Begabung oder Dichter ohne dichterische Fähigkeiten. Wie steht es dann aber mit den großen Problemen, jenen ›ewigen Rätseln‹, welche Metaphysiker seit jeher in Atem hielten? Die Antwort darauf muß lauten: Als wissenschaftliche Probleme existieren sie überhaupt nicht.«[8]

Die zitierten Gedankengänge führender Wissenschaftler genügen, um zu zeigen, daß Wissenschaftsgläubigkeit nicht *nur* auf der Unaufgeklärtheit der »Gläubigen« beruht, sondern daß es auch für den Wissenschaftler selbst im Grunde nur eine von zwei Möglichkeiten gibt: Entweder er beschränkt sich auf seine unmittelbaren Meßergebnisse und verzichtet völlig auf eine weiterführende Aussage. Dann bleibt er bei »seinen Leisten«, trägt aber zu den wesentlichen Fragen und Problemen des Lebens nichts bei (Beispiel: Empirismus). Oder er wagt Aussagen über weitgehende Lebenszusammenhänge. Diese haben dann jedoch Verkündigungscharakter, denn sie sind nicht durch die Ergebnisse der Wissenschaft selbst begründet. Im Bestreben, etwas Wesentliches zu den Lebensfragen beizutragen, überschreitet der Naturwissenschaftler – oft unbemerkt – seine

Kompetenz. Dieses Problem wird heute mehr und mehr gesehen. Gegenüber früheren Zeiten hat hier sicher die selbstkritische Ehrlichkeit zugenommen, zugleich aber auch die mehr oder weniger eingestandene Hilflosigkeit. So werden z. B. neuerdings die lange verachteten mythischen Weltbilder wieder hervorgeholt und als zumindest gleichberechtigt mit dem Weltbild der Wissenschaft angesehen! Wir zitieren die Schlußsätze des erwähnten Buches von HÜBNER:

»Es gibt jedenfalls keinen theoretisch zwingenden Grund anzunehmen, daß alle Welt mythische Sichtweisen ... ins Reich des Märchens verbannen muß, wenn sie nicht sozusagen den Verstand verlieren will. Dennoch kann niemand vorhersagen, ob und in welcher Weise nun wirklich in einem weiteren umfassenden Wandel der Horizonte Mythisches wieder allgemein erlebbar und erfahren werden kann. Dieses aber können wir gewiß behaupten: Es ist von Bedeutung, eine solche bloße Möglichkeit in jenem Augenblick zu erkennen und von ihr zu wissen, in dem weniger als früher die Größe, mehr aber als bisher die Fragwürdigkeit der einseitig technisch-wissenschaftlichen Welt erkennbar wird, in der wir leben.«[9]

Kann deutlicher die Notwendigkeit einer Erkenntnis ausgesprochen werden, die dasjenige nicht länger ausschließt, was in früheren Zeiten z. B. vom »Mythos« geleistet worden ist? Allerdings wird nicht gesagt, *wie* dies geschehen kann.

Die Frage nach der Ursache

Wo liegen die Ursachen für die beschriebene Erkenntnisunsicherheit? Verfolgt man die Bewußtseinsentwicklung des Menschen in den letzten Jahrhunderten, so sieht man sehr genau, wie es zu den heutigen Verhältnissen gekommen ist. Dies kann hier nicht näher ausgeführt werden. Statt dessen sei nur auf *ein* Charakteristikum verwiesen: Die Naturwissenschaft betrachtet immer nur eine einzige Seite ihrer Objekte, nämlich diejenige, die quantitativ-kausal als Mechanismus erfaßbar ist; anders gesagt: diejenige Seite, die den Verfahren der Physik und Chemie unterworfen werden kann. Diese Betrachtungsart wird immer dann problematisch, wenn man vergißt, daß es sich dabei nur um einen einzigen möglichen Aspekt handelt und wenn man die mechanistische Weltbetrachtung als die einzig mögliche Ansicht behandelt. Die Lebensprozesse oder das menschliche Bewußtsein, einschließlich seiner Leistungen, wie Philosophie, Psychologie,

Geschichte, Pädagogik oder Naturwissenschaft, werden von ihr überhaupt nicht angemessen erfaßt.

»Die Teilerkenntnis des Organischen, die sich vorwiegend auf Physik und Chemie gründet, betrifft gerade denjenigen Aspekt des Organismus, der am meisten dem Toten ähnelt.«[10]

HEITLER betont mit Recht, daß eine so gewonnene Teilwahrheit zur »ganzen Unwahrheit« wird, »wenn wir den Teil für das Ganze ansehen«.

»Wenn wir z. B. glauben, daß jeder lebende Organismus, und damit auch der Mensch, lediglich ein nach physikalischen und chemischen Gesetzen ablaufender Mechanismus ist, dann können wir dem so zum Roboter deklarierten Menschen keine moralische Entscheidungsfähigkeit mehr zubilligen. Er ist amoralisch geworden; seine ethische Persönlichkeit ist zerstört.«[11]

Wir haben uns bei unserem Streifzug durch einige Probleme der modernen Naturwissenschaft deren prinzipielle Erkenntnisgrenzen vor Augen geführt. Wir haben gesehen, daß der herkömmliche Wissenschaftsbegriff in Frage zu stellen ist, nachdem sich herausstellt, wie wenig man mit ihm auf die heutigen Erkenntnis- und Lebensfragen eingehen kann. Gibt es eine Wissenschaft, deren Erkenntnismethodik sicher begründet ist, die undogmatisch auftritt und in welcher Erkenntnis und Ethik nicht auseinanderfallen? Kann die Anthroposophie diesen Anforderungen gerecht werden?

Anthroposophie als Erweiterung der Wissenschaft

Zu einer Zeit, als ERNST MACH und andere noch von einem heilen Weltbild der Physik träumten, hat RUDOLF STEINER bereits umfassende Alternativen entwickelt, die den skizzierten Problemen gerecht werden sollten.

Naturwissenschaft endet da, wo die physikalisch begreifbare Welt endet, und sie selbst bemerkt deutlich die Grenze, hinter der die Lösungen der tiefsten Fragen des Menschen verborgen sind. Dieser Bereich hinter der sinnenfälligen Natur wird seit Jahrtausenden als der Bereich des »Geistes« bezeichnet. Sollte es nicht möglich sein, der Wissenschaft von der Natur eine Wissenschaft vom Geiste, eine »Geisteswissenschaft«, an die Seite zu stellen? Eine Geisteswissenschaft, die – so wie die Naturwissenschaft die Gesetzmäßigkeiten der sinnenfälligen Natur beschreibt – die geistigen Gesetzmäßigkeiten und deren Verhältnis zur Welt der sinnlichen Wahrnehmung erforscht. Diesen Weg hat RUDOLF STEINER eingeschlagen und in der Anthroposophie die Erforschung der geistigen Welt beschrieben. Er umreißt einmal die Anthroposophie mit folgenden Worten:

»Anthroposophische Geisteswissenschaft ... beruht darauf, daß anerkannt wird, wie hinter der sinnlich-physischen Welt und mit dieser innig verwoben eine geistig-übersinnliche steht, aber auch darauf, daß der Mensch in der Lage ist, durch Entwicklung gewisser Erkenntniskräfte zu einer Einsicht zu kommen in diese mit der Sinneswelt verwobene übersinnliche Welt.«[12]

Befremdend wirkt die Anthroposophie auf manche Zeitgenossen, weil sie mit ebensolcher Selbstverständlichkeit von nichtsinnlichen, geistigen Realitäten spricht wie die Naturwissenschaft von den materiellen. Gibt es denn wirklich so etwas wie eine »geistige Welt«? Die Antwort STEINERS auf diese Frage besteht darin, daß er – für jedermann zugänglich – die Mittel beschreibt, um diese Welt zu erforschen. Aber auch ohne dies mag eine solche Annahme bei näherem Hinsehen nicht gar so abenteuerlich erscheinen. Zunächst sind wir ja alle Kinder unserer naturwissenschaftlich geprägten Zeit. Und darin kann es zunächst »selbstverständlich« keine andere Realität geben als die der Sinnesdaten. Aber gerade innerhalb der naturwissenschaftlichen Denkweise selbst wird bemerkt, daß sie an Bereiche stößt, die sehr wohl Realität besitzen, in die sie aber mit ihren Mitteln nicht eindringen kann. Wenn wir hier konsequent bleiben, kommen wir dazu, die Existenz nichtsinnlicher Realität zu erwarten. Ist es da so abwegig, wenn jemand sagt, sie sei sogar erfahrbar und erforschbar, und wenn er die Wege dazu angibt? Wir brauchen unser wissenschaftliches Gewissen nicht an den Grenzen der Naturwissenschaft abzugeben. Ein Blick in die Bewußtseinsgeschichte lehrt überdies, daß die Annahme geistiger Welten und ein Ringen um ihre Erkenntnis durchaus nichts »Besonderes« sind. Die Zeit, als »auch die Denker nur den Gott gedacht« (GOTTFRIED BENN), ist nicht gar so lange her. Seit dem Beginn der Neuzeit jedoch beschränken sich Philosophie und Wissenschaft immer enger auf die sinnlich-materielle Welt. Das »Besondere« der letzten einhundert Jahre liegt eher darin, daß diese »Beschränkung« häufig nicht mehr als solche empfunden wird. Physik, Chemie und Technik sind die Früchte dieser Entwicklung. Niemand wird diese Errungenschaften ablehnen. Aber ihre Einseitigkeit fordert Ergänzung. Die oben zitierten Sätze von HÜBNER sind nur *ein* Beispiel für viele.

Aus diesen Bemerkungen soll selbstverständlich nicht die Existenz geistiger Welten abgeleitet werden. Aber sie sollen darauf aufmerksam machen, wie leicht man einem Vorurteil verfallen kann, das aus der geistesgeschichtlichen Situation der Gegenwart entspringt und auf Denkbequemlichkeit, wenn nicht sogar auf logischer Inkonsequenz beruht. – Es gehört zu den Grundanforderungen jeder Wissenschaft – und wurde auch von STEINER unermüdlich gefordert –, daß niemand etwas für wahr hält, was er nicht selbst geprüft hat und voll durchschaut.

»Wer eine Wahrheit erkannt hat, der hat sie erkannt und braucht keine Zustimmung. So wird die anthroposophische Bewegung gerade die vorsichtigen Bekenner am liebsten haben. Nicht Kinder will sie haben, sondern solche Menschen, die mit aller Vorsicht, aus tiefster Prüfung heraus sich ein Urteil bilden. Die Aufforderung zur Vorsicht ist etwas, was mir tiefste Sympathie einflößt.

Von dem, was ich versucht habe darzustellen, werden Sie haben entnehmen können, daß die Anthroposophie weit entfernt ist, Kritik an der zeitgenössischen Gelehrsamkeit zu üben. Sollte der Anthroposoph sie bekämpfen? Er täte etwas sehr Törichtes, denn es wäre so, wie wenn derjenige, der ein Bild mit Mißbehagen betrachtet, den bekämpfen wollte, der die chemische Zusammensetzung der Farben studiert.«[13]

Die wissenschaftliche Grundlegung der Anthroposophie

Wir haben bisher gesehen, wie Anthroposophie auf Fragen eingehen will, die sich aus der zeitgenössischen Wissenschaft und den Grenzen ihrer Möglichkeiten ergeben. Es bleibt noch zu zeigen, auf welchen Erkenntnisgrundlagen die Geisteswissenschaft selbst beruht.

Wie gewinne ich Methoden, um geistige Realitäten zu erforschen? – Indem ich zunächst einmal ein Gebiet aufsuche, in dem Geistiges erfahren wird, und zwar möglichst ebenso gesichert, wie die sinnliche Welt empirisch erfahrbar ist. Dieses Gebiet ist das Denken. Im Denken lebe ich immer schon an der Grenze zu einer geistigen Welt. Dies wird mir nur im allgemeinen nicht bewußt. STEINER entwickelte mehrere Ansätze zu einer Erfahrung des Geistigen. Sie können hier nur kurz referiert werden.

Schon GOETHE hatte in seinen naturwissenschaftlichen Schriften ein Verfahren angewandt, das es erlaubt, die Gesetze des Pflanzenwachstums zu erforschen. An den Phänomenen betätigt der Betrachter »anschauende Urteilskraft«. Sie erschließt ihm schrittweise die Gestaltungskräfte der Pflanzenwelt, die einer nur physikalisch-chemischen Betrachtung verborgen bleiben. Die Methode GOETHES wurde von STEINER aufgegriffen und weiter ausgebaut. Es wurden von ihm neue wissenschaftliche Methoden angeregt, die auch eine Erforschung der Tier- und Menschenwelt ermöglichen.

GOETHE hatte seine Methode gehandhabt, ohne ihre prinzipielle wissenschaftliche Bedeutung begrifflich darzustellen und zu sichern. Dies wurde von STEINER nachgeholt *(Grundlinien einer Erkenntnistheorie der Goetheschen Weltanschauung,* 1886). Von einer Erkenntnistheorie ist vor allem zu fordern, daß sie voraussetzungslos ist. Ist sie nicht voraussetzungslos, dann liegt ihr schon ein Erkenntnisakt zugrunde. Den aber will sie ja gerade untersuchen. Sie ist dann also unbrauchbar. An diesem Problem sind die meisten Erkenntnistheorien gescheitert. Die Leistung STEINERS besteht nun darin, gezeigt zu haben, daß ein Erkennen der menschlichen Erkenntnis tatsächlich möglich ist. Dies geschieht durch Beobachtung des Denkens. STEINERS epochemachende Entdeckung ist dabei, daß das Denken nicht notwendig subjektiv und abstrakt ist, sondern daß es den Charakter einer geistigen Wahrnehmung besitzt. Er bleibt in unseren alltäglichen Vorstellungsabläufen unbewußt, da diese immer Anteil an der Sinneswahrnehmung haben. Er wohnt aber schon jedem wirklich gedachten Begriffe inne. STEINER stellt dar, wie man ihn bewußt machen kann (»Grundlinien ...«, »Wahrheit und Wissenschaft«, »Philosophie der Freiheit«).

Schon STEINERS Erkenntnistheorie enthält praktische Hinweise zur Ausbildung des Denkens. In dem von ihm beschriebenen weiterführenden Erkenntnisweg sind die Angaben und Übungen enthalten, wie geistige Erfahrung erweitert und vertieft werden kann. Die einzelnen Erkenntnisstufen werden dabei in gedanklicher Form so beschrieben, daß es jedem möglich ist, sich darüber aufzuklären, bevor er selbst den Erkenntnisweg beschreitet. Er verliert niemals die Kontrolle über das, was er tut. Es gibt keinen persönlichen Lehrer, keinen »Guru«. Jeder handelt in voller Verantwortung vor sich selbst. Alle Anleitungen zum anthroposophischen Schulungsweg liegen gedruckt vor. Man findet sie u. a. in STEINERS Buch *Wie erlangt man Erkenntnisse der höheren Welten?*

Worin unterscheiden sich STEINERS Erkenntnismethoden von denen der Naturwissenschaft? Die Naturwissenschaft sucht »Objektivität« durch Apparate, durch die sie den Anteil des Menschen an der Erkenntnis möglichst klein hält. Sie vergißt dabei leicht, daß die Konstruktion und Anordnung der Apparate und überhaupt alle Begriffsbildung auf den Menschen zurückgeht. Wie unreflektiert diese Seite der Naturwissenschaft gehandhabt wird, ist ja der Wissenschaftstheorie inzwischen zum Bewußtsein gekommen, ohne daß sie jedoch Abhilfe schaffen könnte.

STEINER dagegen schaltet den Menschen nicht aus dem Erkenntnisprozeß aus, sondern bezieht dessen Erfahrungen mit ein, ständig kontrolliert vom Selbstbewußtsein. Auf einer methodischen Fortbildung der Seelenkräfte des Menschen beruht die Erkenntnis geistiger Realität. Über den Erkenntnisbegriff der Anthroposophie schreibt STEINER:

»Erkenntnis wird von der Anthroposophie als etwas angenommen, was sich nicht unmittelbar aus einer Betrachtung der menschlichen Wesenheit und ihrer Beziehung zur Außenwelt ergibt. Sie glaubt, aufgrund sicherer Tatsachen des Seelenlebens behaupten zu dürfen, daß Erkenntnis nichts Fertiges, Abgeschlossenes, sondern etwas Fließendes, Entwicklungsfähiges ist. Sie glaubt, hinweisen zu dürfen darauf, daß es hinter dem Umkreis des normalbewußten Seelenlebens ein anderes gibt, in welches der Mensch eindringen kann. Und es ist notwendig zu betonen, daß mit diesem Seelenleben nicht dasjenige gemeint ist, was man gegenwärtig als ›Unterbewußtsein‹ zu bezeichnen gewohnt ist. Dieses ›Unterbewußtsein‹ mag Gegenstand der wissenschaftlichen Forschung sein; es kann von dem Gesichtspunkte der gebräuchlichen Forschungsmethoden als Objekt untersucht werden. Mit jener Seelenverfassung, von welcher hier gesprochen werden soll, hat es nichts zu tun. Innerhalb *dieser* lebt der Mensch gerade so bewußt, sich logisch kontrollierend, wie er im Horizonte des gewöhnlichen Bewußtseins lebt. Nur muß diese Seelenverfassung erst durch bestimmte Seelenübungen, Seelenerlebnisse hergestellt werden. Sie kann nicht als ein gegebenes Faktum der menschlichen Wesenheit vorausgesetzt werden. In dieser Seelenverfassung tritt etwas auf, was als eine Fortentwicklung des menschlichen Seelenlebens bezeichnet werden darf, ohne daß bei dieser Fortentwicklung die Selbstkontrolle und die anderen Kennzeichen des bewußten Seelenlebens aufhören.«[14]

Vorbedingung für anthroposophische Forschung ist »intellektuelle Bescheidenheit« (STEINER), d. h. eine Erkenntnishaltung, die damit rechnet, daß die seelische Verfassung des Menschen entwicklungsfähig ist, und daß nicht all ihre Möglichkeiten immer schon fertig ausgebildet sind.

Die Begründung einer Ethik

Über die Erkenntnisgrundlagen der Anthroposophie müssen diese Andeutungen genügen. Wer sich eingehender informieren will, findet genügend Literatur. Es ist nun nicht schwer einzusehen, wie die beiden anderen Probleme der Naturwissenschaft, das Verhältnis zur Ethik und die Gefahr dogmatischen Auftretens, von der Anthroposophie behandelt werden.

Die *Philosophie der Freiheit* RUDOLF STEINERS trägt den Untertitel »Seelische Beobachtungsresultate nach naturwissenschaftlicher Methode«. In ihrem ersten Teil wird eine erkenntnistheoretische Grundlegung der Anthroposophie gegeben, im zweiten wird gezeigt, wie derartige Erkenntnis eine *Ethik* begründen kann. Wir zitieren eine knappe Zusammenfassung des zweiten Teils von HANS ERHARD LAUER:

»Nur im Denken ist der Mensch unmittelbar als er selbst tätig, und zwar in um so höherem Grade, als er es mit dem Willen durchdringt. Handelt er aus dem denkenden Erkennen heraus, dann handelt er in Freiheit. Dazu ist freilich notwendig, daß er nicht nur Begriffe zu bilden vermag, deren sinnliches Gegenstück bereits vorhanden ist, d. h. Erkenntnisbegriffe, sondern auch solche, zu denen ein entsprechendes erst durch menschliches Handeln hinzugefügt wird, d. h. Tatbegriffe. Auch diese werden zwar durch sinnliche Wahrnehmungen provoziert, aber nicht durch solche von Naturerscheinungen, sondern von Situationen des menschlichen Lebens. Denn da der Mensch nicht nur ein erkennendes, sondern auch ein handelndes Wesen ist, fordert jede Lebenssituation ein bestimmtes willensmäßiges Verhalten von ihm. Vermag er den ihr entsprechenden Tatbegriff zu erbilden, so erlangt er die Möglichkeit, frei zu handeln. Da alle Begriffe den Charakter des Allgemeinen tragen, so muß der betreffende Tatbegriff durch die Fähigkeit moralischer Phantasie erst soweit spezialisiert werden, daß seine Verwirklichung der Situation, um die es dabei geht, genau entspricht. Wie der Mensch durch seine Erkenntnisbegriffe mit der Wirklichkeit sich voll wiederverbindet, so verbindet er sich durch seine Tatbegriffe und damit durch sein freies Handeln mit seinen Mitmenschen, sofern diese ebenfalls frei handelnde sind. Denn die Welt, aus der die Begriffe geschöpft werden, erweist sich als eine und dieselbe für alle Menschen. Wahre Freiheit trennt deshalb nicht die Menschen voneinander, sondern vereinigt sie zur Gemeinschaft.«[15]

Ethik ist, so betrachtet, nicht mehr Normwissenschaft, sondern Erfahrungswissenschaft. Als solche entspringt sie derselben Quelle wie die Erkenntnis.

Muß Wissenschaft dogmatisch sein?

Es bleibt nun noch die letzte Frage: Kann Anthroposophie der Gefahr des *Dogmatismus* entgehen, die dem naturwissenschaftlich geprägten Weltbild innewohnt? Man wird niemanden daran hindern können, anthroposophische Forschungsergebnisse ohne ausreichende eigene Prüfung einfach zu »glauben« und dann gar noch zu verbreiten. Aber aus dem Bisherigen dürfte hinreichend klar geworden sein, daß dies einem Mißbrauch der Geisteswissenschaft gleichkäme. Auch wer die Forschungsergebnisse nicht selbst erzielen will oder kann – das Problem ist ja hier nicht prinzipiell anders als in der Naturwissenschaft –, braucht nicht auf eigene Prüfung zu verzichten. STEINER sagt im Vorwort seines grundlegenden Werkes *Die Geheimwissenschaft im Umriß,* er

»... möchte vor allem Leser, welche nicht gewillt sind, auf blinden Glauben hin die vorgebrachten Dinge anzunehmen, sondern welche sich bemühen, das Mitgeteilte an den Erkenntnissen der eigenen Seele und an den Erfahrungen des eigenen Lebens zu prüfen. Er möchte vor allem vorsichtige Leser, welche nur das logisch zu Rechtfertigende gelten lassen. Der Verfasser weiß, sein Buch wäre nichts wert, wenn es nur auf blinden Glauben angewiesen wäre; es ist nur in dem Maße tauglich, als es sich vor der unbefangenen Vernunft rechtfertigen kann.«

STEINER hat nach eigenem Bekunden großen Wert darauf gelegt, seine Werke so abzufassen, daß jeder sie durch unbefangene Logik überprüfen kann und niemand die Ergebnisse einfach nur »hinnehmen« muß. Dies hat gewiß zur Folge, daß seine Werke nicht rasch zu verarbeiten sind. Es bewahrt andererseits davor, aus undurchschautem Bewußtseinshintergrund heraus zu leben und zu handeln.

Darüber hinaus hat STEINER seine eigenen Forschungsergebnisse immer als Anregungen zur Weiterarbeit verstanden.

Dementsprechend benötigte er wissenschaftlich ausgebildete Mitarbeiter:

»Als Mitarbeiter möchte ich am liebsten die wünschen, die sich durch Jahre treu in irgendein Gebiet der Wissenschaft vertieft haben, die wissenschaftlich arbeiten gelernt haben und die sich in diesen wissenschaftlichen Arbeiten erhalten haben alle Unbefangenheit, die notwendig ist, um dann die menschlichen Erkenntnis- und Seelenkräfte so umzugestalten, wie ich es angedeutet habe, so daß man dann in das hineinkommt, was in einer viel konkreteren, in einer wahrhaft realistischen Weise zu einer Erkenntnis z. B. der Menschennatur selber führt. Anthroposophie wird die beste Grundlage zu einer für die Medizin und auch für Sozialwissenschaft brauchbaren Anthropologie sein.«[16]

Die in der anthroposophischen Geisteswissenschaft erzielten Erkenntnisse sind – wie diejenigen der Naturwissenschaft auch – immer nur Stufen in einem fortdauernden Erkenntnisprozeß, ohne Anspruch auf Endgültigkeit.

»Wer sich fest nur auf seinen eigenen Standpunkt stellt, dann die Standpunkte miteinander vergleicht und sagt, nur den oder den könne er gelten lassen, der ist in bezug auf die philosophische Erkenntnis nicht auf einem anderen Standpunkt als auf dem eines Briefmarkensammlers. Nicht einmal der höchststehende Erkenner hat die höchste Stufe der Einsicht erklommen. Wir stehen alle auf der Leiter der Entwicklung.«[17]

Anthroposophie liefert keine Rezepte zur Behandlung irgendwelcher Probleme. Vielmehr ist sie wesentlich ein Erkenntnis*weg,* eine Forschungs*methode*. Es versteht sich von selbst, daß auch innerhalb der Anthroposophischen Gesellschaft, die der Förderung dieser Forschung dient, völlige geistige Freiheit herrscht. Wer in ihr Mitglied werden will, wird nicht gefragt, woran er »glaubt«, oder ob er von dem oder jenem »überzeugt« ist. Voraussetzung für die Mitgliedschaft ist lediglich, sich ein eigenes Urteil gebildet zu haben, aufgrund dessen man in ihren Zielen etwas Berechtigtes sehen kann.

Anthroposophische Forschung heute

Anthroposophische Geisteswissenschaft umfaßt ein weites Gebiet. Ihre Aufgaben reichen von der Erforschung rein geistiger Inhalte über den Einbezug und die Erweiterung der akademischen Fachwissenschaften bis hin zur Anwendung ihrer Ergebnisse in den einzelnen Lebensbereichen. All diese Arbeitsfelder gehören eng zusammen, keines kann ganz fehlen. Aber die Akzente können verschieden gesetzt sein.

Als Zentrum der anthroposophischen Forschung ist die *Freie Hochschule für Geisteswissenschaft* eingerichtet. Sie hat ihren Sitz am *Goetheanum* in Dornach, wirkt jedoch in aller Welt überall da, wo ihre Mitglieder arbeiten.

Über wesentliche Bereiche anthroposophischer Forschung gibt dieses Buch in den folgenden Kapiteln Auskunft. Wir müssen uns hier auf einige allgemeine Charakteristika beschränken.

Anthroposophische Forschung beruht in der Regel auf der Eigeninitiative derer, die sie leisten. Ob, wie und worüber gearbeitet wird, bestimmen die Forscher selbst. Es gibt keine Instanz, die irgendeine Überwachung ausübt, vielmehr herrscht das Prinzip der völligen geistigen Freiheit. Die Leitung der *Freien Hochschule für Geisteswissenschaft* fördert Initiativen, regt Forschungsprojekte an oder lädt zur Zusammenarbeit ein. Aber sie übt keine Kontrolle aus. Forschung bleibt in die Eigenverantwortung des einzelnen gestellt – und geschieht zumeist auch auf dessen eigenes Risiko.

Der weitaus überwiegende Teil der anthroposophischen Forschung steht in enger Berührung mit der Lebenspraxis. Probleme tauchen im Leben auf und werden vor Ort gelöst. So treffen sich bekanntlich die Lehrer jeder Waldorfschule wöchentlich zu pädagogischer Forschung. Diese muß dann nicht unbedingt zu wissenschaftlichen Publikationen führen, aber sie fließt unmittelbar in die pädagogische Praxis ein.

Andererseits besteht zur Zeit auf vielen Gebieten anthroposophischer Forschung noch ein Nachholbedarf. So forderte schon STEINER eine intensive Aufarbeitung der Fachwissenschaften.

»Wer heute studiert, was die materielle Wissenschaft bieten kann, wer in die materielle Wissenschaft hinuntersteigt und nicht zu bequem ist, sich in sie zu vertiefen, der tut auch als Geisteswissenschaftler gut daran. Viel kann man lernen von den rein materialistischen Forschern. Wir können dasjenige, was wir da finden, durchdringen mit dem reinen Geist, den die Geisteswissenschaft bieten kann. Wenn wir alles so durchdringen mit dem Spirituellen, dann ist das richtig verstandenes Christentum.«[18]

Im Jahre 1920 wurde ein anthroposophischer Hochschulkurs abgehalten. Rückblickend sagt STEINER:

»Es war zunächst eine Notwendigkeit zu zeigen, wie man wirklich, ganz auf strengem Boden des Wissenschaftlichen stehen bleibend, in die geistige Welt vordringen kann. Das war ja zunächst, was unser Hochschulkurs in diesem Herbst angestrebt hat. Und es ist, wenn auch alles das im Anfang ist, doch zum mindesten gezeigt worden, wie auf gewissen Gebieten aus den Wissenschaften selbst hinaufgehoben werden kann das Erkennen zu dem Erkennen des Geistigen als solchen, und wie wiederum das Geistige dann durchdringen kann das, was die Sinneserkenntnis gewinnt.«[19]

Die Aufarbeitung und Erweiterung der Fachwissenschaft ist bisher auf einzelnen Gebieten geleistet. Insgesamt ist sie hinter den Erwartungen STEINERS zurückgeblieben. Dies hat verschiedene Ursachen, etwa das Verbot der anthroposophischen Bewegung durch die Machthaber des Dritten Reiches oder die Verhältnisse der Nachkriegszeit, in der zunächst andere Probleme im Vordergrund standen. Seit einiger Zeit besteht jedoch das Bedürfnis, diesen Bereich der Forschung weiter voranzutreiben.

Ein Hauptproblem dabei ist: Um STEINERS Anregungen wirklich aufgreifen zu können, bräuchte man viel mehr wissenschaftlich qualifizierte Mitarbeiter. Nicht allzu viele besitzen die zu fordernde Doppelqualifikation, sich in der anthroposophischen Geisteswissenschaft einerseits und einer Fachwissenschaft andererseits auszukennen. Doch lehrt die Erfahrung der letzten Jahre, daß es Auswege aus diesem Engpaß gibt. Nicht wenige Wissenschaftler wären nach Abschluß ihres Studiums oder nach einem Abschnitt ihrer Berufstätigkeit bereit und in der Lage, Forschungsaufgaben zu übernehmen.

Es käme nur darauf an, sie zur Mitarbeit zu gewinnen. Dies ist zur Zeit noch ein finanzielles Problem. Wer erst einmal in einen anderen Beruf abgewandert ist und dort Verantwortung übernommen hat, ist in der Regel und verständlicherweise als Mitarbeiter in einer anthroposophischen Forschungseinrichtung verloren. Andererseits müßte das finanzielle Problem um so leichter zu lösen sein, als die Gefahr von »Fehlbesetzungen« gering ist. Denn im Bereich anthroposophischer Forschung sind keine lebenslänglichen »Stellen« zu vergeben. Auch die Sachkosten sind wesentlich geringer als in einer bürokratisch verwalteten Wissenschaft. Was zunächst nötig wäre, ist einfach eine gewisse finanzielle Beweglichkeit.

Wenn hier in absehbarer Zeit Abhilfe geschaffen wird, kann eine Eigenschaft anthroposophischer Forschung deutlicher hervortreten, die zur Zeit durch die Überlastung der einzelnen noch nicht voll wirksam ist: Anthroposophische Forschung wird um so fruchtbarer, je enger die Wissenschaftler zusammenarbeiten. Das kann in Forschungsinstituten, auf Fachtagungen und -konferenzen geschehen. Dieses Bestreben geht ebenfalls schon auf STEINER zurück:

»Ein einzelner in einem einzigen physischen Leben könnte das [= anthroposophische Forschung] vielleicht machen, wenn dieses physische Leben 600 Jahre dauern würde. Aber dann würden schon wieder andere Aufgaben da sein, und man wäre längst veraltet mit demjenigen, was man erarbeitet hat. Was für die Menschheit geleistet werden soll, muß auch im menschlichen Zusammenarbeiten und Zusammenwirken geleistet werden. Also müssen Zusammenarbeit und Zusammenwirken entstehen ... Und ich glaube, am klarsten und radikalsten gehen diese Aufgaben der Anthroposophischen Gesellschaft gerade aus einer wirklich realen Betrachtung der Geschichte der Naturwissenschaften in der neueren Zeit hervor.«[20]

Es geht dabei nicht nur um Arbeitsteilung, »teamwork« im üblichen Sinne, oder um gegenseitige Information. Nicht nur um einfache »Addition« der Einzelleistungen (obgleich auch diese schon ein bedeutender Schritt ist), sondern es geht um »Potenzierung«: um gegenseitige Anregung über die herkömmlichen Fächergrenzen hinaus, um das umfassende Zusammentragen von Gesichtspunkten zu bestimmten Problemen. Die wesentlichen Lebensprobleme können ja nicht mehr innerhalb einzelner Fachgebiete gelöst werden, sondern nur durch Mitwirkung vieler Kräfte aus den verschiedensten Bereichen.

Damit kommen wir zu einem letzten Gesichtspunkt. Auf wen gehen eigentlich die Fragestellungen zurück, die innerhalb der anthroposophischen Forschung bearbeitet werden? – Es sind letzten Endes diejenigen Fragen, deren Beantwortung die Zeitlage fordert. Sie müssen in all ihrer Vielschichtigkeit jeweils neu bewußt gemacht werden. Dabei kann prinzipiell jeder, der das will, mitwirken. Ein Nichtfachmann sieht vielleicht sogar einmal deutlicher, wo Lösungen erarbeitet werden müssen. Ein Austausch mit einem großen Kreis interessierter Menschen gehört zu den Lebensbedingungen anthroposophischer Forschung. Mit Zeitgenossen, die Fragen formulieren (vielleicht geradezu »Forschungsaufträge« erteilen) und an den Ergebnissen interessiert sind; die andererseits dafür sorgen, daß die Verbindung zwischen Wissenschaft und Arbeitswelt nicht abreißt.

Anthroposophische Forschung kann also nicht im Elfenbeinturm geleistet werden, sondern sie bedarf eines sozialen Umfeldes, das an der wissenschaftlichen Arbeit in der verschiedensten Weise – ganz nach Vermögen und Willen der einzelnen – beteiligt ist. Wissenschaft ist dann, fern jeder Institutionalisierung oder Bürokratisierung, auf einer Ebene menschlicher Begegnung angesiedelt.

Karl Rittersbacher

Entstehung und Zukunft der Pädagogik Rudolf Steiners

Zur Situation der anthroposophischen Bildungsbewegung

Die äußeren Tatsachen

RUDOLF STEINER trat mit seinen Erkenntnissen über pädagogische Fragen grundlegender Art zum ersten Mal im Jahr 1906/7 an die Öffentlichkeit. Er hielt in einer Reihe deutscher Städte Vorträge über die Themenkreise: Schulfragen im Lichte der Geisteswissenschaft und Erziehungsfragen vom Standpunkt der Geisteswissenschaft. Im Hinblick auf die vielfältigen Reformbestrebungen jener Jahre ließ er seine Gedanken als Broschüre erscheinen. Das Büchlein wurde in der pädagogischen Welt nicht beachtet. Es enthält komprimiert die Substanz der anthroposophischen Pädagogik und ist die Konsequenz des im Jahr 1904 erschienenen Buches *Theosophie, Einführung in übersinnliche Welterkenntnis und Menschenbestimmung.*

Im Rahmen seiner vielfältigen internationalen Vortragstätigkeit für die anthroposophische Geisteswissenschaft erörterte STEINER immer wieder auch pädagogische Fragen.

Im Frühjahr 1919 wurde er aufgefordert, eine Schule seiner Pädagogik gemäß zu gestalten. Er hielt drei Ausbildungskurse für das von ihm berufene Lehrerkollegium, das er bis zu seiner Erkrankung 1924 in Kursen und Konferenzen im Rahmen der Ausgestaltung der Freien Waldorfschule in Stuttgart führend weiter beriet. In den fünf Jahren von 1919 bis 1924 wurde er in eine Reihe europäischer Länder zu großen Vortragskursen eingeladen und war an der Entstehung von weiteren sieben Schulen beteiligt.

Als im Jahre 1919 die erste Schule entstanden war, sagte RUDOLF STEINER vor Jugendlichen: »Ich habe, als die Waldorfschule gegründet wurde, gesagt, die Gründung ist schön, aber sie hat keine Bedeutung, wenn nicht im nächsten Vierteljahr zehn weitere Schulen mindestens gegründet werden ... Wenn wir das Geistesleben zu emanzipieren in der Lage sind, werden wir immer mehr Waldorfschulen haben ...«

STEINERS Erwartung konnte nicht in Erfüllung gehen, da im Chaos der Jahre nach 1919 seine großen Intentionen zur Neugestaltung der menschlichen Gesellschaft unter der Leitidee der »Dreigliederung des sozialen Organismus« (Freiheit für das Geistesleben, Gleichheit für das Rechtswesen und Brüderlichkeit im Wirtschaftsleben) nicht durchdringen konnten.

Es muß als historischer Lichtblick erscheinen, daß ein Industrieller, der Generaldirektor der Waldorf-Astoria-Fabrik, EMIL MOLT, einen Entschluß faßte, der für die Neugestaltung des Bildungswesens wegweisend wurde. Er bat RUDOLF STEINER, dessen Wirken er jahrelang miterlebt hatte, der geistige Leiter einer Modellschule zu werden. Er selbst übernahm die wirtschaftliche und rechtliche Verantwortung dafür. In RUDOLF STEINER hatte er eine Persönlichkeit gewonnen, die vielfältige und reiche praktisch-pädagogische Erfahrungen hatte, und die seit mehr als einem Vierteljahrhundert für erneuerte Methoden der wissenschaftlichen Erkenntnis vom Menschen und notwendige neue Gesellschaftsverhältnisse gewirkt hatte, und die mitten im Kampf dafür stand. RUDOLF STEINERS Lebenswerk und Wirken wurde so zur Voraussetzung für die Gestaltung eines grundlegend neuen Bildungswesens.

Am Begrüßungsabend – vor Eröffnung des Ausbildungskurses für die zu gründende Schule – sagte RUDOLF STEINER vor dem kleinen Kreis von vierzehn Persönlichkeiten: »Die Waldorfschule muß eine wirkliche Kulturtat sein, um eine Erneuerung unseres Geisteslebens der Gegenwart zu erreichen. Wir müssen mit Umwandlung in allen Dingen rechnen; die soziale Bewegung geht ja zuletzt auf Geistiges zurück, und die Schulfrage ist ein Unterglied der großen geistigen Fragen der Gegenwart. Die Möglichkeit der Waldorfschule muß dabei ausgenützt werden, um reformierend, revolutionierend im Schulwesen zu wirken. Das Gelingen dieser Kulturtat ist in Ihre Hand gegeben ... Viel hängt davon ab, daß diese Tat gelingt. Die Waldorfschule wird ein praktischer Beweis sein für die Durchschlagskraft der anthroposophischen Weltorientierung. Sie wird eine Einheitsschule sein in dem Sinn, daß sie lediglich darauf Rücksicht nimmt, so zu erziehen und zu unterrichten, wie es die menschliche Gesamtwesenheit erfordert. Alles müssen wir in den Dienst dieses Zieles stellen. Aber wir haben es nötig, Kompromisse zu schließen. Kompromisse sind notwendig, denn wir sind noch nicht so weit, um eine wirklich freie Tat zu vollbringen ...«

Die Zeitereignisse (Inflation, aufkommender Nationalsozialismus, Rassismus) erschwerten, ja bedrohten das pädagogische Werk. Viel Opferwille von Lehrern, Eltern und von EMIL MOLT selber, sowie das unablässige befruchtende Wirken RUDOLF STEINERS durch Klassenbesuche, Konferenzen, Vorträge, wirkten zusammen, daß bis zur Erkrankung STEINERS im Herbst 1924 das Gelingen gesichert war. Ein halbes Jahr nach seinem Tod, Ende März 1925, wurde die Schule von einem Oberschulrat staatlich geprüft. Der umfassende Bericht über die dreiwöchige Revision schließt mit den Worten: »Möge der Waldorfschule in Zukunft ein von außen her ungestörtes Wachstum nach der intensiven und extensiven Seite beschieden sein.«

Die Schule war 1919 eröffnet worden mit 256 Kindern der Klassen eins bis acht, geführt von einem Kollegium von zwölf Lehrkräften. Die »Einheitliche Volks- und Höhere Schule« (heute würde man sagen »Integrierte Gesamtschule«) umfaßte im Jahre 1924 zweizügig in ihren zwölf aufsteigenden Jahrgängen 784 Schüler und Schülerinnen. In einer dreizehnten Klasse wurde 1925 auf das staatliche Abitur vorbereitet. An der Schule waren 52 Lehrkräfte tätig. Aus einer Gesamtkonzeption war verwirklicht, was in vielen Einzelbestrebungen jener Jahrzehnte das Bildungswesen bewegt hatte und als tiefgehende Eltern- und Jugendsehnsucht erhofft und gefordert worden war. Mit der Stuttgarter Freien Waldorfschule und dem kosmopolitischen Wirken RUDOLF STEINERS war auch der Anfang zu einer internationalen anthroposophisch-pädagogischen Bewegung gemacht. STEINER förderte die Entstehung von Freien Schulen in Hamburg, Köln, Essen, Basel, Den Haag, London, Dornach. Seine pädagogischen Kurse bereiteten den Boden für weitere Gründungen nach seinem Tod.

Seit 1928 erfolgte die Gründung von Lehrerbildungsstätten. Dazu hatte RUDOLF STEINER in seinen Vorträgen von 1924 und in den Konferenzen seit 1919 die Grundlagen gegeben. Was unterschied diese Schulgründung von den Reformen jener Zeit?

Hier war aus der umfassenden Menschenerkenntnis der Anthroposophie ein den leiblichen, seelischen und geistigen Lebensgesetzen entsprechender Lehrplan entwickelt worden, waren Methodik und Didaktik den Altersstufen angemessen, waren die individuellen Freiheitskräfte der Lehrerschaft in den Formen republikanisch-demokratischer Selbstverwaltung und -verantwortung erfüllt, waren die wirtschaftlich-rechtlichen Voraussetzungen durch den 1920 entstandenen Waldorfschulverein und die Hilfen privater Förderer gegeben, waren irgendwie geartete Einwirkungen politisch-parteigebundener oder konfessionell-dogmatischer Kräfte ausgeschlossen.

Mit anderen Worten: Schöpferisches Wirken in Freiheit, Gleichheit und Brüderlichkeit war – im kleinen – realisiert. Dieses Bildungsmodell trug kulturpädagogische Keimkräfte in sich.

Die Ausbreitung ging langsam vor sich. Für den Waldorfschulverein bildeten sich Ortsgruppen in vielen Städten. Bis zum politischen Verbot durch den Nationalsozialismus gab es in acht Großstädten Freie Schulen (einige nannten sich nach Steiners Tod »Rudolf-Steiner-Schule«). In Lissabon und Budapest entstanden durch freiheitlich-schöpferische Initiativen vorübergehend Schulzirkel. Schulgründungen, die sich zu Vollschulen entwickelten, entstanden bis zum Jahre 1940 in Holland (3), in Belgien (1), in Dänemark (2), in Schweden (3), in Norwegen (2), in Finnland (1), in der Schweiz (3). In den Vereinigten Staaten, in Südamerika, in Südafrika, in Australien und in Neuseeland gab es Gründungen; unter anderen waren es emigrierte Waldorfschullehrer, die die Initiative dazu ergriffen. Es waren nicht die pädagogischen oder schulorganisatorischen Einzelheiten, die geographisch so weitreichend zu Gründungen geführt hatten, sondern der große neue menschlich-menschheitliche Impuls, der von STEINERS Persönlichkeit ausgegangen war, und der von seiner anthroposophischen Geisteswissenschaft ausstrahlte, die ihren Mittelpunkt in der Freien Hochschule, dem *Goetheanum* in Dornach, hatte.

Nach dem Zweiten Weltkrieg erlebte die anthroposophisch-pädagogische Bewegung ein immer stärker wachsendes, internationales Interesse. In der Bundesrepublik Deutschland entstanden nach 1945 innerhalb kurzer Zeit neue Waldorf-(RUDOLF-STEINER)-Schulen: 1951 waren es bereits 24. Sie entwickelten sich aus Lehrer- und Elterninitiativen und sammelten sich im *Bund der Freien Waldorfschulen* mit Sitz in Stuttgart.

Nach einer Gründungspause bis zum Jahre 1958 waren bis 1965 auch in kleineren Städten und Landkreisen 31 Freie Schulen entstanden. Im Jahr 1975 war die Zahl der Gründungen 44, im Jahre 1978 waren es 57, und für das Jahr 1980 berichtet die Zeitschrift »Erziehungskunst« von 62 Schulen. Seither kamen zahlreiche Neugründungen hinzu, so daß es heute fast 90 Schulen in der Bundesrepublik gibt, von denen sich die Mehrzahl »im Aufbau« befindet. Etwa die Hälfte dürften bereits Vollschulen sein. Beim Bund der Waldorfschulen melden sich weitere Gründungswillige. Lehrer- und Elternkreise arbeiten hier zusammen. Kommunale und staatliche Gremien fördern diese Bürgerinitiativen zur Erneuerung des Bildungswesens. Die Lehrerbildung für die Schulen hat Ausweitung erfahren durch Lehrerseminare und Initiativen der bestehenden Schulen selbst (Tagungen, Wochenendseminare, Referentenaustausch).

Für die Vorschulkinder sind Kindergärten entstanden, die eine internationale Kindergartenbewegung hervorgerufen haben. Bis heute gibt es international über 200 Waldorfkindergärten, davon mehr als 130 in der Bundesrepublik.

Seit dem von RUDOLF STEINER im Jahre 1924 gehaltenen »Heilpädagogischen Kurs« hat sich auch eine eigenständige Vereinigung für Heil- und Erziehungsinstitute für Seelenpflege-bedürftige Kinder gebildet, mit international auch etwa 200 Instituten dieser Art.

Dazu gehören ganze Dorfgemeinschaften mit Kindern und Erwachsenen. Für die ausländischen Schulen, die auch in größerer Zahl entstanden sind bzw. noch entstehen, hat sich ein internationaler Arbeitskreis gebildet, der an verschiedenen Orten, darunter auch am *Goetheanum* in Dornach zu Beratungen zusammenkommt.

Die Schulentwicklung im Ausland sei kurz in Zahlen charakterisiert: Zur Zeit (1983) bestehen in der Schweiz 22 Schulen, in Holland 46, in Österreich 6, in Großbritannien 16, in Frankreich 8, in Italien 2, dazu kommt eine Neugründung in Rom. In Spanien entstand ein Kindergarten und eine Schulgründung wird folgen. Auch in Nord-, Mittel- und Südamerika bestehen eine Anzahl RUDOLF STEINER-Schulen und geben Gründungsimpulse; ebenso in Südafrika, Australien und Neuseeland.

Bei STEINERS Wirken und Lebenswerk handelte es sich darum, schöpferische, neue Lebenspraktiken zu ermöglichen und zu entwickeln. In seiner Autobiographie beschreibt STEINER denn auch sein Erkenntnisringen unter eben diesem Gesichtspunkt. Diese Ausführungen begleiten alle Schilderungen seines arbeits- und erlebnisreichen Werdens in Wien, Weimar und Berlin. Sie sind als Seelenbiographie wegweisendes pädagogisches Vorbild. STEINERS schöpferische Leistungen, die sich bis zu seinem Lebensende steigerten, sind Ergebnisse seiner geisteswissenschaftlichen Bewußtseinsentwicklung. Das muß gerade in der Pädagogik besonders beachtet werden. Denn die anthroposophische Pädagogik fordert den Weg der Bewußtseinswachheit und -entwicklung in allen Bereichen.

Vergegenwärtigen wir uns die Bedeutung dieser Forderung vor dem geistigen Hintergrund der Jahrhundertwende.

Die Pädagogik des 19. Jahrhunderts hat auch unsere Zeit geprägt durch die Betonung der Intellektualität auf allen Gebieten. Für die Ordnung des Bildungsvorgangs und des Bildungswesens im Staatsdenken der Vergangenheit war viel, ungewöhnlich viel, erreicht worden. In der Psychologie, in vielen Einzelbereichen, waren Angriffspunkte dagegen gegeben. Sie führten zu individualistischen Reformbewegungen, die das Künstlerische, das Handwerkliche, das Gemeinschaftsleben, das Naturleben in die Lehrpläne und Bildungsorganisation brachten. Das alte materialistische oder biologisch-mechanistische bzw. darwinistische Menschen- und Weltbild blieb als Untergrund erhalten. Es wurde wesentlich in den alten Erkenntnisformen und -inhalten weitergedacht und gelebt.

Als ERNST HAECKELS *Welträtsel* (1899) erschienen war, hatte STEINER seine Erkenntnismethoden, die bewußte Steigerung der Erkenntnis- und Erlebniskräfte des Denkens, Fühlens und Wollens zu realen geisteswissenschaftlichen Erfahrungen entwickelt. Er stellt nicht nur diese dar, sondern auch die Forschungsmethoden selber.

Die Aufgabe, vor die sich RUDOLF STEINER mit seinen erweiterten Erkenntnisfähigkeiten gestellt sah, faßt er folgendermaßen zusammen: »Die ganze Welt, außer dem Menschen, ist ein Rätsel, das eigentliche Welträtsel; und der Mensch ist selbst die

Lösung. Dadurch konnte ich denken: der Mensch vermag in jedem Augenblick etwas über das Welträtsel zu sagen. Was er sagt, kann aber stets nur so viel Inhalt über die Lösung geben, als er selbst über sich als Mensch erkannt hat.«

Die Rätsel der Welt lösen sich, wenn das Rätsel Mensch, das sich individuell in jedem Menschen darstellt, in lebensvollen, neuen Erkenntnissen auf erhöhten Bewußtseinsebenen erforscht wird.

Für die materialistische Wissenschaft ist es schockierend, wenn RUDOLF STEINER, wie z. B. in dem ersten Ausbildungskurs für die Lehrerschaft der zu gründenden Freien Waldorfschule, von der realen *Prä*existenz der Menschenseele spricht als einem Wissen, das die grundlegende Motivation für den Bildungsauftrag sein muß. Er weitet das später aus, indem er von Reinkarnation und Schicksalswirklichkeit in jedem einzelnen Kind spricht. Die Geburt eines Kindes ist ein sinnlich-übersinnlicher Inkarnationsvorgang,[1] in dem die vier Wesensglieder des Menschen keimhaft enthalten sind. Zu der physischen Geburt kommen in Jahrsiebtrhythmen drei weitere übersinnliche »Geburten« hinzu: die des Ätherleibes, des Astralleibes und der Ichorganisation. Pädagogisches Wirken hat diese Tatsachen im Lehrplan und der Methodik von Unterricht und Erziehung zu beachten.

Die grundlegenden Erkenntnisse über die vier Wesensglieder führen auch zu einer anthroposophischen Typologie, der Lehre von den vier Temperamenten, die jeden individuellen Menschen wesentlich charakterisieren. Diese Temperamentslehre wird in den Ausbildungskursen eingehend dargestellt als maßgeblich für die Kinderbehandlung.

Zu den neuen anthroposophischen Erkenntnissen von den vier Wesensgliedern und ihrer Inkarnationsfolge im Lebenslauf fügte STEINER erweiterte Erkenntnisse über die menschlichen Sinne hinzu. In dem 1977 erschienenen Band *Die zwölf Sinne des Menschen. Umrisse einer neuen, vollständigen und systematischen Sinneslehre auf der Grundlage der Geistesforschung Rudolf Steiners* hat HANS ERHARD LAUER dieses pädagogisch außerordentlich wichtige Gebiet umfassend behandelt. In den Ausbildungskursen für Lehrer spielt diese Sinneslehre eine große praktische Rolle für Lehrplangestaltung und Lehrmethode. Außerordentlich pädagogisch belebend sind auch STEINERS Ergebnisse von den »geistigen und physischen Abhängigkeiten der Menschenwesenheit«, die er über Denken, Fühlen und Wollen zuerst in dem Buch *Von Seelenrätseln* darstellte.[2]

Zusammengefaßt kann man sagen: Die alternativen Voraussetzungen der Entstehung, Ausübung und Weiterentwicklung der Pädagogik RUDOLF STEINERS sind gebunden an die Steigerung der Bewußtseinslage, die Anerkennung der daraus hervorgegangenen geisteswissenschaftlichen Tatsachen der Präexistenz der Menschenseele, der Reinkarnationslehre und Schicksalslage jedes Menschen, das Wissen von den vier Wesensgliedern und ihren Entfaltungsgesetzen im Lebenslauf, die Lehre von zwölf Sinnen, die Lehre von der Dreigliederung des menschlichen Organismus und das Wissen von der Bedeutung der Lehrerindividualität.

Die Stufen der Willens-(Charakter-)bildung

Untersuchen wir nun die geistigen Voraussetzungen der anthroposophischen Pädagogik am Beispiel der Willens-(Charakter-) bildung.

Wie begründet RUDOLF STEINER für das erste Jahrsiebt Nachahmung, inneres Folgenwollen als Notwendigkeit? Wenn er, mit anderen Worten, erzieherische Autorität fordert? Wenn er für die Zeit vom 7. bis zum 14. Lebensjahr den Begriff der Nachfolge, d. h. des wachsenden Loslösens von den erzieherischen Erwachsenen, für diese, das bewußt geübte Freilassen des werdenden jungen Menschen, als angemessen schildert? Und schließlich, wenn nach den auch körperlich sichtbar werdenden Reifevorgängen der Adoleszenz der sich steigernde Freiheitswille gefördert werden muß?

Steiner schildert in seinem »Lebensgang«, daß er auf seinem ins Übersinnliche ausgebildeten Erkenntnisweg die bewußten Wahrnehmungen der höheren Wesensglieder realiter »sah«. Im systematischen Aufbau der Geisteswissenschaft führt er feste Begriffe dafür ein. Er gebraucht die Worte Ätherleib, Astralleib, Ichleib.

Für eine »anschauende Urteilskraft« (GOETHE) – etwa an den individuellen werdenden Lebensaltern oder an den konkreten Beispielen der Naturreiche (physisch-mineralische Welt, Pflanzenreich, Tierreich) und am Menschen nach dem 21. Lebensjahr – können die Wesensglieder – physischer Leib, Ätherleib, Astralleib, Ichheit – zu wachsenden Erfahrungen werden. Das pädagogische Wirken fordert die anschauende Urteilskraft noch mehr dem Lehr- und Lernstoff gegenüber als die eigentliche Verantwortung jedem Kind gegenüber.

Betrachten wir diese Aufgabe im Hinblick auf das Werden des Willenslebens: Mit der Geburt wird der irdisch-physische Leib aus der Mutterhülle frei. Die ätherischen Bildekräfte, die mit dem Ätherorganismus der Mutter verbunden waren, arbeiten jetzt gestaltend nach den eigenen Schicksalskräften im werdenden Körperwesen. Sie haben den Höhepunkt ihres Wirkens etwa in der Zeit des Zahnwechsels. Mit diesem Vorgang wird der individuelle Ätherleib buchstäblich »geboren«. Vorher schon vorhanden, aber noch nicht wirkend, sind die beiden höheren Wesensglieder Astralleib und Ichwesen. Wie stellvertretend für diese haben im Werdeprozeß die Erzieher (Eltern und Lehrer usw.) – durch Nachahmungswürdigkeit, Vorbildlichkeit – das vertrauensvolle Erwarten des Kindes zu befriedigen. In dieser Entwicklungsphase werden die willensmäßigen Weichen gestellt für das ganze spätere Leben. Das Kind vor dem 7. Lebensjahr muß nachahmen, will nachahmen. Sein Willensleben, sein Sinnesleben, sein Innenleben, ja seine Körperlichkeit werden tief davon beeinflußt, ja geprägt. Mit dem Hervorkommen der zweiten Zähne werden die ätherischen Bildekräfte frei für die selbständigen Lern- und Erinnerungsvorgänge. In das Innere der Körperlichkeit arbeitet sich jetzt immer stärker das eigene Seelenwesen (der Astralleib) durch. Mit dessen immer stärker werdenden Wirkungen steigern sich auch die Lern-, Erlebnis- und Gedächtniskräfte.

Der volle Einzug des Astralleibes in den kindlichen Organismus führt zu den Vorgängen der Pubertät. Die individuelle Seele wird mit diesen Vorgängen geboren. Nun beginnt die immer stärker werdende Inkarnation der Geistwesenheit des Menschen, der Ichheit. An dem Freiwerden derselben ist die von Jahr zu Jahr deutlicher und aktiver werdende Individualisierung ablesbar. Das wachsende Ich braucht das erzieherische Ich von außen immer weniger. Es will durch Erkenntnis gelenkt werden und aus Selbsterkenntnis den eigenen Weg gehen.

Die Grundbegriffe Nachahmung, Nachfolge und Freiheit als Motive der Willens-(Charakter-)bildung sind abgelesen aus den kosmisch-übersinnlichen Werdegesetzen des Lebenslaufes. In mehreren Vorträgen über den menschlichen Lebenslauf hat RUDOLF STEINER diese noch weitergehend dargestellt. Durch die Einbeziehung der spirituellen Tatsachen wurden die Lebensphasen substantiell und qualitativ erfaßt. Die ethische Verantwortung und die pädagogische Kraft sind dadurch intensiver geworden.

Für die heutige Lebenswirklichkeit ist von größter Wichtigkeit, wahrzunehmen, daß und wie die Werdevorgänge der menschlichen Entfaltung des Lebenslaufes auf allen Stufen schädigend beeinflußt werden. Dem kosmisch-übersinnlichen Vorgang der Menschenwerdung werden oft schon im Embryonalleben, dann beim Geburtsvorgang und erst recht im werdenden Kindheitsleben schwere Schäden zugefügt. Eltern, Kindergärtnerinnen und Lehrer müssen hier eine helfende und den werdenden Menschen schützende Einheit werden. Im Durchschauen und Erkennen und gemeinsamen Handeln liegen die Aufgaben.

Die Praxis der Zusammenarbeit in einem anthroposophischen Schulorganismus mit seinen vielen Möglichkeiten beweist, daß die Erkenntnisse und Impulse RUDOLF STEINERS auch in den schwieriger gewordenen Voraussetzungen von heute schöpferisch fruchtbar sind. Der Geist der Pädagogik RUDOLF STEINERS offenbart sich nicht nur in der quantitativen Ausbreitung, sondern auch in schöpferischer Weise. Ein äußerer Beweis ist auch darin zu sehen, daß die grundlegende kleine Schrift *Die Erziehung des Kindes vom Gesichtspunkt der Geisteswissenschaft,* im Jahre 1907 kaum beachtet, im Jahre 1978 im 45. Tausend vorliegt und Studieninhalt vieler Arbeitsgruppen ist.

Die folgenden Einzeldarstellungen müssen als herausgegriffen aus den lebendigen Zusammenhängen eines ganzheitlichen Zusammenwirkens gesehen werden.

Der allem zugrunde liegende Wille ist das gemeinsame Streben, aus umfassender Menschenerkenntnis zu wirken. Das ganzheitliche Zusammenwirken ist ein lebensgemäßer Lernvorgang für alle Beteiligten. Er ist immer zielgerichtet auf die Geistidee der Freiheit.

Die Zahl der Lehrkräfte an der ersten Waldorfschule betrug bei Schulanfang 12. Dazu kam EMIL MOLT als Schulvater und MARIE STEINER VON SIEVERS als künstlerischer Beirat für Sprachgestaltung und Eurythmie. Im zweiten Schuljahr waren es 21, im dritten Schuljahr 28, im vierten 37, im fünften zu Beginn 45, am Ende 52 Männer und Frauen. Sie waren zwischen 22 und 40 Jahre alt und kamen zum großen Teil aus Deutschland.

Sieben waren aus Österreich, zwei aus der Schweiz, eine Lehrkraft aus Ungarn, eine aus Polen und zwei aus dem Baltikum. Beruflich war das Spektrum vielfältig: Volksschullehrer, Akademiker der verschiedensten Fachrichtungen, Künstler, drei mit kunsthandwerklicher bzw. künstlerischer Ausbildung, ein ehemaliger Offizier. Bis auf eine Lehrerin, die STEINER als pädagogisches Naturtalent bezeichnete und die sich selbst gemeldet hatte, waren alle Mitglieder der Anthroposophischen Gesellschaft. Mehrere waren Teilnehmer der zwischen den Jahren 1904 und 1914 von STEINER geführten »Esoterischen Schule«. Der Begründerkreis, vier Monate vor Beginn des Ausbildungskurses, bestand aus drei ganz verschiedenartigen Persönlichkeiten. EMIL MOLT, der an RUDOLF STEINERS Wirken seit 1904 teilnahm, KARL STOCKMEYER, ein Physiker und Mathematiker, der seit 1907 mit starkem, praktischem Engagement sich der STEINERschen Geistesbewegung angeschlossen hatte, und HERBERT HAHN, der aus dem Baltikum kam und als anthroposophischer Sprachwissenschaftler und Völkerkundler sowie als Religionslehrer seine Fähigkeiten entfaltete. Alle waren – außer der einen »Naturpädagogin« – Kenner der Anthroposophie und zum Teil auch aktive Vertreter für sie. Dazu waren sie aber auch Fachleute ihrer späteren Unterrichtsfächer. Sie wuchsen in der Bewältigung der gestellten Aufgaben zu einer anthroposophisch strebenden Gemeinschaft zusammen. In RUDOLF STEINER sahen alle ihren Lehrer. Der Herausgeber des 1977 erschienenen biographischen Sammelbandes *Der Lehrerkreis um Rudolf Steiner 1919–1925 in der ersten Waldorfschule* nennt dieses Lehrerkollegium »die oberste Klasse Rudolf Steiners«.

Pläne über die Auswahl und Anordnung von Lehr- und Lernstoffen werden von Staatsorganen, von Religionsgruppen, von Wirtschaftsverbänden zur Erreichung ihrer Bildungsvorstellungen aufgestellt. Über die Durchführung müssen Lehrnachweise geführt werden. Diese wieder werden von Aufsichtsorganen kontrolliert. Der Themenbereich Lehrplan wird jeweils vorrangig bei gesellschaftlichen (politischen, religiösen und wirtschaftlichen) Veränderungen überprüft und dementsprechend für die Bildungspraxis behandelt.

Wie ging RUDOLF STEINER vor? Vor dem Gründungskreis der ersten Freien Waldorfschule hielt er vom 21. August bis zum 5. September 1919 zwei Vortragskurse mit den Titeln »Allgemeine Menschenkunde als Grundlage der Pädagogik« und »Erziehungskunst, Methodik und Didaktik«. Gleichzeitig hielt er dazu »Seminarbesprechungen« ab. Er schloß diesen Ausbildungskurs am Tag darauf mit drei »Lehrplanvorträgen«.

Eine erste Zusammenfassung der in Konferenzen und Vortragskursen gemachten Lehrplanangaben verfaßte 1925 CAROLINE V. HEYDEBRANDT, die der Schule von der Gründung an angehörte. Die Arbeit trägt den Titel *Vom Lehrplan der Freien Waldorfschule* und ist eine ausgezeichnete Skizze zur Einarbeitung in die Problematik.

Im Jahr 1955 hat KARL STOCKMEYER aus der Zurückgezogenheit nach der 1938 erfolgten Schließung der Waldorfschule in Stuttgart eine Arbeit *Rudolf Steiners Lehrplan für die Waldorfschulen* herausgegeben, die seit 1965 in zwei Bänden vorliegt. STOCKMEYER geht von Grundsatzfragen aus, behandelt in umfassender Weise aus dem pädagogischen Gesamtwerk RUDOLF STEINERS die einzelnen Fächer als solche und in ihren Zusammenhängen mit anderen Fachgebieten durch die zwölf Altersstufen. Beim Studium dieser bis in viele Details gehenden Ausführungen nimmt man teil an dem Ringen STEINERS um Verwirklichung seines Bildungsplanes.

Im Vorwort der Neuauflage der Lehrplanarbeit von CAROLINE V. HEYDEBRANDT im Jahre 1978 schreibt HELMUT V. KÜGELGEN: »Die Kritiker dieses Buches haben in ihm gesucht, was weder bei seiner Niederschrift gemeint war noch heute darin zu finden ist: ein festgelegtes Programm, das von Klasse zu Klasse bestimmt, was in einer ›richtigen‹ Waldorfschule durchzunehmen ist. Die ›richtige‹ Waldorfschule gibt es überhaupt nicht. Wenn die Waldorfschule im Industriegebiet, in einer Universitätsstadt, als Internatsschule in England, als zweisprachige Schule in Südamerika, wenn sie in New York oder in einer süddeutschen Kleinstadt das gleiche Programm abwickeln würde, wäre sie nicht mehr Pionier einer in ständiger Fortentwicklung sich realisierenden evolutionären Pädagogik ...«

Diese Grundeinstellung hat sich beim Wiederentstehen von Schulen nach der Verbotszeit bewährt.

Eine Reihe der Schulen hat die Oberstufe in differenzierter Weise besonders nach der praktischen Seite ausgebaut. Zu den bereits gepflegten Fächern, Handarbeit für Jungen und Mädchen ab der ersten Klasse, Handwerk und Gartenbau ab der sechsten Klasse, Technologie, Feldmessen, Buchbinden, Verbandslehre, Stenographie ab der neunten und zehnten Klasse, kamen im Ausgleich mit anderen Fächern berufsbildende Einrichtungen. Die lehrplanmäßigen Ausarbeitungen erfolgten aus in unseren Zeitverhältnissen begründeten, neuen menschenkundlichen Erkenntnissen. Es finden auch eigene Schulabschlüsse statt.

Konzentriertes Erarbeiten der Sachfächer wie Deutsch, Geschichte, Geographie, Rechnen (Mathematik), Chemie und Physik erfolgt im Hauptunterricht der ersten zwei, auf der Oberstufe auch drei Unterrichtsstunden über drei bis vier Wochen hin (Epochenunterricht). Dabei werden angrenzende Gebiete einbezogen.

Am Schuljahresabschluß wird ein zusammenfassender Überblick erarbeitet. Übungsfächer wie Fremdsprachen, Singen (Instrumentalunterricht), Turnen und Eurythmie werden wöchentlich dem Fach gemäß in zwei oder drei Stunden gegeben. Bei den Fremdsprachen wurde 1919 mit Französisch und Englisch schon in der ersten Klasse begonnen, also bei den Sechsjährigen. Die kindgemäße Unterrichtsweise unter Nutzung des Nachahmungstriebes in den ersten vier Schuljahren war 1919 absolut neu und hat sich für die Lebenspraxis bewährt.

Schreiben wird aus malerischen und zeichnerischen Elementen entwickelt. Das Lesen folgt später nach künstlerisch-methodischen Gesichtspunkten. Die gedanklichen Kräfte, die zum ausdrucksvollen Lesen gebraucht werden, erwachsen erst nach dem Zahnwechsel.

Das Lehrfach Eurythmie ist Pflichtfach mit je einer Stunde in den vier ersten und zwei Stunden in allen weiteren Schuljahren. Dieses Fach kann als beseelte Körperbewegung bezeichnet werden. Eurythmie wird als Laut- und Toneurythmie (Vokale und Konsonanten, Töne und Tonarten usw.) und in geometrischen und rhythmischen Formen gelehrt. Eurythmische Bewegungen ergreifen Leib, Seele und Geist des werdenden Menschen. Sie unterstützen den gesamten Unterricht in harmoniesierender Weise. Diese erziehliche und unterrichtliche Bildungsarbeit erweist sich in ihrer allgemeinmenschlichen Auswirkung als belebende Kraft. Auf der Oberstufe führt sie zu neuen Erkenntnissen der Sprache und Dichtkunst sowie der Tonwelt und musikalischer Werke.[3]

Prinzipien der Methodik und Didaktik

Die Lehrplanarbeiten von HEYDEBRANDT und STOCKMEYER geben bei Darstellung der Unterrichtsstoffe viele Hinweise auf ihre Darbietung. Es ist in Lehrplänen neu, daß so prinzipiell wie das hier geschieht, das jeweilige Lebensalter einführend beschrieben wird.

Bei HEYDEBRANDT sind der Darstellung der Unterrichtsstoffe Ausführungen vorangestellt über: »Das Schulkind vom Schuleintritt bis zum neunten Jahr. Das Schulkind vom neunten bis zum elften Jahr. Das Schulkind vom zwölften Jahr bis zur Geschlechtsreife. Das Schulkind zur Zeit der Geschlechtsreife. Der junge Mensch nach der Geschlechtsreife«.

Diese Darstellungen und die bei STOCKMEYER, ganz besonders aber die Ausführungen RUDOLF STEINERS selbst in seinen zahlreichen pädagogischen Vorträgen und in den Konferenzen unterscheiden sich wesentlich von den verschiedenartigen psychologischen Ergebnissen der akademischen Psychologie. Sie sind Ergebnisse realer sinnlich-übersinnlicher Forschungen. Sie bringen das leiblich-seelisch-geistige Zusammenwirken lebendig zum Ausdruck und regen stärker an als intellektuelle Forschungsergebnisse. Sie aktivieren nicht zuletzt die Lehrerseele. Solche Aktivierung braucht der Lehrer ganz besonders im unmittelbaren Bildungsgeschehen, bei seinen Vorbereitungen dazu und bei der lebendigen Ausübung. Wirklichkeitsgemäße Methodik und Didaktik kann im Bildungsvorvorgang lebendig nur künstlerisch-schöpferisch geleistet werden. Diese Notwendigkeit wird von ganzheitlich geisteswissenschaftlicher Menschenkunde aus der Wesenheit des Menschen selber gefordert. Sie muß alle Seelenanlagen berücksichtigen.

Der Wissenschaftsgeist des seit zwei, drei Jahrhunderten immer stärker gewordenen Intellektualismus ist immer mehr auch in die Pädagogik einbezogen. Durch die HERBARTsche Systematik und die Ausformung des HERBARTianismus sind alle Bildungsmaßnahmen bis in die Behandlung der Besinnungsfächer einseitig ausgerichtet worden.

Eine Pädagogik, die nicht nur auf das »Gehirndenken« und die leibliche Organisation des werdenden Menschen einwirken will, muß auch die Seelenkräfte des Fühlens, des Wollens ausbilden und mitwirken an der Gestaltung der ätherischen, der seelisch-astralischen und der geistig wirklichen Ichorganisation. Die Auswahl und Anordnung der Lehr- und Lernstoffe der Pädagogik RUDOLF STEINERS entspricht diesem Grundsatz. Ihre pädagogische Gestaltung ist die große Aufgabe. Im lebendigen inneren Erfassen der anthroposophischen Menschenkunde und im Bemühen um unmittelbaren Umgang mit den Kinderseelen und den Lehrstoffen sind diese Aufgaben immer neu zu erfüllen. In einzelnen Gebieten hat das die Reformpädagogik seit Anfang des Jahrhunderts aus individuellen Impulsen erstrebt. Diese Bestrebungen endeten bei den musischen Fächern. Diesen wünscht man für die Praxis mehr ursprünglich künstlerische Quellkräfte. Die Konzeption STEINERS ist eine vollmenschliche. Sie gleicht sich den Metamorphosen des Lebenslaufes an. Die auf die Nachahmungskräfte aufbauende Willenspädagogik im ersten Jahrsiebt wendet sich im zweiten Jahrsiebt in allen Fächern an die Gefühlswelt und die Phantasie des Kindes. In erfinderischer Weise sind die den Künsten einwohnenden Elemente der bildlichen Darbietung, der Sprachkraft, der Welt der Töne, der Rhythmen, der Formen, der gestaltenden Bewegung, des dramatisierenden Geschehens in Unterricht und Erziehung lebendig schöpferisch zu verwirklichen.

Ein paar Beispiele: So vom Lehrer vorgetragene, nur gefühlsmäßig aufgenommene Gebete, Gedichte, Wahrsprüche werden später im Lebenslauf zu erfrischenden Erkenntnisquellen. Formenzeichnen, Formenschreiten, Formen in eurythmischen Bewegungen werden zu Buchstaben, zu geometrischen

Erkenntnissen. Musikalisches Erleben wird in oberen Klassen zu Erkenntnissen der Akustik, farbliches Arbeiten und Erleben wird zur Erfahrung optischer Gesetze, bildlich-phantasievolle Erlebnisse an Märchen, Fabeln, Gleichnissen werden zu ethisch-moralischen Einsichten. Lehrstoffe werden durch die methodische Gestaltung zu Bildungsmitteln für die Weckung und Gestaltung seelisch-geistiger Kräfte. Aus diesen soll der junge Mensch die Fähigkeiten erhalten, in wachsender Selbsterkenntnis sein individuelles Leben weiter zu entwickeln. Fächer wie Handarbeiten, Handwerk, Gartenbau, Spinnen, Weben u. a. in Epochen wirken willensbildend zu denkendem Handeln und gesundem Wirklichkeitserleben.

Drei praktische Voraussetzungen müssen gegeben sein, wenn in der allgemeinen Methodik und Didaktik und in den einzelnen Fächern das Dargestellte erreicht werden soll: die tägliche meditative, esoterische Bemühung des Lehrers, die wöchentliche Konferenzarbeit der Lehrergemeinschaft und in den ersten acht Schuljahren das Prinzip des Klassenlehrers. Auf der Oberstufe ergibt sich aus der menschenkundlichen Entwicklung und aus den Stoffgebieten das Fachlehrersystem.

Im Bildungsgeschehen ist die Menschenbewegung schicksalhaft. Die Pädagogik braucht neben all dem anderen die neue tiefgehende Auffassung dieser Tatsache. Wie schicksalhaft und schicksalbildend die menschlichen Seiten des Bildungsgeschehens sind, ist in vielen dichterischen Schilderungen und Biographien zu lesen, heute vielfach auch als Pressenachrichten zu erfahren. Schon früh in seinem anthroposophischen Wirken hat RUDOLF STEINER in esoterischer Weise auf Ursachen der Schicksalsbildung und wiederholte Erdenleben hingewiesen. In pädagogischen Vorträgen hat er über »Esoterische Betrachtungen karmischer Zusammenhänge« gesprochen. Schicksalhafte (karmische) Betrachtungen des Lehrberufes vertiefen die ethisch-moralische Besinnung außerordentlich. Das Ringen um ethische Neubesinnung im Lehrerberuf kann nicht groß genug sein.

Eine oft und ernsthaft zu prüfende Frage ist in diesem Zusammenhang, ob das starre Beamtenverhältnis für den Lehrerberuf, d. h. die schöpferischen Entfaltungsmöglichkeiten der Lehrerpersönlichkeit und die Weiterentwicklung des Bildungswesens, noch bestehenbleiben darf. Die Waldorf-Rudolf-Steiner-Schulen konnten nur als »Privatschulen«, Freie Schulen, entstehen. Die Gründung der ersten Schule in Stuttgart fand im Rahmen der Bewegung für die Neugestaltung der gesellschaftlichen Lebensverhältnisse als Glied eines freien Geisteslebens im dreigegliederten sozialen Organismus statt. Dieser Kulturimpuls RUDOLF STEINERS scheiterte an den Zeitereignissen nach 1919. Jetzt erleben die anthroposophischen Kulturideen in der Expansion der RUDOLF-STEINER-Schulbewegung und ihren verwandten Bewegungen auf anderen Gebieten eine hoffnungsvolle Entwicklung. Für die Schulen muß das Bewußtsein vom freien Geistesleben tragend bleiben. In diesem Bewußtsein ist die entscheidende Alternative für die Erneuerung des Bildungswesens gegeben.

Die Entstehung eines neuen Gemeinschaftsbewußtseins

Das verantwortungsbewußte Erfassen einer gemeinsamen Aufgabe ist urbildlich veranlagt in der Schulführung. Die einzelnen Lehrer und ihre Gemeinschaft sind die Träger der pädagogisch-geistigen und praktischen Arbeiten. Sie gestalten das Schulleben in gemeinsamer Verantwortung, jeder aus eigenem Entschluß mit seinen Fähigkeiten und bei notwendigen gemeinsamen Beschlüssen in Einmütigkeit. Diesem muß stets gemeinsame Erkenntnisbildung vorausgehen. Die Aufgaben einer Schulführung sind vielfältig, und so hat jede Einzelbefähigung darin Platz. Steiner sprach von der republikanischen Verfassung. Er gab dazu viele Anregungen, so auch für die Bildung eines Verwaltungsrates.

Die wirtschaftlichen Aufgaben der Schulführung lagen im ersten Jahr allein bei EMIL MOLT. Sie wurden nach einem Jahr dem neugebildeten Waldorfschulverein übertragen. Er übernahm die Verantwortung für Schulgelände, Schulgebäude, Schulmaterialien, Lehrergehälter und Verwaltung.

Die rechtlichen Aufgaben werden in Gemeinsamkeit von Lehrerschaft und Schulverein gelöst. In Vorstand, Beirat, Elternvertrauenskreis finden unter Beteiligung geeigneter Vertreter der Lehrerschaft diese Aufgaben ihre Lösungen, wie Verträge, Verhandlungen mit Behörden. Ein Justitiar ist bei der Urteilsbildung beteiligt.

Die Entwicklung der Schulbewegung hat entscheidende

Schritte gemacht mit der Bildung des »Bundes der Freien Waldorfschulen«. Im pädagogischen Schulgeschehen erfüllt sich die Gemeinschaftsbildung grundlegend durch die Konferenzen und Arbeitsgruppen. Durch die organisch zum Schulleben gehörenden Monatsfeiern, Sommer- und Herbstfeste, Weihnachtsspiele, Vorträge, Aussprachen, praktischen Elterngemeinschaften zur Vorbereitung von Festen, eines Weihnachtsbasars, vielfältige Lern- und Bastelgruppen, Mitwirkung in der Schulküche, bei Veranstaltungen usw.

Die Beziehung zur Schule kann und darf sich in einem solchen Bildungsorganismus nicht erschöpfen im Vertrauen auf die Pädagogik und die Zahlung des Elternbeitrages. Sie wird erst real und tragend für das Kind, wenn sich der Wille und die Bereitschaft in Handlungen ausdrückt, die mit dem Schulganzen verbunden sind.

RUDOLF STEINER hat, so oft er konnte, Ansprachen an die Eltern gehalten.[4] Dieser Impuls wurde mit der Wiedererstehung von Schulen im Geiste seiner Pädagogik nach 1945 zu Handlungsgemeinsamkeiten der Eltern mit den Lehrern und den Eltern untereinander. Auch sind Gemeinschaften ehemaliger Schüler entstanden. Im letzten Jahrzehnt hat sich der Gemeinschaftswille ausgedehnt. Alljährlich finden im Frühjahr zweitätige Tagungen statt unter dem Motto »Eltern und Lehrer im Bunde für eine neue Schule«. Die Tagungsorte wechseln. Tagungsräume sind immer die Schulen.

Hoffnungsvoll begonnene Bestrebungen zur Erneuerung des Bildungswesens seit der Jahrhundertwende und Neuansätze nach 1918/19 sowie nach 1945 erfüllten die Anfangserwartungen nicht und gingen unter. Was in den Arbeiten des staatlichen Reformwillens verwirklicht wurde, mußte sich im Organisatorischen erschöpfen. Der Deutsche Bildungsrat und die Bildungskommission sowie der Wissenschaftsrat haben nicht an der Erschließung neuer Erkenntnisquellen, schöpferisch neuer geistig-seelischer Grundlagen gearbeitet. Sie stellten die alten wissenschaftlichen und weltanschaulichen Grundlagen nicht in Frage. Aber ist dieses intellektuell-materialistisch, neo-darwinistische Fundament unserer Zivilisation nicht wesentlich die Ursache für unsere Krisenzeit gewesen und ist es noch? Das Umdenken und der Wille zur Umgestaltung mit wirklichen und tragenden neuen Kulturkräften sind unerläßlich. Dafür hat RUDOLF STEINER bahnbrechend gewirkt.

Alljährlich in den Herbstferien finden interne Lehrer- und Schulvereinstagungen statt. Mit ihren Vorträgen und Aussprachen dienen sie prüfenden Besinnungen und spiritueller Vertiefung. Anschließend an diese vorwärtsweisenden Gemeinschaftserlebnisse finden Fachtagungen der verschiedensten Unterrichtsgebiete statt. Sie werden an wechselnden Orten abgehalten, wo Anregungen für die Praxis erarbeitet werden.

In kleinerem Kreis werden alljährlich einmal Probleme der inneren Vertiefung und der internationalen Zusammenarbeit erörtert. Erfahrungsaustausch aus der sich global ausweitenden pädagogischen Bewegung befruchtet das Wirken im eigenen Land und weckt neues initiatives Denken und Wollen. Dieser Impuls ging von Lehrern in Den Haag aus.

Eine nicht kleine Zahl von Schulen bedarf finanzieller Hilfen. In internationalem Zusammenhang hat sich in Zürich ein *Fonds für freie Erziehung* gebildet. Er ruft auf zu Spenden. Er sammelt Geld, das RUDOLF STEINER im Sinne der Dreigliederung des sozialen Organismus Schenkungsgeld nannte. Die eingegangenen Gelder werden an bedürftige Schulen, heilpädagogische Heime und Studierende, die Ausbildungen zur späteren Tätigkeit an Freien Schulen machen, verteilt. In eigener Weise führt auch der Bund der Waldorfschulen solche Unterstützungsmaßnahmen durch. Diese Entwicklung befindet sich in hoffnungsvoller Ausweitung.

Wege der neuen Lehrerbildung

Im Bildungsgeschehen erfolgt der unmittelbare und tiefgehend nachwirkende Einfluß durch das allgemeinmenschliche Wesen und die persönlichen Eigenschaften der Erwachsenen.

Im eigenen Leben und in jeder Biographie ist das leicht festzustellen. Für die Bildungsvorgänge im Schulwesen handelt es sich hier um Wesen und Eigenschaften der Lehrer und Erzieher. Die gegenwärtige pädagogische Diskussion um die Rolle des Lehrers berücksichtigt dies zwar, vernächlässigt aber die Kritik jener staatlichen Institutionen, die das Monopol in Bildungsfragen innehaben. Kritische Anmerkungen dazu kommen nur von seiten der emanzipatorischen Pädagogik. Aber daß die Erneuerung des geistigen Lebens, qualitative Erweiterung der wissenschaftlichen Forschung, neue sinnlich-übersinnliche Forschungsmethoden angewendet werden müßten, daß über das Wesen des Menschen neu gedacht, daß die Neuordnung der gesellschaftlichen Verhältnisse auf großen geistigen Einsichten zu geschehen hätte und die grundlegende geistige Erneuerung des Bildungswesens durchgeführt werden müßte, das wird von seiten des pädagogischen Establishments nicht wahrgenommen.

Wie sind nun RUDOLF STEINERS Voraussetzungen und die Wege für eine erneuerte Lehrerbildung?

Die seelisch-geistigen Eigenschaften des Lehrers müssen sich an den Entwicklungsprozessen der werdenden jungen Menschen orientieren und der Erkenntnis der Kulturaufgabe unserer Zeit. Das bloße intellektuelle Denken genügt dazu nicht. Es muß zum schöpferischen Denken, zur Freiheit fortgebildet werden. Freiheit kann nur hervorgehen aus dem Erfahren reiner, d. h. geistiger Denkakte, die im Fühlen und Wollen »moralische Phantasie« entstehen lassen.[5]

Die Ergebnisse der anthroposophischen Geisteswissenschaft können gedanklich begriffen werden. Sollen sie aber Grundlagen für das praktische Leben, hier das bildende Lehrersein werden, so müssen die Bemühungen auf dem Schulungsweg dazukommen. Maßgebend ist nicht, was erreicht wird, sondern daß dieser Weg beschritten wird.

Dieser Schulungsweg wird bei jedem Menschen verschieden sein. Wie verschieden, das hat STEINER an ganz verschiedenen Persönlichkeiten seiner vier *Mysteriendramen* dargestellt. Das Werden der einzelnen Persönlichkeiten und ihr Wirken im Leben ist getragen und gefördert in einer schicksalsverbundenen Gemeinschaft. In einem neuen, auf Geisterkenntnis gegründeten Schulorganismus ist der Ort der ausgleichenden und fördernden Gemeinschaft die wöchentliche Lehrerkonferenz. In ihr begegnen sich freie Persönlichkeiten im schöpferischen Zusammenwirken. Hier werden die Erfahrungen und Ergebnisse sowie die Impulse für die Weiterarbeit dargestellt und überprüft. Die Geistgemeinschaft der individuell in Verbundenheit strebenden Lehrerschaft ist Voraussetzung und Gewähr für das täglich neuwerdende Gelingen.

Was hier in Beziehung zum Bewußtsein den werdenden Menschen gegenüber skizziert ist, gilt auch in der Anwendung den Unterrichtsstoffen gegenüber. Jede Schülercharakteristik als Jahreszeugnis ist Beweis. Jede Neugestaltung eines Unterrichtsstoffes ist das ebenso. Eine große Anzahl von Veröffentlichungen aus Gebieten der Unterrichtstätigkeit ist ein ebensolcher Beweis. Was RUDOLF STEINER bei der Lehrerschaft durch die freiheitlich konzentrative und meditative Seelenarbeit erstrebte, formulierte er in dem Schlußwort des Weiterbildungskurses vom Sommer 1921 so: »Wir wollen arbeiten, indem wir einfließen lassen in unsere Arbeit dasjenige, was aus der geistigen Welt heraus auch auf seelisch-geistige und auf leiblich-physische Weise in uns Mensch werden will.«

In seinen Vortragskursen »Die Methodik des Lehrens und die Lebensbedingungen des Erziehers« in Stuttgart und »Anthroposophische Pädagogik und ihre Voraussetzungen« in Bern im Frühjahr 1924 schilderte RUDOLF STEINER, wie die pädagogische Arbeit Belebung erhält durch plastisch-bildnerische und farblich-malerische, musikalische und sprachgestalterische Schulung. Die anthroposophische Lehrerbildung pflegt diese Kunstgebiete als grundlegend für die methodisch-didaktische Ausbildung. Im inneren Engagement daran sollen die ätherischen, die seelischen und die geistigen Kräfte erfahren werden. Sie setzen sich um in künstlerische Pädagogik. Diese kann dann auch die ätherischen, seelischen und geistigen Werdekräfte des werdenden Menschen formen.

Der Lehrerberuf hat durch die Pädagogik RUDOLF STEINERS eine höhere Würde und kulturelle Bedeutung erfahren. Er strahlt neue Lebenskraft und Bildungszuversicht aus.

Die Eltern als Lernende und Mitwirkende

Wie die Lehrer immerwährend Lernende sein müssen, ergibt sich aus dem bisher Dargestellten. Die Bildungsarbeit an den Kindern kann, ganz besonders in unserer Zeit, nur erfolgreich sein, wenn die Eltern Mitlernende und Mitwirkende sind. Heute gibt es an allen Schulen Mitarbeit in den staatlich verordneten Elterngremien. In welcher Weise RUDOLF STEINER die Elternmitarbeit sah, hat er in seinem letzten Vortrag im Waldorfschulverein im Sommer 1924 behandelt. Das Thema war: »Der Verkehr des Lehrers mit dem Elternhaus im Geiste der Waldorfschulpädagogik.«

Er erwartete die innerlich nahe Zusammenarbeit von Schule und Elternhaus. Die Elternarbeit führt unter Mitwirkung von

Vertretern der Lehrerschaft bis zu Einwirkungen in städtische und staatliche Gremien. In der zusammenfassenden Organisation des Bundes der Freien Waldorfschulen e. V. ergab sich die freiheitliche Führung der anthroposophischen Schulbewegung. Die Aktivierung für die Elternkreise erfolgt in den letzten Jahren durch die alljährlichen Veranstaltungen an jeweils neuen Orten, besonders wo Schulen die entsprechenden Einrichtungen (Festsäle, Schulküchen u. a.) haben. Dabei finden neben richtungsweisenden Vorträgen auch viele kleine Informations- und Aussprachegruppen statt.

Die Anstöße zu Schulgründungen gehen meist von Eltern aus. Kindergarteneltern fragen nach der Fortsetzung des Bildungsweges ihrer Kinder, andere Eltern, die schulpflichtige Kinder haben oder Kinder mit Schulschwierigkeiten, dazu oft auch Lehrer mit dem Verlangen nach freiheitlicher allgemeinmenschlicher Berufserfüllung bilden Schulvereine oder -genossenschaften. Aus der gemeinamen Arbeit an dem Ideengut RUDOLF STEINERS bilden sich Gruppen von »Gründungswilligen«.

In einem Bericht in der Zeitschrift »Erziehungskunst« vom November 1978 ist die weitere Entwicklung beschrieben: »Ein Kreis von rund hundertfünfzig Menschen war zusammengekommen. Neben den Vertretern aus verschiedenen Orten war eine Anzahl von Lehrern aus den bestehenden Schulen anwesend. Insbesondere handelte es sich dabei um die Mitglieder eines Beraterkreises, der in den letzten Monaten neu entstanden war ...« Nach der Erörterung, »daß es sich bei Gründungsvorbereitungen nicht allein darum handeln kann, daß man Vortragsredner in Nachbarstädte schickt, dort Kurse abhält oder sonstwie die benachbarten Gruppen betreut«, wird dargestellt, daß »darüber hinaus auch verantwortungsvolle Beratung erfolgt, die sich auf die Beurteilung von Personalfragen und insbesondere auch auf realistische Zeitpunkte für eine mögliche Gründung erstrecken«. Nach der eingehenden Urteilsbildung in einem Gremium von etwa zwanzig Persönlichkeiten aus verschiedenen Bundesländern wird die Frage einer Gründung der Delegiertenversammlung der deutschen Waldorfschulen zur Entscheidung vorgelegt. Der Bericht fährt fort: »Es war in diesem Jahr das siebte Treffen der ›Gründungswilligen‹. Von den Teilnehmern der ersten Zusammenkünfte war fast niemand mehr anwesend, da diese Schulen inzwischen fast alle bestehen.«

Wie die Gründungslehrerschaft sich zusammensetzt, wie die Lösung der Raum- bzw. Baufragen, die Finanzierung, die Schulträgerschaft, die Fragen der staatlichen Konzession gelöst werden, ergibt sich aus der Zusammenarbeit des Eltern-Lehrer-Kreises und der fortdauernden Beratung durch die Vertrauenspersönlichkeiten des Bundes der Freien Waldorfschulen. Das Verantwortungsbewußtsein ist ähnlich dem Verantwortungsbewußtsein bei der Entstehung der ersten Waldorfschule. Die erste Gründung und Schulentwicklung war getragen von einem Industriellen als Garant für die wirtschaftliche und rechtliche Grundlage, von Lehrern, die Geistesschüler RUDOLF STEINERS waren, von ihm selber als dem an pädagogischen Erfahrungen reichen Geistesforscher und Schöpfer einer umfassenden Menschenkunde sowie von einer wachsenden mitgehenden Elternschaft und einem großen anthroposophischen Freundeskreis.

Heute sind die Zerfallserscheinungen im allgemeinen Zivilisationswesen und besonders im Bildungswesen größer als damals und tiefgehender. Der Entwicklung muß man wünschen, daß die Ursprungskräfte weiter gepflegt werden und mit der zahlenmäßigen Ausbreitung die Führungs- und Gestaltungsqualitäten Schritt halten.

Zusammenfassung und Ausblick

Durchgreifende zukunftsträchtige Erneuerung der Menschenbildung kann nur ausgehen von der Entwicklung der Erkenntniskräfte, d. h. der bewußten Fähigkeiten des Denkens, Fühlens und Wollens. Die ins Übersinnliche erweiterten Ergebnisse der Geisteswissenschaft (Anthroposophie) des Lebenswerkes RUDOLF STEINERS liegen seit mehr als achtzig Jahren vor. Es ist die erste und entscheidende grundlegende Aufgabe, sie mit ihren eigenen Methoden zu erarbeiten und anzuwenden. Dies ist die erste und große Alternative für die schöpferische Arbeit und Neugestaltung des Bildungswesens an Haupt und Gliedern. Das dadurch entstehende neue Geistesleben muß als praktische Lebensform ausgebildet werden. Der Kampf dafür wurde in RUDOLF STEINERS Wirken zur Zeit der Gründung der Stuttgarter ersten Freien Waldorfschule in oft dramatischer Weise geführt. Es war damals eine Art Volksbewegung in Süddeutschland entstanden. Der Inhalt des Buches von RUDOLF STEINER *Die Kernpunkte der sozialen Frage in den Lebensnotwendigkeiten der Gegenwart und Zukunft* ist heute wegweisender als im Jahre 1919 bei seinem Erscheinen.

Einen Erlebniseindruck des kulturpädagogischen Wollens und Wirkens RUDOLF STEINERS in der Gründungszeit der ersten Freien Waldorfschule vermitteln der Band der von ihm gehaltenen Vorträge, die unter dem Titel *Neugestaltung des sozialen Organismus* (Bibliographie der Gesamtausgabe Nr. 330–331) erschienen sind. Die praktische Entfaltung der Pädagogik RUDOLF STEINERS trägt die schöpferischen, kulturpädagogischen, zukunftsweisenden Impulse in sich, die unsere Zeit braucht. Sie darf nicht als Schulreform verstanden werden.

Rudolf-Steiner-Schulen, Freie Waldorfschulen oder, wie verschiedenartig in den internationalen Zusammenhängen die Namensgebung auch ist, werden in der Krisensituation unseres niedergehenden Zivilisationslebens sich um so besser und kraftvoller entwickeln können, je mehr sie in aktiven und möglichst auch räumlich nahen Zusammenhängen mit den verwandten, neuen, kulturell-schöpferischen Bestrebungen wirken. Es sind überzeugende Ansätze und Beispiele dazu schon da mit Kindergärten, Lehrerbildungsstätten, Hochschulbestrebungen, neuer Garten-, Land- und Forstwirtschaft, Freizeitgestaltungs-Gemeinschaften, Gemeinschaften mit der älteren Generation u. a. Die anthroposophische Geistesströmung hat in ihrer Substanz, ihrer lebensvollen Methodik und Realitätsbezogenheit die hoffnungsvolle Möglichkeit und Kraft, neue Kulturzellen für die Zukunft zu bilden.

Lothar Vogel

Anthroposophie und Medizin

Es ist nicht möglich, die Dimensionen der durch Anthroposophie neubegründeten »Anthropologischen Medizin« zu verstehen, ohne den gesamten Umkreis, aus dem sie hervorgegangen ist, einzubeziehen. Dieser Umkreis ist im wesentlichen durch die Naturwissenschaft des 19. und 20. Jahrhunderts gegeben, die dann zur Krise der Medizin bis in die Gegenwart herein geführt hat.[1] Wir wollen hier die in diese Naturwissenschaft eingebettete Gegenwartsmedizin in ihrer Selbstcharakteristik zu Worte kommen lassen. RUDOLF VIRCHOW: (1821–1902)

»Die neueste Medizin hat ihre Anschauungsweise als die mechanische, ihr Ziel als die Feststellung einer Physik der Organismen definiert. Sie hat nachgewiesen, daß Leben nur ein Ausdruck für eine Summe von Erscheinungen ist, deren jede einzelne nach den gewöhnlichen physikalischen und chemischen (d. h. mechanischen) Gesetzen vonstatten geht.«[2]

»So sind wir, um das stolze Wort zu gebrauchen ... in das naturwissenschaftliche Zeitalter eingetreten.«[3]

Auch das 20. Jahrhundert hat das Bekenntnis der Medizin zur reinen Naturwissenschaft durch NAUNYN (1839–1925) wiederholt:

»Unsere Heilkunde ist das, was sie geworden ist, geworden, seitdem sie sich der Führung der Naturwissenschaften anvertrauen konnte ... Von da beginnt die moderne Ära der Medizin, seitdem vollzieht sich ihre Entwicklung in ungestörter Kontinuität, noch nie seitdem und an keiner Stelle ist ein Zeichen davon hervorgetreten, daß wir nicht auf dem richtigen Weg seien, ununterbrochen, sicher und erstaunlich groß war bisher der Fortschritt, und er wird es auch ferner bleiben, solange wir unserer Fahne, der Fahne der Naturwissenschaften, treu bleiben.«[4]

Es gibt kaum ein Feld des sozialen und kulturellen Lebens, auf dem sich die Anthroposophie in gegenwärtiger Zeit nicht fruchtbar erwiesen hätte. Darüber hinaus empfindet jeder, der sich mit dem Ganzen dieser Anthroposophie beschäftigt, daß diese nach dem Maße der Lebensvertiefung und Erhöhung, die sie dem Menschen als Aufgabe stellt, nicht nur für die Gegenwart, sondern vor allem für die Zukunft bedeutsam wird. Dies gilt besonders für die Sozialbereiche und unter diesen vor allem für die Heilkunde. Anthroposophie ist Menschenweisheit, was im weitesten Sinne des Begriffes hinweist auf eine ganz neue, erweiterte und vertiefte Anthropologie, auf eine umfassendere Menschenkunde, als sie bisher entwickelt worden ist.[5]

Dieser Bezug gilt um so mehr, als Heilkunde in ihrem umfassendsten Sinn ebenfalls in Menschenkunde, in Menschenwesenskenntnis gipfeln wird, wenn sie ihre Zielsetzung erfüllt. Dies ist entscheidend, da die Gegenwartsmedizin in diesem Sinne bisher noch keine Anthropologie, keine umfassend begründete Wissenschaftslehre ihres Gegenstandes, mit dem sie sich in der täglichen Praxis befaßt, entwickelt hat.[6]

Diese Aussage verlangt, wenn auch nur in aller Kürze, eine Charakteristik und Positionsbestimmung der Gegenwartsmedizin sowie eine Darstellung der Anthroposophie, soweit sie sich – durch ihre anthropologischen Bezüge – sachlich und methodisch auf Heilkunde bezieht. Die Betrachtung beider Positionen ist geeignet, die heutige Bewußtseinslage, ihre Gefahren und Möglichkeiten zu zeigen.

Zur Charakteristik der Bewußtseinssituation unserer Zeit im Hinblick auf die herrschende Situation der Naturwissenschaft und der Medizin

Es wird wohl niemand einen Einwand vorzubringen haben, wenn ich sage, daß heute die extreme Vorherrschaft des Intellekts gegenüber allen übrigen Lebenskräften des Menschen den geistigen Stil der gegenwärtigen Menschheit bestimmt.

Ein Teilbereich herrscht über das Ganze.[7]

Dieser Zustand der Einseitigkeit der Seelenkräfte in der der Zivilisation unterworfenen modernen Gesellschaft bewirkt nach vielen Richtungen Extremzustände, die unsere Epoche als nahezu pathologisch erscheinen lassen.

Geschichtlich ist dieser Status von der Aufklärung *(progrès des lumières)* in England und Frankreich und der in ihrem rationalistischen Geiste formierten Wissenschaft herzuleiten. Wir haben hier die Geschichte des naturwissenschaftlichen Objektivismus von GALILEI bis heute zu betrachten.

In einer durchaus antiphilosophischen Selbstvergessenheit fixiert der »Wissenschaftler« dieser Schule eine – wie er meint – vom Beobachter unabhängige, rein dingliche Außenwelt und übersieht dabei in Beobachtung und Denken sein eigenes Selbsterleben und die Tätigkeit seines eigenen autonomen Bewußtseins. Ein naiver agnostischer Empirismus wird so zu einem totalen naturwissenschaftlichen Objektivismusdogma aufgerüstet. Der Wissenschaftler dieser Art weiß von seiner eigenen Tätigkeit während seiner Beobachtung und während seines Denkens, das die Beobachtung leitet, nichts, sondern er geht nahezu selbstvergessen in der zu erforschenden Objektwelt auf. Als wissenschaftlich gilt ihm zuletzt allein die Erfassung des »absoluten«, vom Beobachter (scheinbar) völlig unabhängigen, abstrahierten Objektes.

Bei dieser Vernachlässigung des eigenen geistig-organischen Instrumentariums wird auch die Sinneswahrnehmung weitgehend übersehen und wenig geachtet und nur als ein rein passiver Abbildungsmechanismus mit, nach HELMHOLTZ, höchst unzuverlässigen Parametern aufgefaßt, im Gegensatz zu GOETHES:

»Den Sinnen hast du dann zu trauen,
kein Falsches lassen sie dich schauen,
wenn dein Verstand dich wach erhält.«[8]

Hier soll dagegen unter Mißachtung jedweder Erlebnismotivation das total abstrahierte *Objekt* das *Gesetz* aussprechen. Dies könnte freilich nur einer auf reine Mechanismen eingeengten Wahrnehmungstheorie – und selbst dieser nur scheinbar – gelingen, wobei das in Frage stehende Objekt von jedem Gehalt künstlich abgetrennt als qualitätsloses Faktum erscheint.

»In diesem Sinne ist die Galileische Physik keine Beobachtung im Sinne einer wirklichkeitsgemäßen Totalwahrnehmung der vollen Weltwirklichkeit mit Einbeziehung der Selbstwahrnehmung der Eigenintensionen des Beobachters in der Beobachtung (sowie des Denkens im Denken), sondern bloß eine ›Techne‹, um aus dem Ganzen der Natur nach den objektivistischen Prinzipien bestimmte Aspekte herauszupräparieren und darzustellen.«[9]

Dies möge zur Charakteristik der »naturwissenschaftlichen Methode« heute in ihrem Exaktheitspurismus beziehungsweise Wissenschaftsdogmatismus genügen, durch den sie sich, ohne es selbst wahrgenommen zu haben, als einseitige »Weltanschauung« ausweist.

Das Unglück ist nun, daß sich die moderne Schulmedizin diesem Wissenschaftsobjektivismus vollständig ausgeliefert hat (vgl. obige Zitate von VIRCHOW und NANYN).

Der Physiker A. M. KLAUS MÜLLER spricht in diesem Zusammenhang von der »Anpassungskatastrophe« der Medizin an die Naturwissenschaft.

»Die Medizin ist vom naturwissenschaftlichen Weltbild dieser Zeit, das eine materialistische Totalität besaß, überwältigt worden und hat sich die grundlegenden Fragestellungen von der Physik und Chemie aufbauenden Denkweisen vorschreiben lassen. Diese Entwicklung ist bis heute von der Medizin kaum durchschaut.«[10]

Damit kam es zu dem Versäumnis der Gegenwartsmedizin, ein zeitgemäßes Menschenbild, eine Anthropologie als medizinische Wissenschaftsgrundlage auszubilden.

Es wäre eine wichtige Aufgabe, die Geistesgeschichte der Medizin bis zum Eintritt ihrer Unterwerfung unter den lebens-, seelen- und geistlosen Wissenschaftsobjektivismus und seine Theorien darzustellen, wozu hier jedoch der Raum fehlt. Seitdem hat sich die Heilkunde bis heute weitgehend ihrem eigentlichen Gegenstand entfremdet, so daß zum Beispiel die Frage nach dem Wesen der menschlichen Gesundheit und Krankheit als Erkenntnisfrage kaum gestellt und statt dessen mehr oder weniger nur nach hypothetischen Regelmechanismen praktiziert wird. Das Gesamtergebnis mußte also eine Biologie ohne Lebensbegriff, eine Psychologie ohne Seele, eine Medizin ohne Menschenkunde sein.

Von der Anthropologie zur Anthroposophie

Das Lebenswerk RUDOLF STEINERS begann mit der wissenschaftlichen Erschließung und Rechtfertigung der naturwissenschaftlichen Forschungsweise GOETHES. Alles, was RUDOLF STEINER in der GOETHischen Natur- und Geistesanschauung vorfand, bildete eine überaus weit ausgedehnte Geistesprovinz, die besonders auf naturwissenschaftlichen und philosophischen Gebieten eine entschiedene Kohärenz zeigte; diese faßte er erstmalig unter dem Begriff *Goetheanismus* zusammen.[11] Vor allem waren es Biologen und Ärzte, die aus der naturphilosophischen Schule SCHELLINGS hervorgegangen waren.

Was wir bei der modernen Schulmedizin vermißt haben, die Ausarbeitung einer Anthropologie, war gerade das zentralste Anliegen dieser »Goetheanistischen Bewegung«, so daß man geradezu von einer *anthropologischen Forschungsepoche* sprechen könnte.

Es seien hier nur beispielhaft einige der wichtigsten Autoren und Werke genannt:

HENRIK STEFFENS (1773–1845): *Anthropologie,* mit den Untertiteln: »Geologische Anthropologie« – »Physiologische Anthropologie« – »Psychologische Anthropologie«.

GOTTHILF HEINRICH VON SCHUBERT (1780–1860); bei ihm finden sich die Hauptabteilungen seines großen Gesamtwerkes als: *Geschichte der Natur – Geschichte des Lebens – Geschichte der Seele.*

JOSEPH ENNEMOSER (1787–1854): *Der Geist des Menschen in der Natur* mit dem Untertitel: »Die Psychologie in der Übereinstimmung mit der Naturkunde.«

Und als letztes Beispiel:

J. P. V. TROXLER (1780–1866): *Blicke in das Wesen des Menschen.*[12]

Das Gemeinsame all dieser und vieler anderer, gleichzeitig kursierender Anthropologien ist die Suche nach der Einheit von Natur und Mensch, von Naturwissenschaft und Geisteswissenschaft, von Mensch und Kosmos, wie dies die angeführten Titel deutlich aussprechen. Überall, wo diese Einheit ideiert (d. h. als Idee wahrgenommen), erfahren (d. h. als Phänomen der wirklichen Welt erkannt) wird, wobei auch Empfindungen, Gefühle, Ahnungen schon als Erkenntnisstufen Berücksichtigung finden, meldet sich bei den »Goetheanisten« das Bedürfnis nach erweiterten, vertieften und umfassenderen Begriffen, die zugleich für die reale Welt qualitativere Verbindlichkeit haben. Biologie wird ihnen so zu »Biosophie«, Theologie zu »Theosophie«, und vor allem Anthropologie zu »Anthroposophie«. Dies wird unmittelbar ausgesprochen. So bei TROXLER:

»Anthroposophie als Philosophie in ihrer Vollendung, d. h. als die höchste Philosophie über den Menschen, begreift Anthropologie, Kosmologie, Theologie, alle *Logien,* in sich.«

»Anthropologie und Anthroposophie sind eins. Die einzige Wissenschaft, in welcher Gegenstand und Erkenntnis sich vollkommen entsprechen und durchdringen.

In der innersten Tiefe des Menschen ist die Einheit, das Prinzip der Allgemeinheit und Notwendigkeit.

Das Philosophieren umfaßt alle Arten der Erkenntnisse wie alle Gegenstände und ist vorzüglich auf Einheit und Ganzheit der Erkenntnis gerichtet. Der Organismus des menschlichen Geistes, der aber hinwieder auch nur durch Philosophie ergründbar ist, kann allein der Inbegriff und Zusammenhang sinnlicher Erkenntnisse und Gegenstände vorstellen, denn die Philosophie in ihrer Vollendung ist Anthroposophie.«

»Unsere Philosophie vermittelt nur die ursprüngliche und vollendete Anthroposophie.«

»Theo-, Psycho-, Zoo-, Kosmosoph = Anthroposoph.«

»Die ganze Philosophie ist der theoretisch-praktische Teil der Anthroposophie.«

»Die Subjektivität muß in ihrer innersten Tiefe zu sich selbst gekommen sein, wenn sie zum Prinzip ihrer Selbstobjektivierung, wie in Wissenschaft und Kunst, kommen soll. Das Subjektive und Objektive ist im Menschen, nicht der Mensch in ihm. Anthroposophie hat auch subjektive und objektive Geltung, sie besitzt philosophische und anthropologische Gesichtspunkte, indem sich in ihr der Mensch als Subjekt zum Objekt macht.«[13]

HERMANN IMMANUEL FICHTE (1796–1879) sagt in seiner *Anthropologie:* »Die Lehre von der menschlichen Seele begründet auf naturwissenschaftlichem Wege ... Die gründliche Erfassung des Menschenwesens erhebt nunmehr die ›Anthropologie‹ in ihrem Endresultate zur ›Anthroposophie‹.«[14]

Diese »Anthroposophie«, die uns in den genannten Anthropologien mehr oder weniger deutlich ausgeführt auf Schritt und Tritt begegnet, deren Kerngedanke in der Überwindung des einseitigen Objektivismus der Naturwissenschaft (und Medizin) der Aufklärung des 18. Jahrhunderts lag, führte schon bei vielen Ärzten jener Epoche zur Grundlegung einer eigentlichen *medizinischen Anthropologie.*[15]

Für RUDOLF STEINER war die zusammenschauende Würdigung dieser geistigen Sozietät um GOETHE als *Goetheanismus*-Bewegung jedoch nicht Rückschau auf ein historisch abgeschlossenes Phänomen, sondern indem er den »goetheanistischen« Begriff *Anthroposophie* (siehe obige Zitate) als Charakteristik seines eigenen umfassenden Geistesstrebens herausstellte, deutete er zugleich auf eine zukünftige goetheanistische Kultur und Lebensgestaltung hin: »Der Goetheanismus lebt nicht, ... der Goetheanismus muß aber auferstehen.«[16], sprach er 1919 aus.[17]

Biographisch entscheidend wurden für ihn zur Grundlegung dieser neuen umfassenden »Anthropologie« (= Anthroposophie) als Geisteswissenschaft jene vierzehn Jahre seiner Tätigkeit am Goethe-Archiv in Weimar, wo er, beginnend mit der Herausgabe der »Naturwissenschaftlichen Schriften« GOETHES, (in »Kürschners deutscher Nationalliteratur«, 5 Bände, 1883) mit fundamentalen erkenntnistheoretischen Einleitungen und Kommentaren, dann die Herausgabe der »Naturwissenschaftlichen Schriften Goethes« innerhalb der großen Sophienausgabe (1890) zu besorgen hatte. In diesem Zusammenhang erlebte er nicht nur die Zukunftsbedeutung der Naturanschauung GOETHES, sondern er begegnete vor allem dazu noch in GOETHES naturwissenschaftlicher Korrespondenz dem geschilderten Kreis von Ärzten, Naturforschern und Philosophen, die er von da an als »Goetheanisten« bezeichnete.

Die morphologische Entdeckung Rudolf Steiners von der Dreigliederung der menschlichen Organisation

Im Hinblick auf die Neubegründung einer zukünftigen Heilkunst gehört es zu den bedeutsamsten Schicksalsereignissen, daß RUDOLF STEINER durch seine Kennerschaft GOETHES und des naturwissenschaftlichen GOETHEanismus schon am Anfang seiner Entwicklung zu dessen Rechtfertigung einen eigenen geisteswissenschaftlichen Weg beschritt. So konnte er der geistigen Gestalt GOETHES auf einem selbständigen Wege in größter Unabhängigkeit begegnen. In seiner *Philosophie der Freiheit* (1894), die der Weimarer Periode zugehört, in der er seine philosophisch-geisteswissenschaftliche Position in der Auseinandersetzung mit der philosophischen Entwicklung des 19. Jahrhunderts bezieht, liegt bereits eine echte philosophische Anthropologie vor. In diese Richtung deutet vor allem der Untertitel (»Grundzüge einer modernen Weltanschauung. Seelische Beobachtungsresultate nach naturwissenschaftlicher Methode«).

Einen ersten Entwurf seiner eigentlichen Menschenkunde mit der Darstellung der großen morphologischen Entdeckung der *Dreigliederung des menschlichen Organismus* teilt RUDOLF STEINER erst 1917 (in Auseinandersetzung mit der Psychologie FRANZ BRENTANOS) in dem Buche *Von Seelenrätseln* (Berlin 1917) mit.

Die entscheidenden Schritte dieser Entdeckung schildert RUDOLF STEINER im 6. Anhang dieses Buches, in dem er über Anthropologie und Anthroposophie in der Auseinandersetzung mit zeitgenössischen Philosophen schreibt:

»Skizzenhaft möchte ich nun ... darstellen, was sich mir ergeben hat zwischen *den Beziehungen des Seelischen* zu dem Physisch-Leiblichen.«[18]

Die schulmäßige Psychologie wie die Physiologie hat das gesamte Seelenleben bisher an das Nervensystem gebunden und damit schon vor dem Zeitalter des Computers den Menschen als zentral mechanistisches Wesen gedacht (vgl. auch die Neuralpathologie SPERANSKYS). Dagegen wendet sich RUDOLF STEINER nicht nur aus philosophischen und psychologischen Gründen, sondern – vor allem aus einer ganz neuen – gesamtorganischen morphologisch-funktionalen Betrachtungsweise über die Einheit der geistig-seelischen und physischen Natur des Menschen:

»Die bisherige (nur nerval verstandene) Gliederung des Seelenlebens führt beim Aufsuchen dieser Bezeichnungen zu einer solchen Verschiebung aller in Betracht kommenden Verhältnisse, daß man nicht zu sachgemäßen Ergebnissen gelangen kann. Man muß bei einer derartigen Betrachtung von Gliederung in *Vorstellen, Fühlen und Wollen* ausgehen ...

Die körperlichen Gegenstücke zum Seelischen des Vorstellens hat man in den Vorgängen des Nervensystems mit ihrem Auslaufen in die Sinnesorgane einerseits und in die leibliche Innenorganisation andererseits zu sehen ...

Nicht so steht es, wenn man die leiblichen Gegenstücke für das Fühlen und Wollen bestimmen will. In bezug darauf muß man sich innerhalb der Ergebnisse gegenwärtiger Physiologie erst den richtigen Weg bahnen. Ist man auf denselben gelangt, so findet man, daß man wie das *Vorstellen zur Nerventätigkeit, so das Fühlen in Beziehung bringen muß zu demjenigen Lebensrhythmus, der in der Atmungstätigkeit seine Mitte hat* und mit ihr *zusammenhängt.«*[19]

Dies wird weiter ausgeführt und mit dem Satz zusammengefaßt:

»Die Seele erlebt fühlend, indem sie sich dabei ähnlich auf den Atemrhythmus stützt, wie im Vorstellen auf die Nervenvorgänge* ...«[20]

Und bezüglich des *Wollens* findet man, daß dieses sich in ähnlicher Art stützt auf Stoffwechselvorgänge. Wieder muß da in Betracht gezogen werden, was alles an Verzweigungen und Ausläufern der Stoffwechselvorgänge im ganzen Organismus in Betracht kommt. Wie dann, wenn etwas ›vorgestellt‹ wird, sich ein Nervenvorgang abspielt, auf Grund dessen die Seele sich ihres Vorgestellten bewußt wird, wie ferner dann, wenn etwas ›gefühlt‹ wird, eine Modifikation des Atmungsrhythmus verläuft, durch die der Seele ein Gefühl auflebt: so geht, wenn etwas ›gewollt‹ wird, ein Stoffwechselvorgang vor sich, der die leibliche Grundlage ist für das als Wollen in der Seele Erlebte.«[21]

Wesentlich ist, wie RUDOLF STEINER die auf diesem Forschungsgebiet gemachten Entdeckungen selber beurteilt und welche Bedeutung sie für die Begründung einer medizinischen Menschenkunde hat. Er schreibt:

»Ich darf wohl sagen, daß ich damit die Ergebnisse einer dreißig Jahre währenden geisteswissenschaftlichen Forschung verzeichne.

Erst in den letzten Jahren ist es mir möglich geworden, das in Frage Kommende so in durch Worte ausdrückbare Gedanken zu fassen, daß ich das Erstrebte zu einer Art vorläufigen Abschlussen bringen konnte.«[22]

RUDOLF STEINER sagt dazu:

»Ihre Begründung kann durchaus mit den heute vorhandenen wissenschaftlichen Mitteln gegeben werden. Dies würde der Gegenstand eines umfangreichen Buches sein, das in diesem Augenblick zu schreiben mir die Verhältnisse nicht gestatten.«[23]

Mit dieser Aussage sind wir aufgefordert, eine Geschichte der »Entdeckung der Dreigliederung des menschlichen Organismus« in Angriff zu nehmen.[24]

Was bedeutet nun die Entdeckung der Dreigliederung? In ihr stellt sich die Begründung einer Menschenkunde dar, die Begründung eines neuen Menschenbildes, das allen Grundlebensgebieten, der Pädagogik, der Sozialwissenschaft und Ästhetik und vor allem der Medizin den Ordnungsmaßstab ihrer Funktions- und Entwicklungsstufen gibt.

Lapidar faßt RUDOLF STEINER sein Forschungsergebnis zusammen:

* Gemeint ist das gesamte rhythmische System. – Anm. des Autors.

»Der Leib als Ganzes, nicht bloß die in ihm eingeschlossene Nerventätigkeit ist physische Grundlage des Seelenlebens, und wie das letztere für das gewöhnliche Bewußtsein sich umschreiben läßt durch Vorstellen, Fühlen und Wollen, so das leibliche Leben durch *Nerventätigkeit, rhythmisches Geschehen* und *Stoffwechselvorgänge.«* [25]

Bei dieser vorwiegend funktionalen Schilderung der *Identität des physischen und des geistigen Organismus* ist es wesentlich, zu erfassen, daß die Systemkräfte in ihrer Dreigliedrigkeit nicht getrennt (geteilt), sondern schwerpunkthaft gegliedert wirken – und dabei doch *das Ganze durchdringen.*

»Denn diese Tätigkeitsformen liegen nicht neben, sondern ineinander, durchdringen sich, gehen ineinander über. Stoffwechseltätigkeit ist im ganzen Organismus vorhanden, sie durchdringt die Organe des Rhythmus und diejenigen der Nerventätigkeit. Aber im Rhythmus ist sie nicht die leibliche Grundlage des Fühlens, in der Nervenfähigkeit nicht diejenige des Vorstellens, sondern in beiden ist ihr die den Rhythmus und die Nerven durchdringende Willenswirksamkeit zuzueignen.« [26]

In späteren Ausführungen hat RUDOLF STEINER die Dreigliederung der menschlichen Organisation auch nach ihrer morphologisch-anatomischen Bedeutung hin dargestellt. Hier zeigt sich der unbefangenen Anschauung die Polarität der Gestalt als Nerven-Sinnes-Organisation auf der anderen Seite. Im »Spannungsbereich« dieser Pole wirkt, beide miteinander verbindend, aber vor allem auch die Lebensprozesse steigernd und harmonisierend, das rhythmische System (Atmungs-, Herz-Blutkreislauf-System). Das Bedeutsame dieser Gliederung ist, daß sie funktional und morphologisch die *Einheit der physisch-leiblichen Gestalt mit den seelisch-geistigen Seinsäußerungen* aufs vollkommenste zur Darstellung bringt. Jeder bloße psychophysische Parallelismus, jede bloße Psychosomatik, jeder Dualismus ist überwunden.

Die Entdeckung der Dreigliederung der menschlichen Organisation wird aufs vollkommenste von GOETHES Forschungsergebnissen auf dem Gebiet der Morphologie gestützt. Das GOETHEsche Lebensgesetz von *Polarität und Steigerung* kann eine wichtige erste Verständnishilfe für das Wesentliche dieser Dreigliedrigkeit der Organisation sein.

GOETHE spricht da von den »beiden großen Triebrädern« aller Natur, von »dem Begriff von Polarität und von Steigerung« – »jene der Materie, insofern wie sie materiell, diese ihr dagegen, insofern wir sie geistig denken, angehörig.« Und nun das zum Verständnis der Mitte, des Rhythmussystems im dreigliedrigen Organismus Wichtigste, »jene (die Polarität) ist in immerwährendem Anziehen und Abstoßen, diese (die Steigerung) in immerwährendem Aufsteigen.«[27]

Die Mittelglieder zwischen den Polen des Organismus sind bedeutungsvoll und entscheidend, hier finden die Metamorphosen, die Wandlungen und Entwicklungen statt.

Im Sinne der Dreigliederung RUDOLF STEINERS bedeutet das GOETHEsche Gesetz, daß die unteren Leibeskräfte im Stoffwechselbereich gegenüber den Sinnes-Nervenkräften in der »Mitte der Gesamtorganisation« eine ununterbrochene, rhythmisch-steigernde Metamorphose erfahren – dynamisch-geistige Kräfte werden Stoff, stofflich geformte Organzustände werden Geist. Dies ist es, was sich in der rhythmischen Mitte in steigernder Entwicklung im systolisch-diastolischen, im inspiratorisch-exspiratorischen Geschehen vollzieht, wie es GOETHE in einem seiner Naturgedichte ausspricht:

»Was kann der Mensch im Leben mehr gewinnen,
Als daß sich Gott – Natur ihm offenbare,
Wie sie das Feste läßt zu Geist zerrinnen,
Wie sie das Geisterzeugte fest bewahre.«[28]

Die Anschauung der Dreigliederung umgreift und erfüllt damit auch das GOETHEsche Lebensgesetz von der Metamorphose, das ja – im Gegensatz zu manchen kurzsichtigen Interpreten GOETHES – in allen Natur- und Lebensbereichen gültig ist[29], denn durch die Kräfte der Mitte, durch die Induktionen des Rhythmusgeschehens schon von der organisierenden Wirkung in den Frühstadien der Embryologie, der »Chorda dorsalis«, über das polare arteriovenöse Blutgeschehen bis zu Inspiration und Exspiration des reifen Organismus, werden von der steigernden Mitte die Entwicklungsmetamorphosen des menschlichen Lebens von Anfang an angelegt und aufrechterhalten.

Kehren wir noch einmal zurück zur Betrachtung der morphologisch-funktionalen Dreigliederung. Es ist bisher viel zu wenig beachtet worden, daß die neue Entwicklungslehre (in Embryologie und Zoologie) mit der in der Sache selbst liegenden Konsequenz von verschiedenen Seiten her auf die »Urgestalt und Urfunktion der menschlichen Dreigliederung« stößt. So BENNINGHOFF bei der Frage, warum die von der Chorda induzierte

Metamerie der Wirbelsäule im Kopfbereich auf einmal aussetzt; so PORTMANN bei seiner Charakteristik des »Kopfproblems« bei Mensch und Tier (Kephalogenese = Kopfbildung), so DIETRICH STARK bei der Darstellung der Notogenese (chordal-metamere Rumpfbildung), die treffender als morphologische »Rhythmogenese« zu benennen ist, und BLECHSCHMIDT für die Gliedmaßenbildung, die so überaus charakteristische Gliederung von außen nach innen, die RUDOLF STEINER schon 1919 dargestellt hat. Noch fehlt es hier der heutigen Forschung zwar an der Synopsis ihrer Resultate, doch ist bereits erkannt, daß es sich bei Kephalogenese, Rhythmogenese (Notogenese) und Melogenese um drei Wesensverwirklichungen handelt, die die geistige Organisation des Menschen nach Denken, Fühlen und Wollen in der Leiblichkeit ausmacht.

Mit der Dreigliederung ist so ein vollgültiges Menschenbild als monistisch-trinitarische Ontologie gegeben, die von nun an jeden wissenschaftlichen und ideologischen Dualismus hinter sich läßt.

Neue Erkenntnisgrundlagen von Krankheit und Gesundheit aus der Phänomenologie der Dreigliederung

Morphologie (Anatomie), Physiologie (Lehre von den Organfunktionen), Pathologie (Lehre von den Krankheitsformen) können von der Dreigliederung her in ihren Zusammenhängen ganz neu gesehen werden. Vor allem das Krankheitsgeschehen kann nach Funktionen und Symptomen von der idealtypischen Dreigliederung her im Sinne der drei Funktionssysteme als Verschiebung der Funktionsordnungen in der Krankheit, als Wiederherstellung der »Ordnung« durch die Kräfte der Mitte, als Heilung und Gesundheit verstanden werden.

Macht sich der Nervenpol zu sehr geltend, erscheint mit dem neurasthenischen Konstitutionstypus die Gefahr der Sklerose. Dringt vom Wärmestoffwechselpol die Lebensdynamik zu weit vor, so droht mit eventuell vorangegangener hysteroider Konstitution die Gefahr der Entzündung. Der Komplex Gesundheit – Krankheit, im Sinne der Dreigliederung betrachtet, bietet eine dem Wesen des Organismus entsprechende Ordnung für eine neue Pathologie.

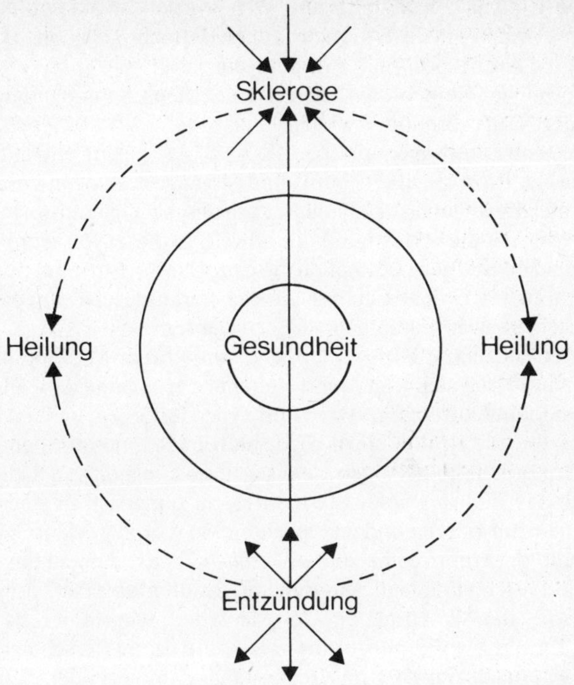

Mensch und Welt

Während sich die Dreigliederung schon phänomenal bei der Gestaltbetrachtung und funktional bei der Kräftewahrnehmung ergibt, ist der menschliche Organismus auch noch im Zusammenhang mit Erde und Kosmos zu betrachten.

Dieser Aspekt der Beziehungen zwischen Makrokosmos und Mikrokosmos ist uralt und hat schon die ersten menschenkundlichen Anschauungen der griechischen Naturphilosophie bis zu weitgehender Ausgestaltung über EMPEDOKLES zur Hippokratischen Medizin und weiter bis ins Hochmittelalter zu PARACELSUS und seinen Nachfolgern bestimmt. Besondere Impulse hat – neben PLATO – ARISTOTELES' Ausgestaltung der menschlichen Organisation nach den vier Elementen – und identisch mit diesen nach *Körper, Leib, Seele und Geist* – gegeben, die bis in die Hochscholastik ihre Gültigkeit behielt.[29] Die bis dahin waltende Einheit von Mensch und Welt wurde mit GALILEI (wie oben erwähnt) mehr und mehr außer Betracht gelassen. Hier setzt die Anthroposophie aufs neue ein.

In welcher Reihenfolge kann sich der Mensch mit den Kräften der Natur verbunden wissen?

Im Sinne anthroposophischer Kosmologie gehen geistig dynamische Prozesse allen Natur- und Organgestaltungen voran: Wärme, Bewegung, Licht, flüssig-organische Zustandsformen und erst spät die verfestigte Mineralwelt. In dieser Reihenfolge hat der Mensch gewissermaßen die ganze Natur, Stufe um Stufe im Laufe der Erdentwicklung aus sich herausgesetzt, um ganz Mensch, ganz er selber, ganz ICH zu werden.[30]

Während nun die Naturbereiche von »ihrem Mittelpunkt« Kreis um Kreis sich weiter und weiter entfernen und dabei ihre besonderen Gattungen, Arten und Typen festlegen, bleiben im Menschen die Kräfte, die die Erde und den Kosmos erfüllen, in seinem organisch geistigen, seelischen und vegetativen Leben unter der Führung seines Ichs wirksam, ohne sich in starren Formen zu isolieren und zu typisieren. So wird der Mensch innerhalb der Naturreiche zum *atypischen Typus,* d. h. zu einem freien Wesen veranlagt. Das dynamisch außertypische Zusammenspiel der Wesensglieder des Menschen, wie sie bereits in der Tetraktys (Viergliederung des ARISTOTELES) erscheinen, hat RUDOLF STEINER zum Gegenstand grundlegender neuer Forschungen gemacht:

Ich	(Geistiges Wesen)
Seelenleib	(Seelische Organisation, in der der Mensch mit der Tierwelt verwandt ist)
Lebensleib	(Vegetative Organisation, mit der Pflanzenwelt verwandt)
Physischer Leib	(Körper, mit der Mineralwelt verwandt)[31]

Diese *Viergliederung* des Menschen, von RUDOLF STEINER als die vier »Wesensglieder« bezeichnet, steht mit der Dreigliederung nicht in Widerspruch, im Gegenteil. Die beiden Mittelglieder der Viergliederung demonstrieren unmittelbar das Wesen des rhythmischen Systems, indem wir erkennen können, wie seelenleibliche Formkräfte und ätherische Lösungskräfte miteinander in ein rhythmisches Wechselspiel treten, in welches das Ich dann impulsierend einzugreifen vermag.

Das Ich ist es, das im rhythmischen System das Zusammenwir-

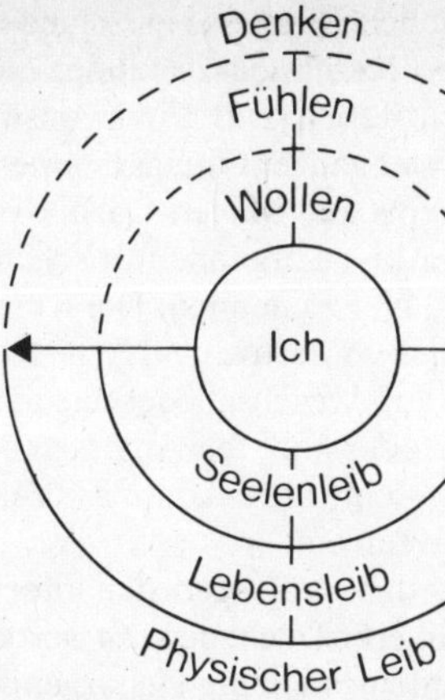

ken der Wesensglieder von Geist, Seele, Lebensleib und Substanz[32] harmonisch und gleichgewichtig steuert, dies macht die Gesundheit des Menschen aus.

Wesensglieder und Krankheit

Krank wird der Mensch, wenn sich die Wesensglieder in ihren Wechselverhältnissen gegeneinander verschieben – und wenn das ordnende Wesensglied, das Ich, nicht durchgängig in den organischen Kräftebereichen zur Wirksamkeit kommt. Wie wir schon im Hinblick auf die Dreigliederung als Grundlage einer neuen Pathologie andeuteten, ist also auch hier Krankheit Folge verschobener Kräftefunktionen. Die Wesensglieder greifen dann mehr oder weniger einseitig in die ihnen entsprechenden ätherischen Funktionsbereiche des Wärmeäthers, Luft-Lichtäthers, Flüssigkeitsäthers und des Lebensäthers ein. Überaktionen solcher Bereiche schaffen zunächst Konstitutionszustände, die bei entschiedeneren Zustandstypisierungen, Absonderungen und Ausgliederungen sich zu Dispositionen und Krankheiten steigern können.

Versagt die »ordnende Mitte« gegenüber den lebensleiblichen (ätherischen) Prozessen, so bilden sich vorwiegend vegetativ-pflanzenhafte Zustände vor allem im Sinne von Hyperplasien (evtl. auch von parasitären Erkrankungen) aus.

Setzen sich seelenleibliche Prozesse entschiedener durch, so können animalisierende Krankheitszustände in den verschiedensten Abstufungen entstehen (z. B. Funktionsübersteigerungen einzelner Organe oder ganzer Organsysteme wie der Niere und des Urogenitalsystems, des Magen-Darm-Systems, der sekretorischen Funktionen bis zu organneurotischen Zuständen). Auch die Allergien sind hier zu nennen. Die Krankheitspolaritäten »Entzündung« und »Sklerose«, »Hysterie« und »Neurasthenie« deuten alle auf Wesensgliederverschiebungen, die aus inneren, seelischen oder äußeren Anlässen unter »Verlust der Kräfte der Mitte« eintreten können. Verfremdungen, Fremdbestimmungen treten ein.

Versagen der Mitte, d. h. Versagen der intensionalen Ichkräfte – sei es in ihrer höheren (nicht bewußt werdenden) Geistfunktion in der Gesamtleibesbildung (Ichorganisation), sei es in ihren individual schicksalsgebundenen, z. B. vererbungsmäßigen Abhängigkeiten, löst in tausendfältigen Möglichkeiten Krankheitsdispositionen und Krankheitsbilder aus.

Neue Natur- und Substanzerkenntnis, neue Heilmittel

Der Natur, im Sinne der Anthroposophie der makrokosmische Mensch, steht der Mensch als mikrokosmische Natur gegenüber. Im menschlichen Organismus erscheint die Natur nicht in ihren ausdifferenzierten Seinsstufen – als tierische, pflanzliche oder gar mineralische *Endbildung,* sondern alle diese Naturorganisationsstufen wirken in ihm rein prozessual. Der mikrokosmische Mensch ist eigentlich kosmisch geblieben.

In seiner Gesundheit überwindet der Mensch dauernd telurische (irdische) Einflüsse, obwohl er selbst mitten in dieser telurischen Welt steht.

Krankheiten erscheinen demnach, wie wir darstellten, erstens als Verschiebung der Funktionskräfte und Gestaltsordnung der Dreigliederung und der Wesensglieder, also als Polarisierung der Ordnungskräfte bei Ichorganisationsschwäche, wobei die Wesensglieder selber Konstitutions- und Dispositionseinseitigkeit bewirken und schließlich in der entschiedensten pathologischen Manifestation im Sinne von Tierbildungstendenzen (Animalisation), Verpflanzlichung (vegetativer Hypertrophie) und schließlich sogar von Sklerosen (tendenziellen

Mineralisationen), die bis zu Mineralausfällungen reichen können.[33]

Alle diese Krankheitstendenzen sind mehr oder weniger deutlich Entsprechungen der in ihrem Entwicklungsgeschehen fixierten und in Endformen zum Stillstand gekommenen außermenschlichen Natur, die uns in ihren Arten, Gattungen, Spezies, in den verschiedenen Reichen umgibt. SCHELLING nennt diese Welt »Natura naturata« (gewordene Natur).

Gesundheit ist demnach der Zustand im Menschen, der einer sich weiter entwickelnden Natur entspricht: »werdende Natur«, »Nastura naturans« (SCHELLING), wobei Bindungen, die der äußeren Natur entsprechend, dauernd überwunden werden.

Für den erkennenden Arzt ist demnach die Aufgabe gestellt, die im Menschen erscheinenden überindividualisierten Typisierungen beim Kranken als *Krankheitsbilder*, als Naturbilder an falscher Stelle, zu verstehen. Krankheiten sind also gewissermaßen Naturbildungen im Organismus, Verfremdungen, die der äußeren, »gewordenen Natur« entsprechen und die bei ihm aus dem lebendigen Werdefluß des organisch-harmonischen Ganzen herausgefallen sind. Heilen heißt jetzt durch die Wahl solcher Heilmittel der äußeren Natur, die dem Krankheitsbild »ähnlich« oder sogar im Wesen »gleich« sind, die Krankheitsprozesse wieder in die lebendige Dynamik des innerorganischen Werde- und Verwandlungsprozesses zurückzuführen. Wie kann der Arzt dieses leisten? Er wählt das dem Krankheitsbild gleiche oder ähnliche typische Naturbild in Gestalt eines diese Bedingung erfüllenden Minerals, einer Pflanze oder einer tierischen Substanz.

»Das Sehende muß dem Gesehenen verwandt und ähnlich gemacht werden« (PLOTIN). Erkennendes und Erkanntes ist in Übereinstimmung zu bringen.

> »Kein Auge kann die Sonne sehen, das nicht
> sonnenhaft geworden ist ...« (PLOTIN).

Darin liegt der Erkenntnisprozeß, wie er im Sinne GOETHES (»wär' nicht das Auge sonnenhaft, die Sonne könnt' es nie erblicken«) und im Sinne der anthroposophischen Kosmologie den Menschen mit der Natur und die Natur mit dem Menschen in Zusammenhang steht.

Eine bestimmte Pflanze, z. B. Belladonna, die wir in ihren Signaturen auffassen, bewirkt im Organismus ihrem Kräftewesen gemäß eine übersteigerte Wirkung der Blutkräfte im Sinnesnervenbereich; eine bestimmte Tiersubstanz, z. B. Apis, bewirkt unter anderem eine starke Verselbständigung des Wärmeorganismus (Wärmestauung, Sonnenstich); ein bestimmtes Mineral, z. B. Silicium, bewirkt im Organismus Entvitalisierung, Austrocknung, Kältewirkung. Diese im gesunden Organismus im Arzneimittelversuch erscheinenden »Naturbilder« entsprechen unmittelbar im Kranken auftretenden Typenbildungen, »Krankheitsbildern«.

Um nun eine Natursubstanz aus dem Tier-, Pflanzen- oder Mineralreich zum Heilmittel zu machen, ist es notwendig, den jeweiligen *Typus* (»gewordene Natur«) wieder in ihren Wesenszustand (»werdende Natur«) zu »dynamisieren, zu steigern«. Dies geschieht durch den homöopathischen Potenzierungsprozeß[34]. Durch den Potenzierungsprozeß werden die im Naturtypus gebundenen Kräfte wieder im Sinne der »Natura naturans« in freie Aktion gesetzt und treffen dann als Heilmittel – nach dem Schlüssel- und Schloßprinzip – auf den Krankheitstypus (Heilmittelbild zu Krankheitsbild) als dem aus der dynamischen Ganzheit des Organismus herausgefallenen, verfremdeten, innerorganisch falschen Naturprozeß.

Gesundheit: dynamischer Kräfteorganismus im Sinne der »Natura naturans«, keine Endbildungen, sondern universelle Kräfteentitäten	*Naturbildungen:* Gebundene Kräfteorganismen als Typen der Naturreiche
Krankheit: Verfremdung von Organfunktionen und Organbildungen. In Krankheitsbildern, die den Typenbildungen – der außermenschlichen Natur – in ihren verschiedenen Stufen entsprechen	*Heilmittel:* Individuell typische Naturkörper der verschiedenen Naturreiche, die in ihren Signaturen und Wirkungen (vgl. Arzneimittelprüfung) den Krankheitsbildern und Typen entsprechen, werden potenziert und erlangen als Potenzen wieder die universelle Entität, durch die sie nach dem Simileprinzip das jeweils entsprechende typische Krankheitsbild auflösen

Krankheiten sind also Funktions- und Gestaltbildungen, die sich der ordnenden Kraft des Ichs entzogen haben, die Ichorganisation lockert sich, Bildetendenzen der außermenschlichen Natur machen sich selbständig geltend. Dynamisch potenzierte Heilmittel ermöglichen es dann, diese Krankheitsbildungen wieder in die universelle Kräfteordnung des Ichs zurückzuführen. Die »Endform« des *Naturphänomens Krankheit* wird wiederum das dynamisch-geistige *Phänomen Mensch,* d. h., Ichnatur wird wirksam im menschlichen Organismus: *Gesundheit.*

RUDOLF STEINER zeigt in diesem Sinne den Weg der Heilmittelfindung:

»Man muß Substanzen, deren Verwendung als Heilmittel in Betracht kommen soll, zunächst in der Art kennen, daß man die in ihnen enthaltenen möglichen Kräftewirkungen außerhalb und innerhalb des menschlichen Organismus beurteilen kann.

... Es kommt darauf an, die Wirkungen zu beobachten (Krankheitsbild = Arzneimittelbild im Sinne der Arzneimittelprüfung der Homöopathie), die sich aus dem Zusammenhange der inneren Kräftekonstitution einer Substanz im Verhältnis zu den Kräften ergeben, die von der Erde ausstrahlen oder in sie einstrahlen.«[35]

Noch ein weiteres Wort STEINERS, das das Wechselverhältnis von Organismus und äußerer Natur im Sinne der Erkrankungsmöglichkeit einerseits und im Sinne der Heilmittelerkenntnis andererseits beleuchtet, sei hier angeführt:

»Naturprozesse kennt man zunächst nur durch Beobachtung der außermenschlichen Welt und durch die Beobachtung des Menschen insofern, als daß man diese genau ebenso anstellt, wie diejenigen der äußeren Natur. Man denkt sich dabei den Menschen als ein Stück der Natur; ein solches, in dem die auch außer ihm zu beobachtenden Vorgänge sehr kompliziert sind, aber doch von derselben Art, wie diese äußeren Naturprozesse.«[36]

»Es entsteht da aber die von diesem Gesichtspunkt unbeantwortete Frage: Wie entstehen innerhalb des Menschen ... Naturprozesse, die den gesunden entgegengesetzt sind?

Der gesunde menschliche Organismus scheint als ein Stück der Natur begreiflich zu sein, der kranke nicht. Er muß daher aus sich selbst begreiflich sein durch etwas, das er nicht von Natur hat.

Man stellt sich wohl vor, daß das Geistige im Menschen zur physischen Grundlage einen komplizierten Naturprozeß wie eine Fortsetzung des außerhalb des Menschen befindlichen Natürlichen habe. Aber man sehe doch, ob jemals die im gesunden menschlichen Organismus begründete Fortsetzung eines Naturprozesses das geistige Erleben als solches hervorruft? Das Gegenteil ist der Fall. Das geistige Erleben wird ausgelöscht, wenn der Naturprozeß sich in gerader Linie fortsetzt.«[37]

Ganz besonders deutlich und gewissermaßen zusammenfassend, was bei RUDOLF STEINER die neue medizinische Menschenkunde als neuer Goetheanismus aus anthroposophischer Erkenntnismethodik ist, spricht er in dem vierten Vortrag des medizinischen Zyklus *Geisteswissenschaft und Medizin* im Hinblick auf die Methode SAMUEL HAHNEMANNS aus, den wir ja ebenfalls unter die zentralen Forscherpersönlichkeiten der GOETHEzeit zu rechnen haben.

»Man kann diesen Weg ..., den man eingeschlagen hat, nachdem der andere Weg der Alten versandet war, aus einem noch deutlichen Gefühl heraus weiterverfolgen, daß ja wirklich der Mensch nicht bloß eine Retorte, sondern mehr ist. Und das ist der Weg, wo man einfach versucht, durch Hinnahme desjenigen, was da ist, und durch Potenzieren dessen, was da ist, die Kräfte, die schon vorhandenen Substanzen zugrunde liegen, nutzbar zu machen. Das ist der Weg, der im wesentlichen der Hahnemann'schen Richtung innewohnt und der – ich möchte sagen – eine Art Neuaufstieg darstellt aus dem gesamten menschlichen medizinischen Streben heraus, nachdem der alte Weg bereits versandet war, indem man nichts mehr gewußt hat von irgendwelchen außertellurischen oder sonstigen Zusammenhängen.

Das ist ja eigentlich dasjenige, was – ich möchte sagen – in den Verzweiflungen des modernen Arzttums liegt, daß man in der modernen Medizin nicht mehr hinschaut auf dasjenige, was eigentlich dem Irdischen zugrunde liegt: auf das Außerirdische, und daß man immer zurechtkommen will mit demjenigen, was nur im Irdischen daliegt. Über das strebt das homöopathische System hinaus.«[38]

Künstlerische Therapie, Therapie durch die Kunst

Unsere Darstellung der anthroposophischen Menschenkunde ist noch unvollständig, wenn wir nicht die von RUDOLF STEINER aus dieser Menschenkunde heraus entwickelte Sinneslehre wenigstens noch erwähnen.[39] Entscheidend ist, daß innerhalb der anthroposophischen Menschenkunde die Sinnenwelt zum erstenmal in einer überzeugenden Weise als Organismus zur Darstellung gelangt ist, wodurch es möglich wird, die Sinnesmannigfaltigkeit in ihrem polaren Verhältnis zur Sinneseinheit im Ganzen des Organismus zu sehen und damit auch die Beziehung der Sinne zum dreigliedrigen menschlichen Organismus in

Sinneswahrnehmung, Sinnesempfindung und Sinnestätigkeit zu erkennen.

Da der Mensch durch seine Sinne in besonderer Weise mit der Umwelt in Verbindung tritt, indem er einerseits durch die Sinneselemente der Natur bis in innerorganische Verhältnisse herein angeregt und belebt, andererseits aber durch die von ihm selbst geschaffene Umwelt in seiner eigenen Sinneswelt erregt, ja kontaminiert wird (man denke an die mannigfaltigen Sinnesüberreizungen und Belastungen, die der Organismus durch die technische Zivilisation verkraften muß), so tritt uns von dieser Seite in der Gegenwart ein neues Feld medizinisch-ärztlichen Forschens und Handelns in der Notwendigkeit einer umfassenden Sinneshygiene entgegen.

Es stellt sich das Problem einer für das Organismusganze korrumpierenden oder heilenden Sinnesfunktion. Die Sinne nehmen wiederum morphologisch und funktionell eine Mittelstellung ein. In rhythmischer Weise werden innerorganisch-intensionale Bildekräfte mit den der Außenwelt angehörenden Sinneselementen (z. B. Licht-Farbelemente, Klang-Tonelemente usw.) miteinander verwebt, und der Mensch setzt sich empfindend zur Welt in ein wechselweise passives (Sinneswahrnehmung) oder aktives (Sinnestätigkeit) Verhältnis. Wieder begegnen wir im Sinne der Dreigliederung einer Polarität, die in ihrer Extremstellung Krankheitstendenzen anzeigen und in deren Mitte der Mensch in produktiver Phantasie und Empfindungskraft – seine äußere und innere Welt im Sinne GOETHES als Material einer neuen Schöpfung gestaltet (wir sprachen schon von der werdenden Natur, die sich im Menschsein real erhält).

Gerade im Sinnesleben, in der Sinnesgesundheit, hat der Mensch fortwährend zwei Krankheits- und Todestendenzen zu überwinden, indem er mitten zwischen ihnen hindurchschreitet. Seine Gesundheit ist ein Gleichgewichtsakt, durch den der Mensch seine Freiheit aufrichtet und erhält. Gerade im Sinnesbereich können wir beobachten und mitgestaltend eingreifen, wenn das Leben einseitig entweder zu sehr in physischen Reizzuständen überwältigt oder in emotionaler Getriebenheit aufgelöst wird. Dies sind die beiden Krankheitspole, die auch die Physiognomie ganzer Epochen bestimmen können. Heilen heißt: fortwährend aufs neue ein höheres Gleichgewicht im Organismus, in einzelnen Gliedorganen und in der sozial-organischen Umwelt herzustellen.

Wolfgang Schaumann

Die biologisch-dynamische Wirtschaftsweise in der Auseinandersetzung mit der Naturwissenschaft unserer Zeit

Die chemisch-technischen Gesichtspunkte, Maßnahmen und Mittel haben die Landwirtschaft zu bedeutenden Ertragssteigerungen geführt. In der Folge sind jedoch vielfältige unerwartete, höchst unerwünschte und zum Teil sehr gefährliche Wirkungen aufgetreten. Alte wissenschaftliche Fachrichtungen, wie z. B. die Toxikologie, bekamen ganz neue Inhalte und mußten bedeutend erweitert werden. Neue Fachrichtungen wie die Ökologie wurden etabliert. Sie führen bisher jedoch weitgehend ein Sonderdasein neben der Landwirtschaft, die mit ihren Methoden und Maßnahmen die realen Umweltverhältnisse des Landes bestimmt. Neue Gesetze mußten geschaffen und Kontrollorgane eingerichtet werden, die den Anforderungen bisher jedoch nur zum Teil gerecht werden können. Der Weg ist mit Verboten zunächst zugelassener Mittel gepflastert. Der Aufwand ist erheblich.

Etwa 300 Wirkstoffe (ohne Begleitstoffe) werden im Bundesgebiet im Pflanzenschutz verwandt, die es in der Natur noch nie gegeben hat. Dazu gehören auch die Wachstumsregler, mit denen man unmittelbar verändernd in die Pflanzenbildung eingreift. Zusatzstoffe zur Tierernährung sind aus den industriell gemischten Futtermitteln nicht mehr wegzudenken. Eine fast unübersehbar große Zahl von Arzneimitteln hilft, die Gesundheit der Tiere aufrechtzuerhalten. Gleichzeitig nehmen jedoch die Krankheiten bei Pflanzen, Tieren und Menschen zu.

Der größere Teil der Menschheit kann die modernen Düngemittel nur kaufen, wenn Produkte für die Industrieländer erzeugt werden, da die Mittel zu teuer geworden sind. Auch wenn man den Ländern die Stickstoffabriken schenkt, benötigt die Produktion bei der technischen Luftstickstoffbindung zu viel von der teuer gewordenen Energie. Phosphor und Kali sind endliche Rohstoffe, da sie bei dieser Produktion durch Festlegung und Verteilung verlorengehen und beschleunigt verbraucht werden. Würde man auf der ganzen Welt so wirtschaften wie in den Industrieländern, so läge das Ende noch innerhalb dieses Jahrhunderts.

Etwa ein halbes Jahrhundert bevor diese Auswirkungen in das Bewußtsein der Öffentlichkeit gelangten, hat RUDOLF STEINER auf das Drängen einiger Landwirte hin einen Kurs gehalten, in dem er einen gewaltigen Überblick über das Leben auf der Erde gab und die Konsequenzen für die Landwirtschaft zog. Viele Praktiker haben die Vorschläge aufgegriffen und ihre Betriebe in diesem Sinne entwickelt. In vielen Ländern wurde eine eigene Beratung aufgebaut. In bescheidenem Umfang gibt es – seit Jahrzehnten – eine eigene Forschung. Unter dem geschützten Namen *demeter* sind die Produkte von über 400 Betrieben im Handel und werden von etwa 2000 Reformhäusern und 700 Obst- und Gemüseläden verkauft.

Außerdem werden neue Rechtsformen entwickelt und praktiziert auf den Gebieten des Rechtsschutzes, der Betriebsführung, des Kreditwesens und des Eigentums an Grund und Boden und an Produktionsmitteln.

Diese ganze Entwicklung ist nicht zu verstehen, wenn man sie allein an den äußeren Maßnahmen und Ergebnissen mißt. Sie ist deshalb möglich gewesen, weil man die Einseitigkeit der naturwissenschaftlichen Fragestellungen und Methoden durchschauen kann und durch RUDOLF STEINER wesentliche und bedeutende Erweiterungen eingetreten sind. Die Wege gehen von einer neuen Behandlung der Kernfragen aus, die das Verhältnis des Menschen zur Welt betreffen – sowohl als erkennender wie als handelnder. Daher befindet man sich auf Neuland jenseits vielbetretener Pfade und fühlt sich am Anfang. Aber man weiß, daß es wirklich der Beginn eines Neuen ist, das viele Bewährungsproben bestanden hat.

Kann man bei den praktischen Maßnahmen und Mitteln in wichtigen Punkten von Alternativen sprechen, weil anderes an die Stelle der chemischen Mittel tritt, so ist das auf dem Erkenntnisfeld unpassend, denn Neues baut auf Altem auf und ist keineswegs genötigt, das alte über Bord zu werfen. Alte Einsichten werden durch neue nicht zum Unsinn, sie werden nur relativiert, rücken in ein anderes Verhältnis zum Gesamtbild. Es handelt sich um Erweiterungen, um neue Gesichtspunkte und Erkenntnismethoden, die man in Freiheit einnehmen bzw. ergreifen kann, um sich mit seinem Erkennen der vollen Wirklichkeit besser zu nähern, als es allein aus den bisherigen naturwissenschaftlichen Aspekten gelingt.

Insofern ist die biologisch-dynamische Wirtschaftsweise nicht auf ein System von Maßnahmen, Mitteln und Unterlassungen festzulegen, so wichtig diese für die Praxis auch sind. Sie ist die landwirtschaftliche Bestrebung, die der durch RUDOLF STEINERS Geisteswissenschaft erweiterten Erkenntnis von Natur und Mensch gerecht werden will, d. h., die volle Wirklichkeit ernst zu nehmen sucht.

Gegenüber der chemisch-technischen Bestrebung geht es darum, Naturprozesse nicht durch chemische zu ersetzen und damit das Gesamtsystem der Landwirtschaft in zunehmende Probleme zu bringen, sondern diese Naturprozesse selbst im Sinne der Produktion, der Produktionsfähigkeit und der Gesundheit des landwirtschaftlichen Standorts und der Gesundheit des Menschen zu steigern.

Das Folgende ist keine Einführung in die biologisch-dynamische Praxis, sondern sucht in aller Kürze einige wesentliche Gesichtspunkte auszuführen, wie sie sich aus der allgemeinen Entwicklung der Landwirtschaft unter den erweiternden Aspekten der biologisch-dynamischen Arbeit ergeben.

Die Chemie in ihrer Anwendung auf die Landwirtschaft im 19. Jahrhundert

Die Faszination, die – zunächst für Wissenschaftler und dann auch für Praktiker in der Landwirtschaft – von der Erkenntnis der Stoffe ausging, ist gut zu verstehen. War es damit, wie man meinte, doch endlich gelungen, den Prozeß der Ertragsbildung, seine Beziehung zum Ackerboden und dessen Verbrauch und Regeneration zu verstehen und zu beherrschen. In jahrhundertelangem wissenschaftlichen Ringen um die Erkenntnis der Materie, besonders in der zweiten Hälfte des 18. Jahrhunderts, hatte man eine Reihe von Stoffen, von chemischen Elementen gefunden, die sich nicht weiter zerlegen ließen. Brachte man sie jedoch mit anderen unzerlegbaren Stoffen zusammen, dann entstanden wieder jene materiellen Erscheinungen, die man in der Erfahrungswelt schon lange kannte und aus denen man diese sogenannten chemischen Elemente herausanalysiert hatte. Mit der Waage lernte man die Elemente durch die verschiedensten Erscheinungen hindurch zu verfolgen. Es waren also wissenschaftlich genau bestimmbare Kriterien in der Sinneswirklichkeit gefunden worden, die überall anwendbar waren – und damit eine wissenschaftliche Methode, der sich alle Dinge erschlossen. Dies führte JUSTUS VON LIEBIG dann zur Erkenntnis der großen Bedeutung des Entzuges von Mineralstoffen in den verkauften Produkten der Landwirtschaft: Der Landwirt verkauft seinen Acker und merkt es nicht, er lebt nicht nur von den Zinsen, sondern von seinem Kapital.

1840 war LIEBIGS epochemachendes Werk *Die Chemie in ihrer Anwendung auf die Agricultur und Physiologie*[1] erschienen. Das ganze 19. Jahrhundert und die ersten Jahrzehnte des 20. brauchte man, um die neuen Ideen gegen traditionelle landwirtschaftliche Erfahrung, gegen überkommene Gedanken und Empfindungen allgemein durchzusetzen.

Es hatte sich allerdings bald gezeigt, daß man für hohe Erträge mehr düngen muß, als man mit den Produkten entzieht. LIEBIG hatte aus den in der damaligen wissenschaftlichen Literatur beschriebenen Versuchen nachgewiesen, daß vom Stickstoff in Mineralform viermal mehr gedüngt werden muß als von Stickstoff in Guano – dem Dünger der Meeresvögel –, um gleiche Erträge zu erzielen. Er hatte darauf aufmerksam gemacht, daß Getreide durch Stickstoffdüngung sehr leicht umfällt und die Kartoffeln von der sogenannten »Kartoffelkrankheit« (Krautfäule, Phytophthora) befallen werden, allein mit Asche gedüngt jedoch völlig frei davon bleiben. Die hohen Stickstoffgehalte der Böden zeigten ihm, daß die Pflanzen in bezug auf den Stickstoff eine Quelle haben, »die immer und ewig fließt«.

Ein halbes Jahrhundert später, 1913, hatten jedoch HABER und BOSCH den Luftstickstoff chemisch und großtechnisch zu binden gelernt. Nach dem Ersten Weltkrieg, also nach der Beendigung der Sprengstoffproduktion stand er nun unbegrenzt zur Verfügung. Die Lehre LIEBIGS, nach der die Pflanze in der Lage ist, ihren Leib aus mineralischen, anorganischen Verbindungen aufzubauen, war in ungezählten Laborversuchen bestätigt worden. So war zu Beginn der zwanziger Jahre dieses Jahrhunderts für das Bewußtsein der Fachwelt endlich die Zeit angebrochen, in der die Landwirtschaft in den Griff des Menschen gelangt war und der industriellen Entwicklung nicht mehr nachzustehen brauchte.

In dieser Zeit (1924) hat nun RUDOLF STEINER auf das Drängen einiger Landwirte hin einen *Landwirtschaftlichen Kurs* gehalten, in welchem er – nach vielstündigen grundlegenden Ausführungen über das Leben auf der Erde – feststellte, daß es nicht darum gehe, die Landwirtschaft hier und da ein bißchen zu verbessern, sondern grundlegend zu erneuern. Er wollte nicht zu mehr oder weniger interessierten Bauern sprechen, sondern zu Menschen, denen das Studium der Anthroposophie ein wesentliches Anliegen ihres Lebens war und die von Beruf Landwirt waren. Der auch für Landwirte entscheidende Inhalt dieser Lehre RUDOLF STEINERS besteht darin, daß der Geist in der Welt gegenüber der Materie selbständige Existenz besitzt. Das tätige Leben ist die unterste Stufe des Geistes. In der Sinneswelt können Stoffe Träger des Geistes werden. Darin besteht das Leben, das uns in Organismen begegnet.

Diese Bestimmung des Lebens ist kein philosophisches Gedankengebäude, sondern Ergebnis zusätzlicher Erfahrungsbereiche im Sinne der Wahrnehmung, wenn auch übersinnlicher Art.

RUDOLF STEINER hatte sich sein ganzes Leben damit befaßt, Methoden und Ergebnisse seines Forschens immer weiter auszubauen, immer gründlicher darzustellen. Den Kurs für Landwirte hielt er in seinem 64. Lebensjahr, weniger als ein Jahr von seinem Tode. Er hat darin ausgeführt, daß der wichtigste Aspekt des Düngens die Belebung des Bodens ist. Das war ein von der »wissenschaftlichen« Gegenseite heftig empfundener Widerspruch zu der damals sich endlich durchsetzenden Meinung LIEBIGS. RUDOLF STEINER führte demgegenüber aus, daß die Stoffe nicht Ursache des Lebensgeschehens sind, sondern nur dessen Bedingung. Die Stoffe sind Träger der Kräfte der Erde und des Kosmos. »Die Materialisten nehmen dann nur die physischen Träger und vergessen das Geistige. Sie haben immer recht, weil ja das nächste, was uns entgegentritt, der physische Träger ist.«[2] Es kommt daher auch für die Landwirtschaft darauf an, die Erkenntnis so zu erweitern, daß das real wirksame Geistige in Natur und Mensch gefunden und gelernt wird, die Landwirtschaft so zu betreiben, daß sie aus der Wirkung des Geistigen ihre Ziele erreicht. Diese Ziele sind die langfristige Entwicklung der Bodenfruchtbarkeit, der Pflanzen- und Tiergesundheit.

Die wichtigste Aufgabe ist selbstverständlich, daß die Produkte dem Menschen wirklich dienen. Er ist selbst ein sich geistig bestimmendes Wesen. Die Möglichkeiten seines Geistwillens hängen jedoch unter anderem auch von der Nahrung und deren Beschaffenheit ab. Denn die Nahrungssubstanz wird im Stoffwechsel bei jeder Willensbetätigung abgebaut. Schmackhaftigkeit, Sättigung, Bekömmlichkeit und die Gesundheit des sich nährenden Organismus sind Stufen der Beurteilung der Nahrungsqualität.

Darüber hinaus geht es um die Kraft des Willens im Bewußtsein, der neue Wege zur Erkenntnis der Wirklichkeit sucht und findet und aus der Einsicht die moralische Kraft zum Handeln gewinnt. Für die Prüfung der Nahrungsqualität sind also spezifisch menschliche Kriterien zu finden.

Die Nahrung kann innerhalb des Leibes nur eine Bedingung für die Betätigung des geistigen Menschen im Leibe sein, die mehr oder weniger geeignet oder eventuell auch ein Hemmnis ist. Ernährung kann nicht Ursache spezifisch menschlicher Verhaltensweisen werden, und man kann sich auch nicht »in den Himmel essen«. Was aber der Mensch aus eigener innerer Kraft aus sich macht, kann von außen fördernde oder hemmende Umstände finden. In diesem Sinne ist der eigene Leib und seine Ernährung das erste »Außen« des geistig-seelischen Menschen.

Die Züchtung der Kulturpflanzen und ihr Anbau durch den Menschen hängen daher mit der Menschwerdung und dem Entstehen von Kulturen im weitesten Sinne sehr eng zusammen. Die lateinische Sprache bringt es in der Wortbedeutung zum Ausdruck: »Colere« heißt sowohl pflegen wie anbauen, als auch verehren.

Probleme der Nahrungsproduktion gegen Ende des 20. Jahrhunderts

Betrachten wir die gegenwärtige Weltsituation der Nahrungserzeugung, so plante die FAO *(Food and Agriculture Organization;* Sonderorganisation der UN) Ende der siebziger Jahre eine Zunahme der industriellen jährlichen Stickstoffproduktion von vierzig auf zweihundert Millionen Tonnen bis zum Jahre 2010. Schon gegenwärtig kann jedoch die industrielle Kapazität nicht voll ausgeschöpft werden, weil die Dünger aufgrund des unvermeidlich hohen Energieaufwandes für die Menschen nichtindustrialisierter Länder zu teuer sind. Es ist abzusehen, daß diese Verhältnisse einer weiteren Verschlechterung entgegengehen.

Es kommt also sehr viel darauf an, auf allen Standorten zu lernen, die *biologische Luftstickstoffbindung* in den Böden zu aktivieren.

Schon geringe Gaben von nur etwa zwanzig Kilogramm Stickstoff pro Hektar hemmen jedoch diese biologische Bindung. Der im Bodenwasser gelöste Stickstoff nimmt das Ergebnis des biologischen Prozesses vorweg. Daher stellen die Mikroorganismen diese Tätigkeit ein. Sie verwerten den schon vorhandenen Stickstoff. Bei größeren Mengen, wie sie üblich sind, verstärken sich dagegen jene mikrobiologischen Prozesse in den Böden, die den Stickstoff wieder *entlassen*. Bei hohen Niederschlägen entweichen sehr hohe Anteile des mineralischen Stickstoffs als Nitrat in das Grundwasser, in den Regentropfen bis zu achtzig Prozent. In warmen Böden wird unter Luftabschluß, z. B. bei verschlemmter Oberfläche, Nitrat jedoch sehr schnell reduziert, und der Stickstoff entweicht gasförmig, unsichtbar und geruchlos als molekularer Stickstoff und Distickstoffoxid in die Luft. Diese Umwandlung durch Oxidation und Reduktion entsteht durch Bakterientätigkeit. Das Bodenleben wird, in Abhängigkeit von den äußeren Bedingungen, so tätig, daß Überschüsse von Stickstoff ausgeschieden werden. Obwohl es keine Nieren und keine Lungen im Sinne von morphologisch beschreibbaren Organen gibt, sind entsprechende Prozesse möglich; sie entwickeln sich dann in den Böden im Sinne der Erhaltung von Stoffgleichgewichten. Überschüsse, die über den Bedarf des pflanzentragenden Bodens als höheren Organismus hinausgehen, werden ausgeschieden.

Wenn man mineralischen Stickstoff gibt, verändert sich das Pflanzenwachstum so, daß man Phosphor und Kali in leicht verfügbarer Form ebenfalls hinzugeben muß, weil es sonst zu erheblichen Qualitätsschäden bei den Pflanzen kommt. Die Phosphatlagerstätten der Welt reichen bei gegenwärtigem Verbrauch für ca. vierhundert Jahre. Eine entsprechende Steigerung der Anwendung – wie jetzt schon in Europa – würde diese Zeit jedoch auf Jahrzehnte verkürzen. In den tropischen Böden ist die Festlegungsrate des Phosphates aufgrund des dort vorhandenen freien Eisens und Aluminiums außerordentlich hoch (95 Prozent). In Böden des gemäßigten Klimas gibt es auch hohe Festlegungsraten, die jedoch in der Regel nach Jahrzehnten hoher Düngergaben allmählich abgesättigt werden können. Die Ausweitung der Nahrungserzeugung auf der Welt müßte aber insbesondere in den Tropen erfolgen. Ohne Änderung der Gesichtspunkte und Maßnahmen könnte sehr bald katastrophaler Phosphatmangel entstehen. Der Preis für Rohphosphat hat sich im letzten Jahrzehnt bereits vervierfacht.

Phosphat, das nicht sofort von Lebewesen ergriffen und in den Organismus eingeführt wird, wird aus den Böden kaum ausgewaschen, sondern fällt aus dem Leben heraus und geht allmählich in Verbindungen über, aus denen es immer schwerer wieder herausgelöst werden kann. Anstelle der biologischen Verwitterung durch Pflanzen und Mikroorganismen, die u. a. auch die Phosphate der geologischen Grundlage freisetzt für das Leben, entsteht ein Verfestigungsprozeß aus dem Flüssigen in feste, unlösliche mineralische Verbindungen hinein.

Es kommt daher darauf an, die Böden so zu beleben, daß die bodenständigen schwerlöslichen Phosphate *biologisch erschlossen* werden. Bei wirklichem Phosphatmangel sind eingeführte Phosphate zuerst in organische Bindungen überzuführen, indem sie von Lebewesen ergriffen werden, bevor man sie den Böden zuführt. Man kann auch schwerlösliche Phosphate düngen und dann Pflanzen anbauen, die insbesondere mit Hilfe der Wurzelpilze diese Phosphate aufnehmen. Beides ist in der Praxis bewährt. Die Deckung des Bedarfs gelingt auf diese Weise mit bedeutend geringeren Mengen.

Macht man die summarische, durchschnittliche Bilanz für die Grundstoffe der Landwirtschaft in der Bundesrepublik auf (E. V. WISTINGHAUSEN, DLG 1980), d. h., bezieht man die über Dünger und Futtermittel eingeführten Grundstoffe auf die in den Produkten aus der Landwirtschaft ausgeführten Stoffe, so ergibt sich ein Bild, wie auf Seite 108 oben dargestellt.

Abgesehen von Klimaunterschieden muß man wohl sagen, daß die Stoffbilanzüberschüsse um so größer sind, je intensiver die Landwirtschaft in chemisch-technischem Sinne betrieben wird (Gesetz vom abnehmenden Ertragszuwachs).

Eine solche Verschwendung von Rohstoffen ist nicht bewußt geworden, weil sie finanziell lohnend ist, kein Spezialist zuständig ist und weil sie als mehr oder weniger unvermeidlich angese-

1977 wurden in die Landwirtschaft aufgenommen (pro Hektar landwirtschaftliche Nutzfläche)

als Düngemittel	100 kg Stickstoff	31 kg Phosphor	77 kg Kali
in Futtermitteln	9 kg Stickstoff	4 kg Phosphor	2 kg Kali

In den Produkten verließen die Landwirtschaft

	41 kg Stickstoff	8 kg Phosphor	14 kg Kali

Das ist eine Ausnutzung von nur

	38 % Stickstoff	26 % Phosphor	18 % Kali

Für Schweden sehen die Zahlen noch ungünstiger aus (Durchschnitt 1972 bis 1976; B. PETTERSSON)

	26 % Stickstoff	13 % Phosphor	12 % Kali

Die Bilanzen sind also hochgradig positiv. In der Bundesrepublik übersteigt die Einfuhr die Ausfuhr pro Hektar um

	+ 68 kg Stickstoff	+ 27 kg Phosphor	+ 65 kg Kali

hen wird. Die Böden wurden zwar mit Phosphor und Kali angereichert, aber bei den bestehenden Landbausystemen ändert sich der Ausnutzungsgrad kaum. Das bemerkt man bei der Umstellung von Betrieben auf die biologisch-dynamische Wirtschaftsweise, die ohne Vorkehrungen in der Regel vorübergehend zu erheblichen Ertragseinbußen führt.

Bei solchen Methoden müßte die Möglichkeit der Welternährung wohl binnen eines Jahrhunderts an ihr Ende gelangen.

In drei langjährig biologisch-dynamisch geführten Beispielbetrieben aus ganz unterschiedlichen Landschaften und mit unterschiedlichen Betriebsstrukturen lagen die Bilanzwerte pro Hektar bei:

– 19 kg N	+ 6,6 kg P	– 7,5 kg K
– 83 kg N	+ 8,6 kg P	– 10,6 kg K
– 56 kg N	+ 3,3 kg P	– 21,0 kg K

Die Schädlingsbekämpfung führt an allen Fronten bei einer zunehmenden Zahl von Arten zu den großen Problemen der Resistenz gegenüber den angewendeten Mitteln. Die Experten sprechen von einem notwendigen Wettlauf zwischen der Resistenzbildung bei Schädlingen und der Entwicklung neuer Mittel. Bei Spinnmilben wurde sogar die Steigerung der Fähigkeit, Resistenz zu bilden, beobachtet. Es ist jedoch viel schwieriger geworden, neue Mittel herzustellen, weil die weltweite Erfahrung zu höheren, teuren Prüfungsauflagen – bezüglich der Gesundheitssicherung vor Einführung neuer Stoffe – gezwungen hat. Für Anwendungsgebiete mit geringerer Umsatzerwartung werden schon heute von der Industrie keine Mittelentwicklungen mehr angestrebt, weil sie nicht zu finanzieren sind.

Die Resistenzbildung ist ein allgemein-biologisches Problem. So hat beispielsweise die Zahl der Malariafälle in Südostasien im letzten Jahrzehnt von einer Million auf zehn Millionen zugenommen. Die übertragenden Anopheles-Mücken werden resistent gegen DDT und die eigentlichen Malariaerreger gegen das verwendete Arzneimittel. In anderen feuchtwarmen Gebieten der Welt sieht es nicht besser aus.

Es kommt daher darauf an, Kulturpflanzen so anbauen zu lernen, daß sie keine Fremdkörper in der Landschaft sind und Schädlinge weder übermäßig anziehen noch zu übermäßiger Vermehrung veranlassen. Das hängt davon ab, ob die Sorten für die Standortverhältnisse geeignet sind und ob durch die Kulturmaßnahmen, insbesondere die Düngung, ausgeglichene Stoffverhältnisse in den Pflanzen entstehen. In den Parasiten und Verzehrern (Praedatoren) der Schädlinge liegen weitere wichtige Regulative gegen die übermäßige Vermehrung. Sie werden vom chemischen Pflanzenschutz meist ebenso und gewöhnlich nachhaltiger betroffen als die Schädlinge selbst.

In den Regentropen verlieren die Böden in wenigen Jahren ihre Ertragsfähigkeit, wenn man den Urwald vollständig entfernt. Der Verlust der Fruchtbarkeit kann mit den üblichen Methoden der Mineraldüngung nur um wenige Jahre verzögert werden. Die tropischen Böden haben nicht die Fähigkeit der Sorption, d. h., lösliche Stoffe austauschbar zu binden. Die Mineraldünger werden daher schnell ausgewaschen und die Böden ohne neue Bewaldung sehr schnell zerstört. Auf ihnen gedeiht dann nur noch spärliches Steppengras. Deshalb resignieren viele Experten.

Man muß also mit biologischen Maßnahmen arbeiten, wie die Erhaltung eines Schirmes von Schattenbäumen, Bodendekkung mit organischem Material, das an Ort und Stelle anfällt. Erzeugung stabiler Humusformen durch Tierfütterung und durch Kompostierung organischen Materials, kleinräumiges

Auffangen des abfließenden Wassers und Mineralentzug durch Wasserpflanzen und deren Verwendung für die organische Düngung.

Der landwirtschaftliche Standort als biologisches System

Die einfachen chemisch-technischen Lösungen der landwirtschaftlichen Probleme führen also langfristig zu komplexen neuen Schwierigkeiten in der Landwirtschaft selbst. Auf die vielen toxikologischen und die daraus resultierenden ökologischen Nebenwirkungen können wir hier nicht eingehen, sondern müssen uns auf die ökologischen Reaktionen des lebendigen Naturzusammenhanges auf die gewünschten Wirkungen der Mittel beschränken. Die einfachen stofflichen Maßnahmen des Menschen beantwortet das Ökosystem also mit komplexen Reaktionen, die den angestrebten unmittelbaren Wirkungen entgegengesetzt sind.

- Die mineralische Stickstoffdüngung führt zu zunehmender Ausscheidung von Stickstoff aus den Böden
  und zu höherem Befall mit Schädlingen durch Anreicherung von Stickstoff in den Pflanzen,
- sie verhindert zugleich die biologische Luft-Stickstoff-Bindung.
- Die Düngung mit leicht verfügbaren Mineralsalzen führt zur zunehmenden Auswaschung aus den Böden (Kali) und zur chemischen Festlegung (Phosphat).
- Die chemische Schädlingsbekämpfung schädigt die Nützlinge meist nachhaltiger als die Schädlinge und führt zur Resistenzbildung gegen die angewendeten Mittel bei den Schädlingen. Sie beeinträchtigt die natürlichen Stoffprozesse in den Kulturpflanzen und dezimiert oder verändert das Bodenleben, d. h. den eigentlichen Träger und Erzeuger der Fruchtbarkeit des Bodens.

Das ist die typische Verhaltensweise eines Lebewesens, das seine Prozesse regelt und mit allen anderen Vorgängen koordiniert. Ohne auf diese Tatsache einzugehen, erfährt der Bewirtschafter nur die abnehmende Wirkung der eigenen Maßnahmen und verstärkt die bisherigen Anstrengungen, sucht neue, bessere Mittel usw. Das kann zu weiteren Gegenreaktionen führen, womit ein Teufelskreis in Gang kommt. Dies ist weithin die Realität der Landwirtschaft, und die Experten haben es sehr schwer, das Grundsätzliche der Problematik zu durchschauen; sie sehen in der Regel keine Alternative. Das gilt, wie wir gesehen haben, nicht nur für den Pflanzenschutz, sondern auch für die Mineraldüngung, die Stickstoffdüngung, die Erhaltung und Entwicklung von Böden überhaupt. Es gilt selbstverständlich auch in vieler Beziehung für die Fütterung und Therapie der Haustiere.

Die kontinuierliche Steigerung der Mineraldüngung, die Ausweitung des chemischen Pflanzenschutzes von den Spezialkulturen in den Ackerbau, insbesondere auch den Getreidebau, die Notwendigkeit der Entwicklung neuer Mittel – weil immer wieder weitere Arten von Gräsern, Unkräutern, Insekten, Pilzen, Bakterien und Viren durch Massenvermehrung schädlich wurden – kennzeichnen die Entwicklung der Jahrzehnte seit Ende des Zweiten Weltkrieges. Das bloße Weglassen der Mittel führt zur ungehemmten Massenvermehrung von Schädlingen und erheblichen Ertragsrückgängen, woraus deutlich wird, daß die Ökosysteme schwer geschädigt sind. Durch Vertiefung der Pflugfurchen und das damit verbundene tiefere Einbringen der Mineraldünger hat man zwar die Krumen vertieft, aber unter der Bearbeitungsgrenze wird der Boden immer weniger durchwurzelt, unterliegt dem Humusabbau und fällt allmählich aus der Produktion heraus. Die tiefen Furchen bedingen große Bearbeitungskräfte. Die Maschinen sind dazu immer schwerer geworden. Ihre Kräfte wirken einerseits über die Geräte auf die Böden ein, andererseits müssen sie aber auch von den Rädern der Zugmaschinen auf den Boden übertragen werden, so daß die mechanischen, strukturzerstörenden Einwirkungen ganz erheblich zugenommen haben. Damit wird das Bodenleben ebenfalls dezimiert und das Porenvolumen verringert, so daß die Pflanzen auch aus diesem Grunde von der mineralischen Düngung zunehmend abhängiger geworden sind.

Dem ganzen Komplex der menschlichen Einwirkungen liegt letzten Endes ein auf mechanistisch-chemische Aspekte beschränktes Weltbild zugrunde. Das ist zwar bekannt, man hält es aber zugleich für das wissenschaftlich einzig Mögliche und kommt nur ungeheuer schwer zu der so dringend nötigen Erweiterung, weil Grundfragen nicht gestellt werden. Sie können kaum bearbeitet werden, weil im Rahmen der Biologie und der angewandten biologischen Fächer in aller Regel diesbezüglich kaum etwas gelehrt wird und daher nur ganz ausnahmsweise etwas gelernt werden kann.

Nun sind alle Antworten auf die anstehenden Fragen dadurch charakterisiert, daß nicht einfache neue Lösungen angeboten werden können, sondern jede Suche in den Gesamtzusammenhang der betreffenden Landwirtschaft führt. Die biologische Luftstickstoffbindung kann nicht durch Einzelmaßnahmen in Gang gesetzt werden. Sie bedarf einer Entwicklung des Bodens mit reichem Bakterienleben, einer ausgeglichenen Fruchtfolge, in welche die Leguminosen so eingebaut sind, daß sie gut gedeihen. Sie müssen auch wirtschaftlich irgendwie vernünftig verwertbar sein, was die Haltung von Wiederkäuern nahelegt usw. Entsprechendes gilt für die Verwitterungsaktivität, die Erhaltung der Bodenstruktur, die Steigerung der Pflanzenerträge mit Berücksichtigung der Bedingungen des Pflanzenschutzes, die Erhaltung oder Förderung der sich selbst regulierenden Vielfalt innerhalb der Insektenwelt usw.

Es ist also ganz gleichgültig, von welchem der beschriebenen landwirtschaftlichen Weltprobleme man ausgeht: Wenn man sich bemüht, weiter zu denken, wird man dazu geführt, den landwirtschaftlichen Standort als höhere biologische Einheit zu betrachten und durch landwirtschaftliche Maßnahmen möglichst über sein natürliches Stadium hinauszuentwickeln. Wissenschaftlich nennt man das heute ein »Ökosystem«. AUGUST THIENEMANN, der Limnologe und »Vater der Ökologen«, nannte einen Teich eine »physiologische Individualität höherer Ordnung«. »Physiologisch« heißt »in bezug auf die Lebensprozesse«. Mit »höherer Ordnung« brachte er zum Ausdruck, daß dieser Organismus aus vielen Einzelorganismen und aus den Prozessen besteht, die sich zwischen diesen Organismen und zwischen ihnen und den nichtlebenden Teilen des Standortes abspielen.

Die Landwirtschaft arbeitet immer innerhalb von Ökosystemen, gleichgültig, ob sie es weiß oder nicht und ob sie es will oder nicht. Sie muß diese durch ihr Eingreifen verwandeln.

Arbeitet man, wie es üblich ist, mit den unmittelbar wirksamen Einzelstoffen, so geschieht dies weitgehend ohne Berücksichtigung der Möglichkeiten innerhalb der Ökosysteme. Dadurch gerät man in die Not, auf die meist nicht ganz durchschauten Reaktionen mit weiteren chemischen Mitteln zu reagieren. Auf die Dauer führt das zur Zerstörung der landbaulichen Möglichkeiten. Es hängt von den Verhältnissen und der Intensität dieser Wirtschaft ab, wie lange dies dauert.

Die landwirtschaftliche Individualität

Die Konsequenz aus diesen Einsichten ist die Ausrichtung des Zieles auf die langfristige Entwicklung der landwirtschaftlichen Ökosysteme im Sinne ihrer Eigenproduktivität und Gesundheit, letztendlich für Kulturpflanzen und Haustiere, und auch für den Menschen. Das schließt allerdings notwendigerweise eine sehr viel größere Vielfalt von Pflanzen und Tierarten und deren Pflege ein. So wird die Ertragshöhe und Gesundheit der einzelnen Kulturen der Ausdruck oder die Folge der Ertragsfähigkeit und Widerstandsfähigkeit des ganzen Systems. RUDOLF STEINER nannte dies 1924 eine »landwirtschaftliche Individualität«.

Diese Kennzeichnung ist bei RUDOLF STEINER mit Sicherheit in einem sehr viel weiteren Sinne zu verstehen als bei THIENEMANN, obwohl, das sei deutlich gesagt, THIENEMANN in naturwissenschaftlichem Sinne sehr wichtige Aspekte entwickelt und sein Buch *Leben und Umwelt*[3] zu den außerordentlich lesenswerten großen Entwürfen auf diesem Gebiet gehört. RUDOLF STEINER sagt gleich bei der Einführung des Begriffes: »Nun, eine Landwirtschaft erfüllt eigentlich ihr Wesen im besten Sinne des Wortes, wenn sie aufgefaßt werden kann als eine Art Individualität für sich, eine wirklich in sich geschlossene Individualität. Und jede Landwirtschaft müßte eigentlich sich nähern – ganz kann das nicht erreicht werden, aber sie müßte sich nähern – diesem Zustand, eine in sich geschlossene Individualität zu sein. Das heißt, es sollte die Möglichkeit herbeigeführt werden, alles dasjenige, was man braucht zur Hervorbringung, innerhalb der Landwirtschaft selbst zu haben, wobei zur Landwirtschaft der entsprechende Viehstand selbstverständlich hinzugerechnet werden muß. Im Grunde genommen müßte eigentlich dasjenige, was in die Landwirtschaft hereingebracht wird an Düngemitteln und ähnlichem von auswärts, das müßte in einer ideal gestalteten Landwirtschaft angesehen werden schon als ein Heilmittel für eine erkrankte Landwirtschaft ... Wie gesagt, die Dinge können nicht in dieser Weise streng durchgeführt werden, aber man muß doch einen Begriff haben von dem notwendigen Geschlossensein einer Landwirtschaft, wenn man eigentlich die Dinge sachgemäß ordnen will.«[4]

Einen Begriff haben, heißt aber Verständnis besitzen, den Zusammenhang erkennen, innerhalb dessen »diese Art Individualität« lebt und gedeiht oder eben auch erkrankt und stirbt. In einem furchtbaren Ausmaß zeigen Wüsten und Karstgebiete dieses Sterben durch Maßnahmen des Menschen.

In bezug auf die beschriebenen autonom regulierenden Funktionen der Ökosysteme kann man von Regelkreisen sprechen. Diese sind ein Gedankenkonzept, welches das Geschehen abstrakt beschreibt. Das kann sehr fruchtbar sein. In Ökosystemen überschreiten jedoch alle Regelungen sowohl das Einzelindividuum als auch die einzelne Art. Es handelt sich an jedem einzelnen Standort um Beziehungen, die auf dem Weg über die Wahrnehmungen und Instinkte der Tiere und über die analogen Fähigkeiten der Pflanzen entstehen. Sie gehen quer durch die Vielfalt der Arten und führen doch zu einem gemeinsamen Geschehen. Es gibt hier also keine anatomisch auffindbaren Regelschaltungen, sondern Prozesse, die eine riesige Vielfalt von Einzelorganismen hervorbringen. Das zentrale steuernde Organ ist die Sonne.

Die Erweiterung der Erkenntnisgrundlagen

Damit steht man selbstverständlich vor großen Erkenntnisschwierigkeiten, und die Gefahr der Ökologie, sich aufs neue in Einzelheiten zu verlieren, ist selbstverständlich groß. Demgegenüber betont RUDOLF STEINER immer wieder:

»Der Mensch sieht nur das in der Außenwelt, was er mit dem Lichte seines Inneren bestrahlen kann.«[5]

Das Problem einer eigenen geistigen Bestimmung des Lebensgeschehens ist daher nur dadurch anzugehen, daß innere Schritte der Selbsterkenntnis zu neuen Erfahrungen werden, die das Bekannte »mit neuen Augen« zu sehen ermöglichen. Wer mit seiner Aufmerksamkeit nicht nur in den Dingen lebt, die er betrachtet, sondern außerdem gleichzeitig den eigenen Erkenntnisvorgang mit Bewußtsein begleitet, kann zum Beispiel bemerken, daß dasjenige, was wir Tatsachen nennen, bereits Begriffe enthält, die wir hinzugefügt haben. Durch diese

Begriffe sind die Wahrnehmungen erst zu Tatsachen geworden. Das Weltbild, das wir in uns tragen, bestimmt, welche Tatsachen uns in der Wahrnehmungswelt begegnen.

Die bedeutenden Erweiterungen unserer gegenwärtigen Begriffssysteme, die durch Anthroposophie möglich sind, führen daher zu einem neuen Sehen der Wirklichkeit, aus dem neue Fragestellungen hervorgehen. Zum Beispiel wird das Licht von einer subjektiven Illusion, die naturwissenschaftlich durch unsichtbare Photenen und Wellenstrukturen beschrieben wird – so die gegenwärtige Physik –, zu einer die Pflanzen nährenden und gestaltenden Kraft, wie es den Tatsachen entspricht. Die Begriffe werden unmittelbar mit der wahrgenommenen Welt verbunden. Die erkenntnistheoretische Berechtigung dieses Vorgehens läßt sich sehr gut begründen.

Die naturwissenschaftliche Bildung hat uns mit einer Ersatzwelt vorgestellter Modelle von Molekülen, Atomen usw. von der wahrgenommenen Wirklichkeit getrennt. Sie erzieht ihre Schüler zur Abstraktion, und es gibt keinen hinreichenden Grund für die verbreitete Annahme, dies sei die Betrachtungsart schlechthin, die einzige, der sich das Wesen der Welt erschließe.

Die Erarbeitung eines veränderten Weltbildes kann allerdings nicht als Alternative zu dem naturwissenschaftlich Erarbeiteten verstanden werden. Es handelt sich vielmehr um eine Erweiterung, besser gesagt um Erweiterungen verschiedener Art. Dabei bleibt die Möglichkeit, andere Standpunkte der Gegenwart und Vergangenheit einzunehmen, voll erhalten.

Damit wird aber nicht nur das begriffliche Ordnen der Welt verändert, sondern das gefühlsmäßige Erleben der Wirklichkeit wird intensiviert. Es entsteht ein Verhältnis zur Welt, das man vielleicht am besten als eine Erweiterung in das Künstlerische bezeichnen kann. In der landwirtschaftlichen Praxis spielt das allemal eine wichtige Rolle. Auch bei höchstentwickelter Fachbildung sind im konkreten Einzelfall in der Regel nicht so viele Faktoren bekannt, daß rein gedanklich eine eindeutige Entscheidung aus der Vielfalt der Möglichkeiten des Handelns gelänge. Allemal spielt das Gefühl eine wichtige Rolle dabei. Also nicht etwa der Ausschluß rationaler Elemente ist gemeint, sondern ein Denken, das eine fein differenzierende Gefühlsbeziehung zur Welt – im Sinne zusätzlicher Offenbarung des wahrgenommenen Wesens – nicht ausschließt, sondern anregt und dann auch prüft. Die Möglichkeit der Schulung des Empfindens ist die Alternative zur Resignation aus bloßer Skepsis gegenüber jedem Gefühl.

Diese Fragen haben eine gewaltige Bedeutung für die landwirtschaftliche Praxis. Die Ergebnisse kommen natürlich nicht mit Posaunen, sondern erfüllen den Menschen leise mit neuem praktischen Sinn. Die berufliche Arbeit wird zu einer Aufgabe, für die sich der Einsatz lohnt und in der das eigene Selbst eine tiefe Befriedigung findet. Das ganze Leben wird zu einem Weg der Selbsterziehung in einem höheren Sinn, und man lernt neu zu verstehen, was GOETHE meinte, wenn er Faust zum Erdgeist sprechen läßt: »Du lehrst mich meine Brüder im stillen Busch, in Luft und Wasser kennen.« Der bequeme Griff zur Giftspritze ist dann nicht mehr so leicht, ganz unabhängig davon, was in irgendeiner Satzung darüber steht. Für die Beobachter biologisch-dynamischer Betriebe ist es oft unverständlich, was die Menschen treibt, die größeren Mühen und Risiken auf sich zu nehmen. Hier müssen sie die Lösung suchen.

RUDOLF STEINERS Schilderung geht in seinem *Kurs für Landwirte* gleich zu Beginn auf die im Lebendigen wirkenden Kräfte ein, wozu er später dann sagt: »Man muß sich hineinstellen in diese Kräfte, die das Wachstum regeln, dann kann man wissen ...«[6]

Die Notwendigkeit dieses Sich-Hineinstellens gilt allerdings für alle Kräfte. Wenn ein Gegenstand auf der Waage liegt und einen Zeigerausschlag hervorruft, erfährt man nichts von der Schwerkraft. Nur dadurch, daß man den Gegenstand selbst anhebt, selbst drinnen steht in seiner Schwerewirkung, entsteht eine Erfahrung von dem, was man Gewicht nennt. Das tatsächliche Auftreten von »Schwere« im Bewußtsein beruht also auf Wahrnehmungen, die wir in unseren eigenen Gliedern machen. Ohne dies hätten beispielsweise die Zahlen in Gewichtstabellen einer chemischen Analysenreihe keinen erfahrungsgemäßen Inhalt.

Die Tatsache, daß wir den Begriff der Kraft bilden, beruht auf der leiblich-inneren Erfahrung der Anstrengung als Folge aufgebrachten Willens. Aber auch im Denken setzen wir Willen ein, sofern wir uns nicht einfach dem Gedankenfluß überlassen, sondern Denkwege selbst bestimmen. In diesem Willen sind wir unmittelbar wachbewußt. Es gibt daher die

Möglichkeit, in die Prozesse – z. B. der Pflanzenbildung – denkend so einzutreten, daß man sie tatsächlich mitgeht, indem man sie im Bewußtsein nachvollzieht.

Das ist alles in äußerster Kürze gesagt, aber es wird daran vielleicht deutlich, daß im Rahmen des Lebensgeschehens von besonderen Kräften zu sprechen, hier nicht im Sinne von hypothetisch eingeführten Begriffen zur Erklärung äußeren Geschehens gemeint ist, sondern zusätzliche Erfahrung aufgesucht wird, die in das Wesen der Sache hineinführen kann.

Selbstverständlich sind die hier angedeuteten Wege des Bewußtseins nicht einfach beliebig und zu jeder Zeit von jedermann erfüllbar. Sie liegen dem Landwirt jedoch näher, als man häufig meint, sofern er nicht durch seine erlernten Gedankensysteme blockiert wird. Er lebt ja mit seiner Arbeit unmittelbar in der vollen Wirklichkeit, in die er selbst eingeschlossen ist. Er übergibt den Samen dem Boden, pflegt, schützt und erntet die Pflanzen und nimmt einen Teil für neue Saat. Er füttert seine Tiere, befreit sie von ihren Ausscheidungen, ruft sie von der Weide und nennt sie beim Namen.

Daß Leben eigentlich Tätigkeit ist, daß in dieser Tätigkeit sich eine Weisheit offenbart, die mit zunehmenden Kenntnissen immer größer und erstaunlicher wird, daß alles Leben sich in fortdauerndem Geschehen abspielt und nur unserem Augen-Blick als fertige Form erscheint, sind doch eigentlich tägliche Erfahrungen. Die Frage ist nur, ob wir im Streben nach klaren Unterscheidungen alles auf die fertigen Formen unseres erlernten Gedankensystems zu reduzieren trachten oder die Wege des Bewußtseins suchen, die den Erscheinungen der Wirklichkeit gerecht werden können.

Die Stoffe im Betriebskreislauf

Auch der herkömmlich wirtschaftende Landwirt führt in der Regel die im Betrieb anfallenden Abfälle zum Boden zurück. Aber er sieht sie mehr oder weniger eben als Abfall an, mit dem man irgendwie fertig werden muß. In Viehbetrieben wird oft zweihundert und dreihundert Kilogramm Stickstoff pro Hektar und Jahr mehr gedüngt, als in den Produkten den Betrieb verläßt. Entsprechendes gilt auch für Kali. Das ist drei- bis sechsmal mehr als der Entzug. In breitem Umfang ist das eine

Ursache für Tierkrankheiten. Die Abschaffung der Tiere in Ackerbaugebieten, die Massentierhaltung mit ihren unbewältigten Mistproblemen, das Verbrennen des Strohs, sogar in Betrieben mit Haustierhaltung, aber strohfreier Aufstallung, kennzeichnen diese Entwicklung. Erst nachdem die Probleme in der Praxis bedrängend wurden, weil z. B. die Geruchsbelästigung der Umgebung unerträglich und die stoffliche Belastung des Grundwassers unverantwortbar wurden, nahmen sich Wissenschaftler, Behörden und Politiker der Fragen wieder an. Dabei stehen seuchenhygienische Fragen, maximal mögliche Flächenbelastung durch Tierabfälle und ähnliches im Vordergrund. Das heißt, man betrachtet auch wissenschaftlich die Ausscheidungen der Tiere lediglich als Abfall. Die Düngungsfrage sieht man eben durch die chemischen Mittel als gelöst an.

Es ist also eine Frage des Verständnisses und der Zielsetzung, wie man diese betriebseigenen Mittel einschätzt und anwendet. Sie stammen aus der landwirtschaftlichen Produktion. Dadurch sind sie lebendig oder doch vom Leben geprägt. Man verbleibt innerhalb des Lebendigen, wenn man mit ihnen wirkt. Es kommt dabei keineswegs nur auf den Kreislauf, auf die Rückführung der Grundstoffe an. In bezug auf die Verkaufsfrüchte gehen sie sowieso verloren. Betriebseigene Mittel haben jedoch sehr unterschiedliche Wirkungen, je nach dem Zustand, in dem sie sich bei der Anwendung befinden. Dazu muß man nicht nur die unmittelbaren Wirkungen studieren, die von einer Maßnahme ausgehen, sondern auch bedenken und prüfen, mit welcher Eigentätigkeit der Standort durch seine Organismen auf die Anwendung reagiert. Ein Beispiel:

Das Institut für biologisch-dynamische Forschung hat die Düngung von Perserklee in einem kleinen Gefäßversuch geprüft. Dabei war die Hauptfrage, wie sich die Luftstickstoffbindung beeinflussen läßt. Als Maßstab dienten die Wurzelknöllchen pro Gefäß, die eine Symbiose zwischen luftstickstoffbindenden Bakterien und Pflanzenwurzel darstellen.

Gegenüber ungedüngt erbrachte die Düngung mit 250 Gramm Frischmist 186 Prozent Wurzelknöllchen, doch brachten 350 Gramm Frischmist nur 130 Prozent. Durch die reichliche Düngung war der Wurzelertrag vermindert und für die Knöllchenbildung waren die Verhältnisse überversorgt.

350 Gramm präparierter Rottemist brachte jedoch 333 Pro-

zent Wurzelknöllchen pro Gefäß (ungedüngte Gefäße = 100 Prozent). Das kann eine Einfuhr von Luftstickstoff von zusätzlich mehreren hundert Kilogramm pro Hektar bedeuten.

Es kommt also nicht nur darauf an, wieviel Stickstoff man in dem Dünger zurückführt, sondern ob der Prozeß der Luftstickstoffbindung angeregt wird oder gehemmt bzw. eventuell sogar die Stickstoffausscheidung aus den Böden aktiviert wird, wie weiter oben schon beschrieben wurde. Der Prozeß, den der organische Dünger durchgemacht hat, und der Zustand, in welchem er angewendet wurde, und die Verhältnisse, in denen er zur Wirkung kommt, haben also bedeutenden Einfluß auf die Stickstoffbindung. Wie dies erfolgt, liegt in der Hand des Landwirts.

Die biologisch-dynamischen Präparate

Diese Erfahrungen ermöglichen auch einen Zugang zu den sogenannten »Präparaten«, die RUDOLF STEINER im vierten und fünften Vortrag seines Kurses für Landwirte beschreibt. In ihnen treten Stoffwirkungen fast ganz zurück. Alltägliche landwirtschaftliche Substanzen, wie Kuhmist oder Quarz, werden, nach einer Zubereitung durch jeweils spezifische Eingliederung in die Naturverhältnisse des Jahreslaufes, unmittelbar vor der Anwendung eine Stunde in Wasser verrührt und in Mengen von ca. 200 Gramm pro Hektar auf den Boden (Hornmist) oder 6–10 Gramm pro Hektar auf die Pflanzen (Hornkiesel) ausgespritzt. Verständlich kann das nur werden, wenn man mit der Möglichkeit rechnet, daß mit der Zubereitung die Fähigkeit entsteht, auf einen vorhandenen Lebenszusammenhang in bestimmter Richtung anregend oder auslösend zu wirken. Es setzt also voraus, daß die Anwendung eine Art Signal ist, das vom Leben des Bodens und der Pflanze »verstanden« und entsprechend »beantwortet« wird.

Für die aus Schafgarbenblüten, Kamillenblüten, Brennessel, Eichenrinde, Löwenzahn- und Baldrianblüten hergestellten Zusätze zu organischen Düngern schildert RUDOLF STEINER den Weg der Mittelfindung so, daß er Pflanzen aussucht, die besondere dynamische Verhältnisse zu jeweils bestimmten Mineralstoffen des Bodens besitzen. Dann wird die Wirkung der betreffenden Pflanzenorgane als Heilmittel auf den Menschen und seine übersinnliche Organisation studiert. Diese Wirkung offenbart jeweils eine besondere Organbeziehung. Für die Zubereitung in der Landwirtschaft wird dann von einer geeigneten Tierart das entsprechende Organ als Hülle für die Verwandlung der Pflanzensubstanz im Boden verwendet. Damit ist ein völlig neuer Weg beschritten, aus der Landwirtschaft selbst zu Mitteln zu kommen, mit denen Richtung und Intensität der Lebensprozesse beeinflußt werden können. Eine wichtige Voraussetzung für das Verständnis ist die Einsicht in die höhere Einheit von Mensch und Natur, die aus der Evolution hervorgeht, Grundlage der Ernährung und damit Sinn und Ziel der Landwirtschaft ist. STEINER knüpft dabei nicht an bestehende Begriffe, Erfahrungen und Praktiken an. Es ist verständlich, daß dies vielfach als eine Zumutung empfunden wird. Wer jedoch ein wenig Bewußtsein von seinen persönlichen Erkenntnisgrenzen hat, wird sein Urteil nicht von einer aufkommenden Antipathie bestimmen lassen und nicht auf dasjenige ausdehnen, was er nicht versteht. In dieser Beziehung sind die Präparate auch ein positiver Selektionsfaktor für Objektivität.

Nicht nur die Praxis, auch die experimentelle Erfahrung zeigt mit großer Deutlichkeit, daß bedeutende Wirkungen erzielbar sind. Bei relativ niedrigem Ertragsniveau durch Bodenzustand und Düngung entsteht Ertragserhöhung. Häufig zeigt sich ein engeres Verhältnis von Blattmasse zu Frucht bei Getreide oder zum Wurzelertrag bei Zuckerrüben und Möhren, d. h., die gleiche Blattmasse bringt mehr Korn- oder Wurzelmasse. Die Zuckergehalte in Blättern werden erhöht, Nitrat erniedrigt und die Haltbarkeit zum Teil erheblich erhöht. Diese Veränderungen treten nicht mit absoluter Sicherheit auf, sondern sind von den allgemeinen Wachstumsverhältnissen abhängig. Wenn z. B. bei Möhren die Nitratgehalte sowieso niedrig waren, zeigt sich durch die Anwendung keine Veränderung im Nitratgehalt. Darüber gibt es bereits eine ganze Reihe wissenschaftlicher Arbeiten.

Die Wirkung der Spritzpräparate ist vom Zeitpunkt der Ausbringung abhängig. Entwicklungszustand der Pflanze, Jahreszeit, Witterung, Tageszeit spielen eine Rolle. Es zeigte sich in jahrzehntelanger experimenteller Arbeit auch eine Abhängigkeit der ertragserhöhenden Wirkung, je nach dem zu steigernden Pflanzenorgan (Wurzel, Blüte, Blatt und Frucht), von dem Gang des Mondes durch die Sternbildregionen der Ekliptik. Aber auch unter diesem Aspekt gibt es weitere Differenzierungen. Boden und Witterung sind nicht nur unmittelbar, sondern vermittelnd wirksam. Die Vielfalt dieser Beziehungen ist bisher jedoch keineswegs hinreichend geklärt.

Gerade der Umgang mit den »Präparaten« leitet dazu an, in sehr viel intimerer Weise das Leben der Natur im Jahresverlauf im Bewußtsein zu erfassen, als es allgemein üblich ist. Im wissenschaftlichen Sinne ist dies gewiß kompliziert und anspruchsvoll. Hundert- und tausendfältige Erfahrung zeigt aber, daß jeder einzelne in der Handhabung der Sache sehr viel lernen kann, sofern er gewillt und in der Lage ist, sich mit Denken und Fühlen wenigstens anfänglich in das Geschehen, in den Zeitverlauf der Lebensprozesse zu versetzen.

Bildlich gesprochen ist das etwa so, als ob man sich mit dem eigenen Wagen in den Verkehrsstrom einer Fernverkehrsstraße einfädelt. Man hat dabei nicht nur die Fahrzeuge der eigenen Richtung und deren Geschwindigkeit, sondern auch den Gegenverkehr im Auge, und es ist ganz selbstverständlich, daß es bedeutende Fernwirkungen gibt. Man weiß z. B., daß sich auf den Autobahnen Süddeutschlands manches verändern wird, wenn in Holland die Schulferien begonnen haben, oder wenn nordatlantische Kaltluft zum Schneefall führt. Der Vergleich bezieht sich selbstverständlich nicht auf die Subtilität der Naturbeobachtung, sondern auf das Einleben in die Naturprozesse. Das gilt insbesondere auch für die Böden, ihren Wandel im Jahreslauf und im Lauf der Jahre unter den verschiedenen Kulturen. Die übliche Bodenuntersuchung mit ihren Düngerempfehlungen hat wesentlich dazu beigetragen, daß sich das überwiegend statische Bild eines Pools gebildet hat, in welchen man die sogenannten Pflanzennährstoffe nun mal einfüllen muß. Das ist ein bedeutender Irrtum.

Fachliche Bildung ist für das Verständnis, wie es hier gemeint ist, notwendig und sehr förderlich, allerdings nur dann, wenn die Denkformen nicht festgelegt sind. Die Tendenz zu einer solchen Festlegung ist heute allerdings leider sehr groß.

Die Mineralstoffe in biologisch-dynamischen Betrieben

In bezug auf die Mineralstoffe zeigt sich nach jahrzehntelanger Erfahrung etwa das folgende vielfältige Bild: In einem Betrieb auf Kalkverwitterungs-Tonböden (Terra Fusca und Rendsina) sind nach fünf Jahrzehnten biologisch-dynamischer Bewirtschaftung die Gehalte an Phosphor, Kali und Magnesium höher als in einem Nachbarbetrieb, der auf ähnlichen Böden mit nahezu gleichem Viehbesatz, aber zusätzlich mit Mineraldünger wirtschaftet. Die Werte der Bodenuntersuchung sind nach üblichen Gesichtspunkten, nach Jahrzehnten ohne Zufuhr, sehr hoch. Es haben dort im Laufe dieser Zeit also nicht nur die Hektarerträge um ungefähr das Doppelte zugenommen, sondern es spricht auch alles dafür, daß dies bei den Werten der Bodenuntersuchung so ist. Die Variationen der Kaligehalte innerhalb des Betriebes spiegeln die Jauchedüngung (= Kalidüngung) wider. Wo man an den Hängen mit dem Jauchefaß nicht hinkam, liegen die Werte bedeutend niedriger, aber auch ziemlich gut. Der Betrieb, auf großenteils sehr flachgründigen und vielfach stark geneigten Flächen, liegt in einem außergewöhnlichen Kältetal und betreibt Viehwirtschaft mit Ackerbau. Mindestens achtzig Prozent der Fläche dienen der Futterwirtschaft.

Diese Ergebnisse der Bodenuntersuchung stehen zweifellos im scharfen Widerspruch zu allen üblichen Auffassungen, Empfehlungen und Prognosen der Landwirtschaftswissenschaft und Offizialberatung. Sie sind aber mit naturwissenschaftlichen Aspekten erklärbar, da der Betrieb in seinen überwiegend von den Tieren stammenden Produkten sehr wenig Mineralstoffe ausführt. Durch die stetige Aktivierung des Bodenlebens werden die Mineralien des Tons mobilisiert. Der Jurakalk unterliegt relativ schneller Verwitterung, was dort beobachtbar ist, und setzt Mineralstoffe frei. Die große Fähigkeit des Tons und des Humus, lösliche Mineralstoffe zu binden, läßt die Gehalte ansteigen. Es wird mehr freigesetzt als entzogen.

Ein anderer Betrieb Süddeutschlands wirtschaftet u. a. seit fünfundzwanzig Jahren auf Lößparabraunerde und liefert jährlich sehr gute, gesunde Ackerbestände und hohe Ernten. Vor acht Jahren (1972/73) wurde er mit anderen Betrieben von der Landwirtschaftsbehörde gründlich untersucht. Die sehr niedrigen Phosphorwerte auf einigen Äckern veranlaßten einen der Untersucher, sich an den Landwirt zu wenden, um ihn, besorgt und in bester Absicht, darauf aufmerksam zu machen, daß an diesen Stellen der Ackerbau wegen Phosphatmangels Zusammenbrüche erwarten lassen müsse, wenn in dieser Richtung nichts unternommen würde. Da pflanzenbaulich keinerlei Anzeichen eines Mangels zu beobachten sind, hat der Bewirtschafter bis heute keine Maßnahmen der Phosphatdüngung unternommen.

Hier kam es also nicht zu einer Anreicherung, aber auch nicht zu irgendwelchen Mangelerscheinungen. Der Betrieb exportiert in Getreide, Möhren und Rote Bete sehr viel mehr Mineralstoffe als der vorhergenannte. Das Beispiel zeigt, wie schwer eine Beurteilung der Bodenuntersuchung ist. Sie sagt über die Nachlieferungsfähigkeit der Böden nichts aus. Diese hängt einerseits von den Bodenarten, Bodentypen und der geologischen Grundlage ab, zum anderen aber von Art und Grad der Belebung.

Daher sind auch die absoluten Werte eines bestimmten Löslichkeitsgrades für die biologisch-dynamische Bewirtschaftung von so geringer Bedeutung. Es ist ungefähr so, als ob man den vorbeifließenden Verkehr einer Autobahn fotografiert. Wird sehr schnell gefahren, so wird man nur wenige Wagen – im Grenzfall gar keinen – auf den Film bekommen. Herrscht ein Stau, so ist von Autos alles voll. Am Ziel kommen natürlich dann schnell viele Wagen an, wenn auf dem Einzelbild wenige erscheinen. Vielleicht räumen die Fahrzeuge auch nach rückwärts das Feld. Wenn man die Geschwindigkeit und Richtung nicht kennt, kann man den Wert der Aufnahme nicht beurteilen. Eine einzelne Analyse entspricht einer Momentaufnahme.

Die üblichen Erfahrungen in der Beurteilung von Bodenuntersuchungen hängen eng mit der mineralischen Stickstoffdüngung zusammen. Dessen leichte Verfügbarkeit durch die Salzform veranlaßt die Pflanze, weniger Feinwurzeln zu bilden und nur losen physiologischen Kontakt mit den festen Bestandteilen des Bodens einzugehen. Die Pflanze ist dazu nicht genötigt. Sie braucht dann aber Phosphor, Kalium, Magnesium, Kalzium auch aus dem Bodenwasser, sonst gedeiht sie nicht und wird leicht krank. Da die Pflanze mit dem leicht verfügbaren Stickstoff schneller wächst – das ist der Grund für die Düngungsmaßnahme –, braucht sie die Mineralien auch entsprechend schnell. Dafür muß durch leicht lösliche Mineraldünger gesorgt werden.

Im umgekehrten Fall ist die Pflanze genötigt, mit vielen feinen Wurzeln engen Kontakt mit den festen Bestandteilen des Bodens aufzunehmen und – ohne künstliche Überschüsse im Oberboden – in die Tiefe zu dringen. Entsprechendes gilt für die freilebenden Organismen des Bodens, die ihren Bedarf aus den schwerlöslichen Teilen aktiv herauslösen müssen. Die nach der Ernte zurückbleibenden Pflanzenwurzeln sind jedoch die wichtigste Grundlage der Humusbildung. Auch diese wird dadurch nach Art, Tiefenverteilung und Menge verändert.

Das zeigte sich in den Ergebnissen der Untersuchung von PETTERSSON und WISTINGHAUSEN nach neunzehnjährigem Versuch in Järna in Schweden. Insbesondere im Unterboden waren die Humusgehalte und die Stoffwechselaktivitäten bei biologisch-dynamischer Bewirtschaftung (Düngung mit Frischmist und Mistkompost) höher als in den Mineraldüngervarianten. Die höchsten Werte hatten die Parzellen, die die biologisch-dynamischen Feldpräparate erhalten hatten (Hornmist und Hornkiesel). Das ist über das Wurzelwachstum durchaus begreiflich.

RUDOLF STEINER sagte dazu 1924: »Sie können eine Wirkung mit mineralischen Dungmitteln im Wäßrigen der Erde erzeugen, aber sie dringen nicht vor zur Belebung des Erdigen selber.« Und: »Wir müssen eigentlich furchtbar dankbar sein, daß der Mist übrigbleibt; denn er trägt Ätherisches und Astralisches aus dem Inneren der Organe heraus ins Freie ... Es hat die Kraft, das Unorganische des Erdigen zu überwinden.«[7]

Man muß jedoch berücksichtigen, daß dieses Unorganische des Bodens von sehr unterschiedlicher Beschaffenheit bezüglich seiner Angreifbarkeit und Zusammensetzung sein kann. Granit oder Gneis ist um vieles stabiler als Kalk. Die sekundären Gesteine können unter Bedingungen sedimentiert sein, die bereits den Großteil der für das Leben erforderlichen Mineralien fortgetragen haben, wie zum Beispiel in den Sandsteinen des Rotliegenden und des Buntsandsteins. Auch die Böden können Prozessen unterworfen sein, die in langer Zeit bereits zu erheblicher Verarmung geführt haben, wie etwa in den Bleichsanden (Podsolen) oder den Roterden der Tropen (Latosolen).

Liegt diese Armut tatsächlich vor, dann kommt es darauf an, dem ergänzungsbedürftigen Boden Mineralien so zuzuführen, daß mit der Ergänzung die fruchtbarkeitsschaffenden Tätigkeiten des Bodens aktiviert werden und nicht umgekehrt. Das sind biologische Verwitterung, Humusbildung, Luftstickstoffbindung und andere. Das wird durch geeignete schwerlösliche Verbindungen erreicht, möglichst natürliche Mineralien, die man zusammen mit organischer Substanz dem Angriff der Mikroorganismen aussetzt. Unter geeigneten Bedingungen entwickeln sich diejenigen Mikroben, die gebraucht werden. Diese Bedingungen muß man herstellen. Auch für die extremen Verhältnisse der Tropen liegen hier bewährte Methoden vor, mit denen es sogar gelungen ist, völlig erodierte Kuppen und Hänge in wenigen Jahren wieder mit Kaffeesträuchern und Schattenbäumen zu besiedeln. Rohphosphat, Basalt, Kalifeldspat, verschiedene Kalkarten sind unter anderen solche Mineralien. Sie haben sich in der Praxis hervorragend bewährt. Aber es ist auch auf diesem Gebiet die wissenschaftliche Entwicklungsarbeit erst noch zu leisten. RUDOLF STEINER antwortete auf die entsprechende Frage im *Landwirtschaftlichen Kurs:* »... Man beurteilt heute alles nach allzu kurzen Zeiträumen ... Es wird heute alles mechanisiert und mineralisiert, aber es gilt durchaus das, daß wirken sollte das Mineralische nur auf diejenige Weise, wie es selber in der Natur wirken kann. Ohne daß man es in irgend etwas einbezieht, das Mineralische, soll man nicht eigentlich die lebendige Erde mit etwas ganz Leblosem, mit dem Mineralischen, durchsetzen. Morgen wird es noch nicht gehen, aber übermorgen wird es dann sicher von selbst gehen.«[8]

Die Schädlingsregulation

Es bleibt nun noch, deutlicher darzustellen, wie die Vermehrung der Schädlinge verhindert werden kann. Es zeigt sich, daß standortgemäße Sorten in dieser Beziehung große Bedeutung haben. Ein biologisch-dynamisch gutentwickelter Boden vermag jedoch in Grenzen sogar solche Sorten gesund zu erhalten, deren Ansprüche durch die Naturbedingungen nicht optimal befriedigt werden (z. B. bei Apfelsorten). Die groß- und auch kleinräumige Gestaltung der Landschaft mit Hecken, Rainen, kleinen Gewässern und ähnlichem führt zu einer Vielfalt der freilebenden Tierwelt, die in sich selbst Regulative enthält gegen übermäßige Vermehrung durch Parasiten und Jäger. Es sind also ganz entsprechende Gesichtspunkte wie bei der Düngung. Ihre Verfolgung führt zu einer Landwirtschaft als biologisches System.

Ohne Zweifel spielt die Stickstoffdüngung eine ausschlaggebende Rolle für die Vermehrungsraten der saugenden Schädlinge, auch bei Pilzen und höchstwahrscheinlich auch bei Viren.

Bei den Unkräutern erfolgt die Bekämpfung in erster Linie mechanisch, weil die chemische Vernichtung ökologische Auswirkungen hat, die nicht überschaubar sind. Die Probleme haben sich in vielen Fällen erst nach Jahren und nach gründlicher Untersuchung gezeigt. Nichts spricht dafür, daß uns die Zukunft mit peinlichen Entdeckungen auf diesem Gebiet verschonen wird.

Schlußbetrachtung

Fassen wir diesen Überblick zusammen, so ist für die Lösung der großen Weltprobleme (des Hungers, der erschöpfbaren Quellen der Energie und Rohstoffe, der Umweltverschmutzung, der Erhaltung und Entwicklung der Bodenfruchtbarkeit) das Ziel der ökologischen Entwicklung der Landwirtschaft die einzige erkennbare Alternative gegenüber der unmittelbaren Lösung akuter Probleme mit chemischen Mitteln und ihren langfristigen Folgen. Hat man dies verstanden, so ergeben sich neue naturwissenschaftliche Aufgabenstellungen in Fülle. Sie werden bisher nur sehr ausnahmsweise gesehen und bearbeitet. Daher fehlte der ganzen Entwicklung die Unterstützung der Wissenschaft, abgesehen von wenigen rühmlichen Ausnahmen. Es wird daher höchste Zeit, daß die Institute der Landwirtschaft die Position der Verteidigung des bisherigen Weges aufgeben und sich mit ihrer Arbeit den Aufgaben stellen, die sich so deutlich zeigen, wie es immerhin vereinzelt und allmählich zunehmend auch schon der Fall ist.

Verfolgt man den Gesichtspunkt konsequent, so kommt man zu Fragestellungen grundsätzlicher Art, die über die bisherigen naturwissenschaftlichen Grundlagen hinausgehen. Von da aus zeigt sich auch, daß die Erfolge und Probleme der modernen Landwirtschaft des hinter uns liegenden Jahrhunderts aufs engste mit den Methoden der Naturwissenschaft verbunden sind, weil Ergebnisse und Begriffe, d. h. das entstandene Weltbild, von den Methoden bestimmt werden. Dagegen hatte sich LIEBIG noch mit aller Entschiedenheit gewehrt *(Über den Materialismus,* in: »Chemische Briefe«)[9]. Daher ist die konsequente Erweiterung der Naturwissenschaft in das Geistgebiet der eigentliche erforderliche wissenschaftliche Weg. Davon ist die biologisch-dynamische Wirtschaftsweise ausgegangen. Das ist verständlicherweise der entscheidende Grund für die Schwierigkeit der Verständigung und zugleich auch dafür, daß sie als die konsequenteste – alternative – Bestrebung bekannt und anerkannt ist und auch dafür, daß die wissenschaftliche Zusammenarbeit mit Hochschulinstituten schon sehr lange praktiziert wird und eine längere Reihe von Veröffentlichungen vorliegt.

Breite, jahrzehntelange Erfahrung in vielen Ländern der Welt bestätigt aber, daß man nicht darauf warten muß, bis das geschieht und ausreichende Erfolge hat, sondern daß man auch in der Praxis anfangen kann und soll. Daraus ergeben sich schon die Wege, die gangbar sind, und es kann auf vielem aufgebaut werden, was sich in der Praxis längst bewährt hat. Jeder kann sich heute Betriebe anschauen, die seit Jahrzehnten biologisch-dynamisch wirtschaften.

Es kommt darauf an, den Betrieb als eine Art individuellen Organismus anzusehen, der in der Zeit fortlebt, ihn als solchen verstehen zu lernen und zu entwickeln. Dazu gehört auch die entsprechende Tierhaltung, die nicht selten niedriger ist als der Durchschnitt in der Bundesrepublik (1,2 GV = 600 Kilogramm lebende Tiere pro Hektar). In der herkömmlichen Landwirtschaft teilt sich das nur immer weiter in Betriebe mit sehr viel Vieh und Problemen der Mistbewältigung und in viehlose Betriebe auf. Im Obstbau werden auf schweren Böden ausgezeichnete Erfahrungen auch mit Komposten aus Obsttrestern gemacht, die dort allerdings ausnahmsweise nicht das Problem der Rückstände von Pflanzenschutzmitteln mit sich bringen.

Auch in den Hochlagen der Mittelgebirge und Alpen, auf ganz armen Sandböden der Heide, in den Ländern Skandinaviens, nördlich des sechzigsten Breitengrades, in Trockengebieten Australiens, bei viertausend Millimeter Niederschlag der Tropen des südlichen Mexiko hat sich die biologisch-dynamische Wirtschaftsweise bewährt. Das geschah und geschieht in einer Zeit, in der sich in den Industrieländern binnen zwei Jahrzehnten das Sterben der Hälfte aller Höfe vollzog und die große Mehrzahl der Menschen in die Industrie abwanderte. Die verbliebenen Betriebe suchen ihre Rettung in der Aufstockung der Fläche, der Spezialisierung und konsequenten Anwendung von immer mehr chemischen Produktions- und Hilfsmitteln, die zur Bewältigung der Arbeit einen wesentlichen Beitrag leisten. Ihnen arbeitet eine Wissenschaft zu, die mit jährlichem Milliardenaufwand betrieben wird.

Bezieht man die Grundlagen ein, so kann man nicht mehr von einer Alternative sprechen, denn die hier gemeinte zeitgemäße Erweiterung baut auf Naturwissenschaft auf und schließt sie ein. Sie ist ohne Naturwissenschaft nicht denkbar. Daraus eröffnet sich aber ein Blick in die Zukunft, der nach innen und außen von hoffnungsvoller Erwartung erfüllt ist, so schwer und mühsam auch manches sein mag, was eigentlich zum Greifen nahe liegt.

Eberhard Grillparzer

Nonverbale Erziehung durch Architektur?

Anthroposophie und Architektur

Welches Interesse rechtfertigt die Sisyphusarbeit mühevoller Freilegung und minutiöser Rekonstruktion von Überresten verschütteter Bauwerke?

Architektur verrät uns viel über Lebensweise, Gesellschaftsordnung und politischen Alltag, Glaubensvorstellungen, Rituale und Wertvorstellungen der Menschen. Aus diesem Grund sind zum Beispiel die Werke antiker Architektur Gegenstand archäologischer Forschung. Architektur ist der Veranschaulichungsgegenstand dessen, was man damals gedacht hat; Empfindungen werden sichtbar artikuliert. Durch den Gestaltungsakt übertragen Menschen ihre Gefühls- und Gedankenwelt in Materie: in Lehmziegel, Fels, Stein, Holz, Stahl oder in Beton. Es entstehen Wohnungen für die Lebenden, öffentliche Gebäude für Verwaltung, Kult und Freizeit, technische Anlagen, Arbeitsplätze und Behausungen für die Toten.

Es bieten sich viele verschiedene Möglichkeiten an, Informationen über kulturelles Leben festzuhalten: Speziell darauf angelegte Künste leisten dies mündlich, schriftlich und auch bildhaft. Architektur ist oft das dauerhafteste Medium, auch wenn sie ursprünglich nicht speziell darauf angelegt ist, Informationen zu speichern. Vielmehr ist ihre Aufgabe, den menschlichen Lebensraum im Wechselspiel mit der freien Natur zu ordnen, sinnvoll zu begrenzen und zu gestalten. Deshalb ist Architektur ein »ehrlicher« Informationsträger – Bauwerke lügen nicht! Im Gegensatz zu den anderen bildenden Künsten, etwa der Zeichnung, Malerei und Bildhauerei, versucht die Architektur keine Bilder zu schaffen, sondern sie schafft Räume, Raumsituationen und Raumbezüge. Es liegt ihr fern, Gegenstände abzubilden. Dadurch ist Architektur neben der Musik die abstrakteste und vielleicht auch die reinste aller Künste.

Durch Architektur gestalten die Menschen ihre Umwelt. Das Denken, Fühlen und Wollen prägt die Architektur neben dem rein technisch Notwendigen entscheidend mit. Läßt sich dieser Satz auch umkehren? Der enge Zusammenhang zwischen dem Menschen und seiner Architektur als einer erweiterten körperlichen Hülle verleitet dazu, diese Wechselwirkung auch in umgekehrter Richtung zu akzentuieren. Werden Menschen auch durch die sie umgebende Architektur beeinflußt? Wird der Mensch von dem gebauten Raum, den er durchschreitet, von dem Haus, das er bewohnt, in dem er lebt, geprägt? Wir kennen alle das Phänomen eines geänderten Verhaltens der gleichen Person in unterschiedlichen Räumen. Zwingt uns möglicherweise die Architektur eine bestimmte seelisch-geistige Haltung auf, die sich durch eine andere Körperhaltung, einen anderen Gang und veränderte Schrittweite beim Durchschreiten bestimmter Räume ausdrückt? Dieses eigentümliche Phänomen verleitet zu dem Glauben, Architektur sei in der Lage, die Persönlichkeit des Menschen zu verändern; denn nicht erst seit den Behavioristen gilt verändertes Verhalten als sichtbar ablesbarer Beweis für innere Prozesse.

Ist eine Verhaltensänderung nachhaltig und läßt sie sich bewußt zur Änderung der Persönlichkeit einsetzen, so dürfen wir sogar von einem Erziehungsprozeß sprechen. Ist dieser Gedanke so absurd: Architektur als die große nonverbale Erzieherin? An die erzieherische Wirkung im sozialen und ethischen Bereich aller uns umgebenden Räume und Gegenstände glaubten bereits WILLIAM MORRIS (1834–1896) und später HENRY VAN DE VELDE (1863–1957), der damit die Forderung verknüpfte, daß die künstlerische Gestaltung das ganze Leben zu durchdringen habe. Das Bauhaus folgt diesem Gedanken.

Statistisch beweisen läßt sich diese Hypothese nur anhand untersuchter Negativbeispiele: Monotone Hochhausbauten »erziehen« zu gesteigerter Aggressivität und kriminellem Verhalten. Das ist auch der Punkt, an dem alle hellhörig werden; denn dieses Erziehungsziel entspricht keinem Curriculum.

Geht es der Anthroposophie um die Entwicklung der im Menschen schlummernden Seelenkräfte und will sie den Menschen erneuern, so darf sie diese gewaltige Komponente »Erziehung durch Architektur« nicht unberücksichtigt lassen. Vielmehr muß es ihre Aufgabe sein, vorhandene Architektur auf ihren »Erziehungswert« und ihre »Erziehungsergebnisse« hin zu überprüfen. Dann kann die Anthroposophie ihren Erziehungszielen adäquate Architekturformen aufgreifen, sofern sie welche vorfindet. Lassen sich keine geeigneten Bauten finden, so wäre man gezwungen, eigene neue Formen des Bauens zu schaffen – ein Wagnis mit vielen Unbekannten.

RUDOLF STEINER hat dieses Wagnis initiiert – den Beginn einer anthroposophischen Architektur. Die Geschichte als Wechselspiel der verschiedensten gesellschaftlichen Kräfte geht ihre eigenen, nicht immer logisch-konsequenten Wege. So auch die Geschichte der anthroposophischen Architektur. Sie ist herausgewachsen aus einer Bühnendekoration für theosophisch-anthroposophische Mysterienspiele in München. Unbefriedigende Aufführungsräume führten zur Gründung des Johannes-Bau-Vereins, dessen erklärtes Ziel es war, in München einen Theaterbau – speziell für die anthroposophischen Aufführungen – zu erstellen. Ein begehbarer Modellbau *en miniature* in Malsch deutete erstmals den Raumeindruck dieses Projektes an. Dann schließlich das erste Goetheanum (1913) in Dornach, ein Holzbau auf Betonsockel, der Silvester 1922/23 abbrannte. Gleichzeitig entstand das erste »geduldete« anthroposophische Wohnhaus auf dem Dornacher Hügel (»Haus Duldeck«), Werkstattgebäude und technische Anlagen. Schließlich wurde 1924 bis 1928 das zweite Goetheanum in Angriff genommen, das als Zentrum der Anthroposophischen Gesellschaft noch heute seinen Zweck als multifunktionaler Bau erfüllt.

Versucht man, sich dem Phänomen »RUDOLF STEINER als Architekt« zu nähern, fällt auf, daß die offizielle Fachliteratur das Werk STEINERS einfach ignoriert oder mit einem spöttischen Seitenblick als Kuriosum abtut. RUDOLF STEINERS architektonische Formen wollen bewußt eine besondere Atmosphäre erzeugen, sie sollen suggestiv auf den Menschen wirken. Diese Wirkung sollen sie aufgrund ihrer starken Ausdrucksqualität direkt und unmittelbar entfalten, nicht etwa indirekt über Symbole und Allegorien. Es ist bezeichnend für die bisherige Situation, daß selbst große Architekturhistoriker die Architektur als angewandte Kunst und deshalb abhängig sehen von Gebrauchszweck, Material, Konstruktion und Wirtschaftlichkeit der Herstellung – so sehr, daß sie nicht glauben, daß die Baukunst einem Ausdrucksdrang folgen könne. Dabei wissen wir doch, wie sehr solche realen Bedingungen selbst abhängig sind vom jeweiligen Zeitstil. Gibt es nicht aufgrund der äußeren Bedingungen im Rahmen des funktionell Notwendigen eine praktisch unbegrenzte Anzahl von möglichen Ausformungen?

Im Gegensatz zur »offiziellen« Literatur gibt es aber auch Arbeiten, deren Ziel es ist, speziell das architektonische Werk RUDOLF STEINERS zu würdigen. Dort ist dann von der genialen, aufopfernden Leistung dieses Titanen zu lesen. Die Autoren scheinen durchweg fasziniert von der charismatischen Persönlichkeit STEINERS; es scheint, als könne das Bauwerk nicht losgelöst von der Person seines Baumeisters gesehen werden. STEINERS nüchterne Selbstzeugnisse wirken dagegen eher wie neutrale Berichterstattung.

Darf man Selbstzeugnisse eines Künstlers als alleinige Grundlage zur Beurteilung seines Werkes heranziehen? Wo sind die Ansätze für derartige Baukunst, wo gibt es Parallelen, wer waren die Wegbereiter und Vorläufer, die wir sonst für jedes Werk eines Künstlers kennen und bereitwillig nennen? Nicht um die persönliche Leistung herabzusetzen, sondern um das Werk aus seiner historischen Bedingtheit heraus zu begreifen. Darüber erfährt man wenig. Es mutet an, als solle der Mythos gehegt werden: RUDOLF STEINER habe dies alles aus sich heraus geschaffen. Nein, mehr noch: die Gestaltungsprinzipien habe er einfach der Natur abgeschaut; die sieben Schritte einer jeden Metamorphose seien da bereits vorgegeben – sonnenklar, wie die sieben Regenbogenfarben und die sieben Töne der Tonleiter. Beschämend für die bildenden Künstler aller Zeiten, die diese Prinzipien noch nicht entdeckt haben. Sie könnten ohnehin einpacken mit ihrer Nabelschau und privatistischer Stilentwicklung der letzten hundert Jahre, wo es doch jetzt darum gehe, in konsequenter Anwendung der erkannten Gestaltungsprinzipien das Wahre und Neue zu gestalten.

Es ist zu bewundern, wie sicher sich dieser Mensch sein konnte. Woraus schöpfte er diese Sicherheit? Hatte er wirklich andere Welten geschaut? Ist er der Seher, wir die Blinden? Ob wir diese übersinnlichen Welten anerkennen oder nicht, für STEINER waren sie Realität. Sie haben sein Werk mehr als nur beeinflußt: Diese seine Realität hat das Werk hervorgebracht. Und damit – mit dem Bau – sind diese »Gedankenspielereien« für uns alle sichtbar gewordene Realität, harte Wirklichkeit in Stahlbeton.

Viele Künstler manifestieren ihre innere Welt durch den Gestaltungsakt für andere sichtbar in der Außenwirklichkeit. Wodurch zeichnet sich der Weg und das Werk RUDOLF STEINERS aus, wodurch ist es einer besonderen Würdigung wert?

RUDOLF STEINER steht als das Beispiel eines Künstlers,

- der aus geistiger Überlegenheit heraus unter konsequenter Anwendung der organischen Gestaltungsprinzipien zu allgemeingültigen Lösungen kommt;
- der selbst keine private Nabelschau betreibt und damit auch anderen Künstlern einen möglichen Weg aufzeigt, an einem überpersönlichen Auftrag mitzuarbeiten;
- der tatsächlich eine neue, brauchbare Formensprache entwickelt, die neuen zeitgemäßen und zukunftweisenden Materialien gemäß ist;
- der das Selbstverständnis fördernde und das Selbstwertgefühl stabilisierende Übungen und Kreativitätstechniken zur Problemlösung bewußt einsetzt und systematisch erprobt;
- in dessen Konzept das sich ständig Verändernde, die andauernde Umgestaltung und die Metamorphose breiten Raum einnehmen und trotzdem eine Möglichkeit anbieten, dieses »Alles fließt« in einem überzeitlich-kosmischen Zusammenhang positiv-vorwärtsschreitend zu verstehen; damit wird dem negativen »Alles zerrinnt« ein konstruktives Veto entgegengesetzt;
- der in seinem Werk alternative Aspekte für eine zukünftige Architektur aufzeigt und durch neue Perspektiven kreatives, menschenwürdiges Gestalten herausfordert.

Trotzdem möchte ich daneben aufzeigen, daß es sich nicht um ein von allen zeitlichen Einflüssen frei entstandenes Werk handelt. Die entstandene anthroposophische Architektur muß stimmig in den historischen Kontext eingeordnet werden, indem man sinnvolle Bezüge herstellt. Der »Autodidakt« STEINER ist durchaus kein Eigenbrötler, sondern ein Mensch, dem die zeitgenössische Kunstszene bis hin zu subtilsten Einzelheiten bekannt war, der ständig in lebhaftem Gedankenaustausch mit der Avantgarde seiner Zeit stand, unter anderem als Kritiker und Theaterregisseur. Daß er, was seine Architektur – vor allem des zweiten Goetheanums und der Nebenbauten – betrifft, genialer Regisseur war, sieht man daran, daß er sich zeitgenössischer Architekten (z. B. ERNST AISENPREIS) und Ingenieure bediente, um den genialen großen Plan in Realisierbares umzusetzen. Und diese Architekten waren keine Autodidakten.

Diese spezielle Fähigkeit, ein internationales riesiges Team freiwilliger Mitarbeiter aufzubauen und geschickt zu leiten, setzt schon ein besonderes Einfühlungsvermögen in Menschen voraus. Daß dieses Team zudem noch nach seinem Tod zur Weiterarbeit fähig ist, zeigt weiter, daß STEINER in der Lage war, sich positiv überflüssig zu machen – im Gegensatz zu vielen anderen großen Persönlichkeiten. Hier liegen Ansätze zur Untersuchung kreativer Teams innerhalb einer demokratisch-selbstverantwortlichen Gesellschaft einer noch möglichen Zukunft.

Es dient der Sache wenig, wenn man einem Menschen mit hervorragendem Werk einen Glorienschein aufsetzt. Wie peinlich wirkt es dann, wenn legitime und sonst übliche formale Vergleiche angestellt werden. Und nur aus Pietät auf sinnvolle Bezüge zu verzichten, könnte als Vernebelungstaktik empfunden werden. Vergleiche drängen sich geradezu auf, schon aus der Notwendigkeit heraus, das Besondere erklären zu wollen. Bei der Hingabe an die charismatische Persönlichkeit STEINERS vergißt man allzu leicht: Würde es sich bei der Architektur RUDOLF STEINERS um eine totale Innovation handeln, ohne Bezüge zur damaligen Kultur, so hätte sie auch von den sensibelsten der Zeitgenossen nicht wahrgenommen werden können, so wäre ihr Einfluß unfruchtbar geblieben. Dadurch, daß sie eben nicht völlig neu, sondern anders und konsequent war, war sie bei den Zeitgenossen verschrien und konnte später als kreative Alternative zur Bauklotzarchitektur erkannt werden und wird in Zukunft verstärkt wirksam werden.

Die Architektur des 19. Jahrhunderts befaßte sich mit der Imitation und geschickten Kombination der großen Stile, auch dann noch, als Gußeisen, Glas und zugfester Stahl als neue Materialien für das Bauen entdeckt wurden. Läßt man die Entwicklungstendenzen in der Ausbildung der Stahlskelettbauweise (z. B. Kristallpalast, London 1851) unberücksichtigt, so kann der Beginn der für das 20. Jahrhundert bahnbrechenden modernen Architektur auf einen Zeitpunkt um 1890 festgelegt werden. Die moderne Architektur entwickelte sich an den neuen Gegebenheiten des Industriezeitalters. Für die Verwirklichung der Fabrikgebäude, Büro-, Verwaltungs- und Mietshäuser, der Bahnhöfe und Messehallen mußten neue Bauformen geschaffen und neue Materialien herangezogen werden. Im Bemühen um die Probleme und Aufgaben einer modernen Industriestadt überwindet die Avantgarde der Architekten um die Jahrhundertwende die orthodoxe Stilnachahmung des Historismus.

Die Suche nach neuen Formen führte zur Architektur des Jugendstils (1890–1905). Hier wird erstmals der Gedanke der totalen Durchgestaltung aller Gegenstände gefordert. Den Anstoß für diese Idee gaben die englischen Präraffaeliten und besonders WILLIAM MORRIS (1834–1896), Maler, Architekt, Kunstgewerbler, Dichter und Schriftsteller in einer Person. Der Künstler sollte zur Würde des Handwerks zurückgeführt werden, die maschinelle Fertigung wurde abgelehnt. Mit Hilfe einer neuen Auffassung von der Natur wollte man sich von jeglicher historischen Konvention befreien. Naturformen wurden in eine stilisierte Formensprache aus Linien und Flächen übertragen, die sich dem Gegenstand organisch anzupassen hatte.

AUGUST ENDELL (1871–1925) übernimmt diese Formensprache für die Architektur, erstmals für die Fassade des Fotoateliers Elvira in München. Hier ist der Schmuck Selbstzweck, er ordnet sich nicht mehr der Architektur unter! Von diesen englischen Anregungen war HENRY VAN DE VELDE (1863–1957) stark beeindruckt. Er ist der erste, der sich zur Schönheit der Technik bekennt. Sein Stil sollte eine grundlegende Erneuerung auf allen Gebieten werden: Die Form sollte aus ihrem Gebrauchssinn gewonnen werden, das Konstruktive sollte als ästhetisches Element in die Gestaltung bewußt miteinbezogen werden, und der Charakter des Materials sollte sprechen. Seine Forderung, daß die künstlerische Gestaltung das ganze tägliche Leben zu durchdringen habe, war sozial und ethisch begründet. Ab 1902 war er Leiter der »Kunstgewerblichen Versuchsanstalt« in Weimar, dem eigentlichen Vorläufer des Bauhauses.

Der andere Impuls kam aus Amerika. Der Bildhauer HORATIO GREENOUGH (1805–1851) forderte die Übereinstimmung von Gestalt und Aufgabe als Ziel der Architektur. Dieses Prinzip glaubt er als das göttliche Urprinzip zu erkennen; er hatte es anhand von Analogieschlüssen mit der belebten Natur gefunden. Trotzdem findet sich bei ihm schon der Bezug zur Technik. Er findet seine Forderung in den Hochleistungssegelschiffen seiner Zeit bereits verwirklicht.

Eine ähnliche Argumentation finden wir bei L. SULLIVAN (1856–1924). Seine Analogieschlüsse mit der Natur führen zur Forderung, daß Gestalt und Aufgabe identisch sein müssen. Es entsteht die für den Funktionalismus grundlegende, aber oft mißverstandene These »form follows function« (1896). SULLIVAN forderte damit nicht, daß Zweckmäßigkeit automatisch Schönheit erzeuge, sondern daß Form und Funktion im Bauwerk eine untrennbare Einheit bilden müssen. L. H. SULLIVAN und die Chikagoer Schule brachten einen neuen Kanon des Bauens ein: Die Form soll immer der Funktion entsprechen, d. h., die Baugestalt soll architektonischer Ausdruck der Struktur sein.

Die Tendenz zu klar gegliederten und aus der Funktion entwickelten Baukörpern im Massiv- wie im Skelettbau zeigen auch die europäischen Richtungen Jugendstil, Deutscher Werkbund, Bauhaus und die Stijl-Gruppe – in den konstruktiven und funktionellen Problemstellungen.

Von SULLIVAN ist der Amerikaner FRANK LLOYD WRIGHT (1868–1958) ausgegangen; Deutschland und Japan haben ihn stark beeinflußt. Dieser einflußreiche Architekt nennt seine Art zu bauen den »organic style«. Er versteht darunter eine ungezwungene, aus sich selbst bedingte Gestaltung, die mit schöpferischer Intuition zu vereinen versucht, was sonst als Gegensätzliches erlebt wird: Phantasie und Wirklichkeit, Tektonik und Kunst, Natur und Technik, Freiheit und Zwang. Damit beseitigen WRIGHT in Amerika und A. LOOS in Wien als *die* polemischen Gegner des Jugendstils die letzten Relikte historischer Stile.

Die Idee des organhaften Bauens wird von HUGO HÄRING (1892–1958) in Europa als *Neues Bauen* propagiert.

Abseits der aktuellen Strömungen arbeitet der Spanier ANTONIO GAUDÍ (1852–1926) unbeirrt an seiner unorthodoxen Weiterführung der Gotik, die aber nichts mehr mit der sonst noch üblichen Stilnachahmung zu tun hat. GAUDÍS Architektur, die man zwischen *Historismus und Jugendstil* einzuordnen sucht, die aber in vielem weit darüber hinausgeht, darf in ihrer totalen plastischen Durchformung der Bauvolumen als ein erster deutlicher Bezugspunkt für jene Architektur gelten, die wir hier betrachten wollen. Sie ist gekennzeichnet durch eine freispielende Grundrißgestaltung, ohne rechte Winkel, durch phantastische Fassaden und auch Innenraumgestaltungen, durch den Einsatz natürlicher Materialien und äußerst hohe Ansprüche an die Handwerkskunst. Es gibt kein Schema, keine Wiederholung, alles ist individuell gestaltet, die Wirkung auf den Betrachter ist berechnet. Was man bei GAUDÍ hinter der Fülle seiner Formneuschöpfungen leicht übersieht, ist der zukunftgreifende Aspekt: Keiner seiner Zeitgenossen hat vor 1900 die Architektur hinsichtlich ihrer Funktionen so konsequent durchkonzipiert; man denke z. B. an Müllschlucker oder ähnliche Einrichtungen. Allein von der Bautechnik her konnte GAUDÍ nicht für die Zukunft richtungweisend werden. In diesem Punkt wird sich RUDOLF STEINER anders verhalten und die fortschrittlichsten Baumaterialien in die Gestaltung mit einbeziehen.

Der Begriff des *organischen Bauens,* wie er von F. L. WRIGHT konzipiert wurde, kann als Maxime für alle bedeutenden Schulen und Architekten des 20. Jahrhunderts gelten. Der Begriff »Organische Architektur« selbst ist eine umstrittene Bezeichnung für jene Architekturströmungen, die auf ästhetischen und wahrnehmungstheoretischen Gedanken PLATONS beruhen. Die in der klassischen Architektur entwickelte Proportionslehre setzte die Proportionen des Menschen in Beziehung zu den Proportionen der Bauten. Die praktischen Gestaltungsregeln dazu wurden am Motiv des menschlichen Körpers entwickelt. Sie dienten auch als Grundlage der organischen Architektur in der Moderne.

Die Architekten des *Jugendstils* (E. GALLÉ, A. ENDELL) bezogen sich auf die biologischen Erkenntnisse des 19. Jahrhunderts, orientierten sich am Vitalismus und stützten sich auf die Einfühlungstheorie THEODOR LIPPS (1851–1914).[1] Folgende Erkenntnis setzte sich durch: Wenn der Betrachter das Bauwerk durchschreitet, das gebaute Haus bewohnt oder gar als Bewohner in ihm lebt, wird er von ihm beeinflußt. Die gebaute Form verrät ihr Geheimnis, indem sie sich im Betrachter zurück in Erkenntnisse und Gefühle verwandelt. Die Einfühlungstheorie von THEODOR LIPPS war Ausgangspunkt für die angestrebte Harmonisierung von Landschaft und Bauten, ein Ziel, das neben F. L. WRIGHT auch ERICH MENDELSOHN in Deutschland anstrebte.

ERICH MENDELSOHN (1887–1954) liebte die kurvig geschwungene Bewegung. Er geht stets vom Dynamischen aus, das als betonte Ausdruckssteigerung allem übergeordnet wird. Dieser architektonische *Expressionismus* wird in seinem ersten Bau, dem sogenannten Einsteinturm bei Potsdam, besonders deutlich. Diese Architektur erinnert an eine Plastik. Ihre Formdynamik resultiert aus kurvigen Schwingungen, die alles Harte und Bewegungshemmende vermeiden. Eine Vorwegnahme der Stromlinienform, Ein- und Ausbuchtungen, eingeschnittene Fenster in die monolithische Baumasse lassen sie deutlich an das Goetheanum erinnern. Mitarbeiter MENDELSOHNS wollten ein Feedback von RUDOLF STEINER und luden ihn zur Besichtigung ein und zu Gesprächen über die geistigen Grundlagen einer solchen Architektur.

Als der Maler und Kunstgewerbler PETER BEHRENS (1864 bis 1940), der sich autodidaktisch zum Architekten bildete, zum künstlerischen Beirat der AEG berufen wurde, forderte zum ersten Mal ein großes Industriewerk eine künstlerische Gesamtgestaltung, und zwar sowohl für die Produkte und deren Reklame als auch für die Architektur und die Inneneinrichtung der Büro- und Produktionsstätten.

WALTER GROPIUS, MIES VAN DER ROHE und LE CORBUSIER haben zeitweise im Atelier BEHRENS gearbeitet und wurden die führenden Architekten der jüngeren Generation. GROPIUS wurde nach dem Ersten Weltkrieg nach Weimar berufen, schuf – aus Akademie und Kunstgewerbeschule – das *Bauhaus* als Institution, durch die er erzieherisch wirken konnte. Architektur sollte nicht nur das Bauen sein, sondern der Architekt ist die Instanz, die die gesamte Gestaltung aller Lebensbereiche zu durchdringen und ordnend zusammenzufassen hatte.

Um 1907 entstehen die Architekturskizzen und theoretischen Projekte von ANTONIO SANT' ELIA, der der italienischen Gruppe der *Futuristen* angehört. Die Architekten der »Novembergruppe«, des jungen Bauhauses und die frühen Werke BRUNO TAUTS, H. POELZIGS und ERICH MENDELSOHNS waren dem Expressionismus verpflichtet. In diese Zeit fallen auch die ersten Bauideen der Anthroposophen – sie sind nachhaltig vom expressionistischen Klima jener Zeit bestimmt. In der Geschichte der modernen Architektur setzt sich gegenüber *Jugendstil* und *Expressionismus* Mitte der zwanziger Jahre das kubistisch-horizontale, sachlich-nüchterne Prinzip, *Neue Sachlichkeit,* voll durch.

1914 entsteht in Rußland der *Konstruktivismus* mit der Forderung, auch in der Architektur abstrakte Formen zu verwenden und neue Materialien – jetzt Kunststoffe – zu benutzen. Die

Gestaltlehre des niederländischen *Stijl* fordert ebenfalls assoziationsfreie Elemente (z. B. das Schroederhaus in Utrecht von RIETFELD, 1924). Der *Kubismus* regt LE CORBUSIER zu einer Ästhetik reiner stereometrischer Körper an. Der internationale Stil ist geboren. Seine Entwurfsprinzipien breiteten sich weltweit aus; seine Ergebnisse beherrschen das Bild moderner Städte. Es ist notwendig, das Typische dieses Stils zu benennen, damit das andere einer alternativen Architektur erkannt werden kann.

Der internationale Stil arbeitet mit stereometrischen Grundformen, die asymmetrisch komponiert werden. Die Fenster werden in horizontalen Streifenzonen angeordnet. Man entwickelt eine Vorliebe für typenmäßige Grundriß- und Raumgestaltung; der rechtwinkelige Raster ist ein wesentliches Entwurfsmittel. Eine rationale Funktionsfähigkeit wird angestrebt, serienmäßige Bauelemente bevorzugt, das Ornament fehlt völlig. Ein weißer Oberflächenputz ist die schlichte äußere Haut dieser flachgedeckten Häuser. Dieser Stil verdankt seine Verbreitung allein der Tatsache, daß seine Anhänger als Lehrer der jüngeren Architektur tätig waren und sich die Journalisten und Kritiker einmütig von ihm begeistern ließen.

Parallel zu MORRIS und GREENOUGH, aber unabhängig von deren Ideen, leitet RUDOLF STEINER seine Gestaltungsprinzipien direkt von der organhaften Natur ab. Grundlage seiner Arbeit ist die von JOHANN WOLFGANG VON GOETHE erarbeitete Metamorphosenlehre[2]. Für eine neue Baukunst kommt STEINER zu den folgenden Ergebnissen und Forderungen:

Die Dinge, die man herstellt, sind so zu formen, daß sie ihr Wesen durch die Gestalt selbst aussprechen. Symbolik, Allegorie und Ornament werden verbannt. Das innere Leben im Gegenstand soll durch spürbare Kraftströme zum Ausdruck gebracht werden.

Dies setzt natürlich eine starke Einfühlung, ein Sich-Hineinversetzen in einen Gegenstand voraus. Der Betrachter überträgt auf die Gegenstände Gefühle und Strebungen und genießt im objektiven Selbstgenuß nicht nur die Erscheinung, sondern auch sein eigenes, lusterfülltes Selbst. Das ästhetische Erleben wird dabei als ein rein emotioneller Vorgang aufgefaßt. (Diese Auffassung wird in der phänomenologischen Ästhetik von den Theorien der ästhetischen Perzeption, der Konkretisation und der Wertverwirklichung abgelöst.) Jeder Gegenstand hat eine wahrnehmbare Form. Da Wahrnehmung final auf Bedeutung zielt, werden dem Objekt Qualitäten zugeordnet, die sonst nur lebende Wesen charakterisieren. So macht beispielsweise ein Möbelstück mit seinen Organen bestimmte Gesten. Der Betrachter, der sich in diesen Gegenstand verwandelt, d. h. intuitiv hineinschlüpft, kann sich mit den Gesten identifizieren und sie als Ausdruck von inneren Vorgängen (des Gegenstandes) interpretieren, kann sie spüren und benennen.

Mancher mag über diese Gedanken lächeln, wenn er solche Erlebnisse nicht persönlich kennt und die Wirkung der ihn umgebenden Gegenstände nicht benennen kann. Trotzdem ist sein Unterbewußtsein diesen Wirkkräften unterworfen. Zu dieser Erkenntnis braucht den Skeptiker nicht die Anthroposophie zu führen; denn der Beweis wurde von der Werbepsychologie empiristisch angetreten, und die Verkaufsförderung und das Produktdesign machen sich solche Erkenntnisse schon längst zunutze – oft und vorwiegend gegen die Interessen des Verbrauchers.

Dagegen versucht das anthroposophische »Design« die Gegenstände nicht nur zweckmäßig zu gestalten, sondern auch so, daß sein Zweckerlebnis anschaulich wird.

Was von RUDOLF STEINER organisches Bauen und Gestalten genannt wird, wird *organischer Stil.* Mit dieser Methode soll nun unsere Umwelt so gestaltet werden, daß sie erzieherischer auf das Seelenleben wirken kann – gemeint ist die Erziehung zu »Höherem«. Das künstlerische Tun und die entsprechend gestalteten Gegenstände sollen an die kosmische Herkunft der menschlichen Seele erinnern. Anthroposophische Architektur ist damit der Schutz der menschlichen Seele vor den schädlichen irdischen Umwelteinflüssen.

Beispielsweise soll eine Schule von einem Künstler bzw. Architekten so ausgestaltet werden, daß die einzelnen Formen im Einklang stehen mit dem, worauf die Aufmerksamkeit etwa beim Einmaleinslernen fallen soll.

Wenn STEINER 1908 davon spricht, daß noch keine Form für Bahnhöfe existiere, deren äußerer Ausdruck jenem Erlebnis entspräche, welches ankommende und abfahrende Lokomotiven auszulösen in der Lage seien, dann trifft das für seine Zeit noch zu. Inzwischen gibt es nicht nur Bahnhöfe, sondern auch gigantische Flughäfen für ein Massenpublikum, die durchaus in der Lage sind, dem Benutzer neben ihrer pragmatischen Funktion die entsprechenden Anmutungsqualitäten zu vermitteln. STEINERS Verständnis des Künstlerischen und der geistigen Hintergründe läßt sich durch seine Worte als Antwort auf Angriffe von Skeptikern gut vorstellen:

»Alle Zeiten, die für das Künstlerische wirklich ursprünglich schöpferisch waren, standen von der menschlichen Seele aus in einer ganz bestimmten Beziehung eben zur geistigen Welt. Und aus dieser geist-gestimmten Beziehung zur geistigen Welt ist das Künstlerische hervorgegangen. Und niemals eigentlich wird aus etwas anderem als aus der Beziehung der Menschen zur geistigen Welt das Künstlerische hervorgehen können ...«

»Es gibt heute unzählige Menschen, die nehmen es einem übel, wenn man bei einem Haus, das zum Bewohnen da sein soll, nur irgend etwas, was man für zweckmäßig hält, aufopfert irgendeinem Prinzip des Schönen, des Künstlerischen. Man hört heute sogar oftmals die Redensart: künstlerisch bauen, das kommt zu teuer. So wurde nicht immer gedacht. Und so konnte vor allem in denjenigen Zeiten nicht gedacht werden, in denen die Menschen in ihrer Seele eine Beziehung zur geistigen Welt empfanden.«

Warum kommt ein Architekt an anthroposophischen Überlegungen nicht vorbei?

Ein Architekt konzipiert Räume für Menschen: die menschlichen Bedürfnisse müssen ihn interessieren. Bedürfnisse sind abhängig vom jeweiligen Bewußtsein des Menschen und von seinem Selbstverständnis. Der Architekt – sofern er nicht direkter Handlanger von scharf kalkulierenden Wohnraumproduzenten sein will – muß sich für die echten Bedürfnisse des Menschen offenhalten. Ihn muß das menschliche Wohnen interessieren, das nicht zum Hausen werden darf, sondern zum kultivierten Leben mit »Stil« werden soll. Sein kreatives Denken zielt auf Steigerung der »Wohnqualität« und auf Schaffen einer »Atmosphäre«.

Auf der Suche nach Formen der lebendigen Ruhe und intimer Behaglichkeit dringt er tief ins Wesen des Menschen ein, seine Heimat zu ergründen. Das rückblickende »Woherkommst-Du?« und das vorwärtsschauende »Wohin-gehst-Du?« wird im architektonischen Denken durch das gegenwärtige »Wer-bist-Du?« ergänzt, auf das der gestaltete Raum eine Antwort geben muß.

Kein Wunder, daß sich die großen Architekten unseres Jahrhunderts auf die Theosophie beziehen und östlichen Religionsphilosophien nahestehen. Bei der *De-Stijl-Bewegung* läßt sich die theosophische Grundlage konkret anhand von Selbstzeugnissen gut belegen; das *Bauhaus* als das für die spätere internationale Architektur ausschlaggebende Institut hatte sogar ein eigenes Ritual, in das man erst eingeweiht werden mußte. Der Breslauer Stadtbaurat soll das Bauhaus eine Alchimistenküche genannt haben. Zum Bauhaus-Zeremoniell gehörte eine bestimmte Kleidung und der obligatorische Glatzkopf. Man versuchte dadurch das Bedürfnis nach einem Sektierertum zu kanalisieren, denn am Weimarer Bauhaus waren die persisch-amerikanische Geheimlehre Mazdaznan, der Neu-Buddhismus, Neu-Platonismus, die Theosophie und Anthroposophie sehr verbreitet. RUDOLF STEINERS Arbeitsergebnisse sind nicht nur stilistische Erfindungen, d. h. formale Zeichen als adäquater Ausdruck einer bestimmten Geisteshaltung, sondern die Ideen der Anthroposophie haben unmittelbar mit den Grundfragen der Architektur zu tun.

Architektur ist die gestaltete Umwelt als Lebensraum des Menschen; sie ist neben der Kleidung eine weitere Außenhaut, durch die sich der Mensch gegenüber dem nicht zu ihm Gehörigen abgrenzt. So wie nun die Kleidung ohne Bezug zum Menschen unsinnig ist, so wird auch die Architektur ohne direkten Bezug zu den Grundbedürfnissen des Menschen absurd. Unmenschliche Architektur ist deshalb widersinnig, auch wenn sie tatsächlich existiert. Der Begriff »humane« oder »menschengemäße Architektur« will als Parole gegen eine inhumane Architektur verstanden werden. Denn es gibt eine nachweisbar inhumane Architektur. Sie ist Objekt zahlreicher neuerer Untersuchungen.

Es handelt sich dabei durchaus nicht um Wohnungen mit ungenügenden sanitären Einrichtungen oder ähnlichem. Im Gegenteil, die Wohnbedingungen sind sogar recht gut, wenn wir an die Zentralheizung, den eigenen Balkon oder das obligatorische Bad denken. Trotzdem steht inzwischen fest, daß diese Wohnungen krank machen. Gemeint sind vor allem die Wohnhochhäuser, die aber nur den Gipfel einer individuumverachtenden Entwicklung darstellen. Das Ergebnis der Wohnforschungen: Es gibt eine Korrelation zwischen Kriminalität und Art des Wohngebäudes. Dabei ist die Kriminalität nur das eine

Ergebnis einer Störung der Beziehung zwischen der Seele und dem Ich – mit Richtung nach außen. Verläuft das Resultat der Störung nach innen, können Depressionen, Alkoholismus etc. die Folge sein.

Die Menschenfeindlichkeit dieser Gebäude besteht einfach darin, daß sie nicht an den Bedürfnissen der Bewohner orientiert sind. Oft müssen sie nach einigen Jahren wieder abgerissen werden, weil der Vandalismus der dort untergebrachten Menschen einfach keine andere Wahl läßt. Das Problem geht alle an: Die Wohnform beeinflußt die Form des sozialen Verhaltens in unvermutet hohem Maße! Und das hat Folgen für die Gesellschaft insgesamt.

Wie konnte es aber dazu kommen, daß Wohnungen für Menschen gebaut, aber nicht an ihren Bedürfnissen orientiert werden? Sicher ist in der Hauptsache daran unsere materialistische Lebenseinstellung schuld, ein vordergründiges Nützlichkeitsdenken und unser spätkapitalistisches System, dessen Mechanismen auch im Bereich des sozialen Wohnungsbaues wirksam werden.

Ist die anthroposophische Architektur zu teuer?

Jeder stellt sich die Frage nach der Art des Wohnens. Mieten oder bauen, schlüsselfertiger Bau, in Eigenleistung erstellter Wohnraum oder individuell gestaltete Architektur? Selten ist es eine freie Entscheidung; denn wir leben in einem bestimmten Wirtschaftssystem und unsere persönlichen finanziellen Grenzen sind kalkulierbar. Die Antwort wird von der Kostenseite her diktiert. Wohnen ist nur noch für den ein individuelles Problem, der sich diesen Luxus leisten kann. Vor allem in den städtischen Ballungsräumen scheint es gegenwärtig nicht mehr möglich, Wohnungen für den späteren Benutzer persönlich zu planen. Bei der großen Nachfrage an Wohnungen wird der Wohnraum »auf Verdacht« produziert. Der Planer kennt den späteren Käufer oder Mieter überhaupt nicht. Will er sinnvoll planen, kann er sich an einem »statistischen Benutzerverhalten« orientieren. Konkrete Handreichungen geben dafür die Wohnforschungsergebnisse. Dieses Vorgehen schließt von vornherein individuelle Wohnwünsche aus. Ist es aber nicht ein Verdrängen der wahren Hintergründe, wenn man behauptet, wir könnten uns finanziell nicht leisten, unsere Umwelt menschenwürdig zu gestalten? Wären nicht gegenwärtig rein materiell beste Voraussetzungen? Wir wissen doch alle, daß weltweit gigantische Summen in die Rüstung fließen, Summen, mit denen man auch in der Lage wäre, das Welthungerproblem sofort zu lösen. Ist in einer solchen Zeit menschenwürdiges Bauen noch eine Utopie? Wie teuer kommen uns die sozialen Folgen eines solchen Denkens? Was kostet den Steuerzahler ein zum »Fall« gewordener Bewohner? (ca. 40000 Mark). Muß nicht angesichts solcher Tatsachen das Vertrauen in die Richtigkeit demokratischer Entscheidungsprozesse schwinden?

Daß anthroposophische Architektur in ihrer gegenwärtigen Form und in unserer Zeit tatsächlich eine Kostenfrage ist, kommt dann in der Antwort zum Ausdruck, wenn man vor Ort fragt, warum zum Teil genormte Fenster- oder Türenelemente verwendet wurden, die vom Formenkanon abweichen: »Wir müssen halt auch an die Kosten denken.« Andererseits können der Einfallsreichtum und die kostendämpfende Arbeitsweise anthroposophischer Architekten durch geschickte Einsparungen im Entwurfs- und Planungsstadium nicht unterschätzt werden. Ich habe Waldorfschulen gesehen, die ein so extrem günstiges Verhältnis von Kubatur zu Baukosten aufweisen, von dem der offizielle Standardschulhausbau nur träumen kann!

Wie sieht anthroposophische Architektur aus?

Der unvoreingenommene Betrachter sieht, daß sich die Gebäude in »eigentümlicher« Weise von anderen Häusern unterscheiden. Das geht manchmal so weit, daß man sich auf einen anderen Planeten entführt fühlt. Das Eigenartige dieses Kunstreiches will analysierend beschrieben werden:

- Durch eine meist symmetrische Anlage wirkt das ganze Haus organisch-wesenhaft, lebendig-individuell wie ein dräuendes, fremdartiges Wohntier oder eine Wohnpflanze.
- Besonders auffallend ist die plastische Durchformung des Gesamtgebäudes und seiner Details.
- Die Architektur wirkt wie aus Plastilin hingeknetet, plastisch aus einem Stück massiv geformt.
- Eine Vielzahl in unterschiedlichen, vorwiegend stumpfen Winkeln gegeneinander geneigter Ebenen verleiht dem Ge-

bäude seinen eigentümlichen Reiz des angenehm Wohnlichen.

- Die erkennbaren fließenden Linien suggerieren die Belebung der Materie.
- Durch die plastisch-voluminöse Gestaltung empfindet der Betrachter trotz der angesprochenen Belebung das harmonische In-sich-Ruhen des Bauwerkes insgesamt sowie auch seiner einzelnen Räume. Man ist geneigt, von einem belebten In-sich-Ruhen zu sprechen oder gar von einer dynamischen Statik.
- Wand als plastisch geformte Raumbegrenzung, die ihrerseits die Bewegung des Raumes bestimmt.
- Dach als schützende Kappe, schildkrötenpanzerartig oder pilzhaubenförmig geformt oder gar als gefaltete Landschaft gestaltet.
- Es gibt keine klaren Verweise nach oben, unten oder in eine bestimmte Richtung, sondern in diesen – wie organisch gewachsenen – Gebäuden gibt es nur die Verklammerung einer spannungsreichen Harmonie, die man ständig spürt.
- Maueröffnungen wie Fenster und Türen wirken durch extreme Betonung der Rahmung, Sturzgesimse und Fensterbänke wie Ausstülpungen, Wülste, Aufwerfungen.
- Durch die Abschrägung der Laibungen und Gesimsprofile entsteht der Eindruck, als seien Fenster und Türen nicht als Loch in die Wände hineingeschnitten, sondern als wären sie von innen herausgeschoben worden.
- Tragende Teile – wie Wände und Säulen – und Lastendes – also Decken und Querbalken – sind entweder ineinander verschliffen, so daß sie formal zur Einheit werden, oder eine Schräge in der Ecksituation vermittelt zwischen vertikaler Wandscheibe (Mauer) und horizontaler Deckenplatte.
- Räume werden gerne durch ein Gewölbe aus Holz nach oben abgeschlossen.
- Für Schul- und Wohnhaus ungewöhnlich kommen runde bzw. mehrfach gebrochene Formen im Grundriß vor, der rechte Winkel wird bewußt vermieden. Die Grundriß- und Fassadengestaltung bauen nicht auf einem Raster auf.
- Das Gebäude ist meist in bezug zur Landschaft gestaltet, so daß zum Beispiel in der natürlichen Landschaft zu erkennende Profillinien aufgenommen und in der Silhouette des Bauwerkes wieder nachgebildet werden.

- Die Räume sind so gestaltet, daß man darin das Gefühl hat, richtig durchatmen zu können. Ist es möglich, daß diese Architektur die Kraft hat, den Atemrhythmus zu verändern? Das Licht spielt eine entscheidende Rolle. Das direkt einfallende Licht wird durch die wohlüberlegte Anordnung der Räume optimal genutzt, nicht im Sinn einer größtmöglichen Helligkeit – die oft in den Augen schmerzt –, sondern Maßstab scheint die eigentliche Funktion des Raumes zu sein.
- Farbiges Glas läßt nur das Sonnenlicht eines bestimmten Spektrums einfallen. Diese Idee wird in der anthroposophischen Architektur in den transparenten Lichtwänden verwirklicht. Diese monochromen Glaswände können zu sprechenden Bildern werden, wenn sie – wie im Goetheanum – mit figürlichen Darstellungen reliefartig beschliffen sind.
- Daß Wände nicht weiß oder grau sein müssen, wie beispielsweise in unseren staatlichen Schulen, sondern auch mal orange, rot oder gar blau eingefärbt sein können, sehen wir gut an einigen Waldorfschulen. Die dort innen verwendeten Pflanzenfarben sind kräftiger als die uns vertrauten Pastelltöne. Die Klassenräume der unteren Stufen sind im warmen, gefühlsbetonten Orange gehalten. Eine jeweils andere Farbstufe führt von den unteren Klassen bis zu den höheren Stufen, die im kühlen, geistbetonten Blau gestrichen sind.
- Die Innenwände selbst sind unter dem Anstrich mit einem Korkbelag versehen, der störenden Schall schluckt und gleichzeitig erlaubt, überall etwas an die Wand zu heften.
- Die Decken sind aus Holz, der Fußboden besteht aus Parkett aus strapazierfähigem Stirnholz.
- Möbel sind aus Naturholz und entsprechen genauso wie die Beleuchtungskörper mit ihren abgeschrägten Ecken dem anthroposophischen Formenkanon.
- Unifarbige Vorhänge im jeweiligen Ton des Raumes runden den wohnlichen Charakter dieses Schulraumes ab.

Konkret und ursprünglich manifestiert sich anthroposophische Architektur zuerst im Plan des ersten Goetheanums. Diesem Bau, der – infolge einer Brandstiftung – zur Jahreswende 1922/23 abbrannte, liegt ein interessanter und faszinierender Baugedanke zugrunde. In ihm wurde ein enormer handwerklicher und künstlerischer Einsatz investiert, viele persönliche Opfer aufgebracht. Doch dieser Bau wäre ein exotisches Unikum geblieben, das die offizielle Geschichte der Architektur gerne auch aus dem zweiten Goetheanum gemacht hätte. Es hätte sich auch – ganz das Werk RUDOLF STEINERS und durch ihn in seinen sämtlichen Funktionen festgelegt – nicht verändern dürfen. Ein totes Museum? Es wäre wahrscheinlich ohne Folgen geblieben. Man kann von Glück sagen, daß nach der Zerstörung die Kraft gefunden wurde, ein neues, größeres Projekt in Angriff zu nehmen. Das zweite Goetheanum sollte keine Wiederholung, sondern eine an den ursprünglichen Bau erinnernde Hülle werden, so groß, daß sie tatsächlich den ersten Bau umschließen könnte.

Daß RUDOLF STEINER außer durch den Bau des plastischen Modells, gewissermaßen der Außenhaut, kaum mehr am Baugeschehen beteiligt gewesen war, darf aus heutiger Sicht nicht als Nachteil angesehen werden. Die fehlende minutiöse funktionale Festlegung erlaubt große Flexibilität bis zum heutigen Tag.

Ist es sinnvoll, von einer »anthroposophischen Architektur« zu sprechen? Ich neige dazu, den Begriff »anthroposophisch initiierte Architektur« zu verwenden. Das will einerseits darauf verweisen, daß es nicht zweckdienlich ist, ausschließlich einen vorgegebenen Formenkanon zu reproduzieren, der zudem in einem anderen zeitlichen Zusammenhang entstanden ist. Es gilt, das Prinzipielle zu erkennen und vom Zeitbezogenen zu trennen.

Andererseits gibt es gegenwärtig neben der »offiziellen« anthroposophischen Architektur noch eine Menge brauchbarer architektonischer Versuche in eine bestimmte Richtung, ohne daß bei Architekten oder Bewohnern eine eindeutig nachweisbare Verbindung zur Anthroposophie an sich besteht. Die dort angestrebten und auch verwirklichten menschengemäßen Formen des Wohnens berechtigen uns, sie »anthroposophische Architektur im weiteren Sinn« zu nennen. Diese Wohnformen sind nicht nur dem Sinn nach anthroposophisch – man darf den Urhebern anthroposophische Überlegungen unterstellen –, sondern sie leben in ihrer realen Verwirklichung auch aus den genannten organischen Bauformen. Sie sind erkennbar am Verzicht auf rektanguläre Rastergrundrisse und am Einsatz natürlicher Materialien. Sie orientieren sich an biologischen Erkenntnissen und streben eine Harmonisierung von Landschaft und Architektur an.

Dadurch, daß diese Architektur im biologischen, psychologischen und sozialen Sinn an den menschlichen Bedürfnissen der Bewohner orientiert ist, produziert sie – im Gegensatz zu monotonen Bauformen – keine Aggressivität und Kriminalität, keine Depressionen und Süchte, sondern sie ist durchaus in der Lage, die freie Entfaltung des Menschen in sozialer Verantwortung zu unterstützen. Diese Bauformen zeichnen sich durch hohe Wohn- und Benutzerqualität bei sparsamem Einsatz der Mittel aus. Dadurch ist diese Architektur menschengemäß, zeitgemäß und für die Zukunft richtungweisend! Es geht längst nicht mehr um »Schöner Wohnen« für reiche Leute, sondern um menschenwürdiges Wohnen für den Normalverbraucher.

Diese Bauwerke zeichnen sich durch Einbeziehen der zukünftigen Mieter oder Eigentümer in den Planungsprozeß aus. Sie beziehen die Probleme der modernen verstädternden Industriegesellschaft mit ein und suchen ihre Lösungen nicht im Villenbau, sondern in einem »verdichteten«, maximal viergeschossigen Stadthaus, das von der Gestaltung viele Anreize für Auge und Gefühl gibt, und gleichzeitig die verschiedensten Funktionen zu erfüllen in der Lage ist.

Neben Amerika laufen solche erfolgreichen Versuche vor allem in Holland, zunehmend auch in Österreich und zögernd in der Bundesrepublik Deutschland. Es muß erlaubt sein, jenes organische Bauen mit anthroposophisch verstandener Architektur in Verbindung zu bringen. Wollte man nur Bauwerke akzeptieren von Architekten, die sich nachweisbar bewußt mit dem Gedankengut RUDOLF STEINERS auseinandersetzen, so fänden wir gerade bei den Bauhaus-Architekten genügend Beispiele dafür, daß die gleichen Ideen zu ganz anderen Formen führen können. Die von RUDOLF STEINER als dem modernen Menschen gemäß empfundenen Bauformen finden von anderen ebenfalls empfindsamen Menschen und Architekten gefundenen Formen ihre Bestätigung. Warum sich unter jenen neuen Baukünstlern immer häufiger Frauen finden, ist ein Aspekt, über den es noch nachzudenken gilt.

Der Bauherr, beispielsweise der Waldorfschulverein, trägt seine Vorstellungen über die verschiedenen Funktionen des gesamten Baues – Schule, Werkstätten, Kindergarten, Freizeitschule und Theater – zusammen. Ein entsprechendes Grundstück wird beschafft, der Kostenrahmen für das Bauprojekt gesteckt.

Nach dieser Vorabklärung wird der anthroposophische Architekt beauftragt, mit einigen Skizzen die Struktur des Gesamtkomplexes festzulegen. Eine Diskussion aller Kollegen entscheidet über Anzahl, Art und Größe der Unterrichtsräume. Diese Entscheidung ist Grundlage für genauere neue Pläne und Skizzen, jedoch nicht für Detailskizzen der Einzelsituation. Die – hinsichtlich ihrer Einordnung in uns gewohnte Raumraster – komplizierten Situationen übersteigen das normale Raumvorstellungsvermögen. Zeichnungen tragen nicht mehr zur Klärung bei. Ein Modell ist notwendiges Kommunikationsmittel.

Durch Maßstabverschiebung tritt zusätzlich ein anderes ästhetisches Phänomen auf: Hier wirkt sich das Verhältnis von Formqualität zu Formquantität aus. Nicht jede gelungene Form läßt sich beliebig vergrößern. Das Problem tritt bei einfachen Körpern wie Kubus, Kugel, Kegel und Zylinder nicht in Erscheinung, weil die Einzelkörperformen – auch bei ihrer Addition – dem Betrachter bekannt und vertraut sind. Darf sich der Betrachter bei normaler Architektur darauf verlassen, daß er alle drei Achsen des Koordinatensystems am Bau senkrecht aufeinanderstehend vorfinden kann, so fühlt er sich gegenüber anthroposophischer Architektur oft irritiert; er befindet sich hier auf unsicherem Terrain. Gerade deshalb ist enorm viel Fingerspitzengefühl erforderlich, solche Räume zu konzipieren. Planen und Bauen werden wieder zur Kunst.

Dieses Betonen des schöpferisch-imaginativen Bereiches läßt sich am Studienplan der *Alanus-Hochschule,* einem anthroposophischen Institut, das eine Architekturausbildung anbietet (in Alfter bei Bonn), ablesen. In der Fachrichtung Architektur wird der zukünftige Architekt im künstlerischen Bereich – neben Materialerfahrung und Formschulung – auch mit Raumerfahrung und Leibeserfahrung konfrontiert, außerdem mit Eurythmie und künstlerischem Üben. In sechs Studienjahren wird der Architekt dort in sechs übergeordneten Bereichen ausgebildet, auf seine soziale Aufgabe vorbereitet. Um den Entwurfsbereich gruppieren sich der technisch-wissenschaftliche Bereich, der wissenschaftlich-rechtliche Bereich, der ausführend-praktische Bereich und der geisteswissenschaftliche Bereich mit seinen Bezugswissenschaften Kunstgeschichte, Baugeschichte, Anthropologie und Anthroposophie.

Das erste Studienjahr steht unter dem Motiv »Von Leibes- und Materialerfahrung zur Wahrnehmung der Lebensprozesse«. Die Studenten eines Jahrgangs durchlaufen neben ihrem Fachstudium gemeinsame Basiskurse, deren Ziel eine künstlerische Allgemeinbildung ist.

Ein Unterschied zur konventionellen Architektenarbeit und Bauüberwachung scheint dadurch gegeben, daß vom Entwurf bis zur endgültigen Bauausführung vieles bewußt offen bleibt, nicht durch Detailskizzen festgelegt ist. Das bedeutet aber auch, daß der Architekt bei der definitiven Festlegung, z. B. einer komplizierten Dachschräge, persönlich zugegen sein muß. Die Entscheidung über Formen und Farben, die eine bestimmte Gesamtwirkung unterstützen sollen, wird intuitiv vor Ort gefällt. Das erlaubt eine kreative Offenheit bis hinein in die letzten Bauphasen. Der Grundgedanke eines solchen Gebäudes hat dann noch Zeit zum Reifen.

Die anthroposophische Architektur verlangt ein handwerklich sauberes Arbeiten und schreibt teilweise gewisse Arbeitsverfahren vor, die vom konventionell Denkenden gerne belächelt werden. Zu solchen Verfahren gehört zum Beispiel das mit rhythmischen Kreisbewegungen auszuführende Bemalen der Wände mit speziellen Bürsten aus Roßhaar.

Die Formen mögen fremd sein – doch niemand lehnt sie prinzipiell ab. Sie sind angenehm, weil sie das Gefühl ansprechen, d. h., die gerundeten, weichen und fließenden Formen sind selbst bildnerische Zeichen für Emotionen, während das Strenge, Gerade und Rechtwinklinge bildnerisches Zeichen ist für rationale Klarheit und geordnetes Denken. In einer Welt der verdrängten Gefühle muß eine emotionsgeladene Architektur auf Widerstand stoßen. Weil sie an unser Unterbewußtsein appelliert, ist sie möglicherweise gar gefährlich. Soll man sich als Baubehörde mit solchen organischen Bauformen einlassen, wo man ja nicht weiß, wo das noch hinwuchert? Bei der Rasterbauweise weiß man, woran man ist, alle Ecken weisen rechte Winkel auf, Norm triumphiert, »stapelbar« und »pflegeleicht« sind gewünschte Adjektive.

Die Verwirklichung anthroposophischer Architektur bringt nicht nur entwurfstechnische Probleme mit sich. So sperrt sich die Behörde oft gegen Holzdecken in den Schulen; erst jahrelanges zähes Ringen führt zu entsprechenden Genehmigungen. Oder: Kurz vor der Bauabnahme muß noch auf behördliche Anordnung eine Tür als Brandschutzmaßnahme zwischen Flur und Treppenhaus eingefügt werden. Dadurch wird eine gut durchkomponierte harmonische Übergangssituation brutal zerschnitten. Eine dem anthroposophischen Formenkanon entsprechende Glastür ist – als zweitschlechteste Lösung – oft auch mangels adäquater Handwerker nicht mehr möglich.

Ist die anthroposophische Architektur auf dem Vormarsch?

Die späten siebziger Jahre deuteten es an, die achtziger Jahre werden es zeigen: Die glatte, sterile Betonarchitektur wird abgelöst durch weichere, wohnliche Formen. Harte Ecken an Balkonvorsprüngen werden abgeschrägt, der 135-Grad-Winkel wird zusehends beliebter. Da er auf der diagonalen Teilung des Quadrats aufbaut, ist er rastertechnisch der bestmöglich konstruierbare stumpfe Winkel – gewissermaßen ein Kompromiß aus strenger Rationalität und freier Emotionalität.

Daß man solche Kompromisse eingeht, darf als endgültiger Hinweis für das Überwinden der *Neuen Sachlichkeit* in der Architektur gedeutet werden, zugunsten einer *Neuen Wohnlichkeit.* Diese sanfte Rebellion gegen die geradlinigen, rechtwinkeligen strengen Formen entspricht therapeutischer Notwendigkeit: Wo ein Neugestalten nicht möglich ist, werden gegenwärtige schlechte, menschenverachtende städtebauliche Situationen durch architektonische Attribute entschärft; oder durch aufgemalte Scheinarchitekturen wird wenigstens das visuelle Erscheinungsbild krankmachender Betonfassaden kosmetisch verändert. Hier böte sich das Einsetzen eines geeigneten Gestaltungsrepertoires an. Aber unterliegt nicht auch die anthroposophische Formensprache dem optischen Verschleiß, besonders dann, wenn die Kommunikationsmedien irgendwann verstärkt darauf reagieren werden? Ist sie morgen modern, um übermorgen in Vergessenheit zu geraten?

Wir wissen es nicht; es soll auch nicht unser Problem sein. Vielmehr steht eine Überprüfung des kulturellen und sozialen Erziehungswertes einer solchen Architektur immer noch an. Das Wagnis RUDOLF STEINERS ist noch nicht zu Ende geführt, es gibt noch zu wenig Versuche in diese Richtung, die durch praktisches Erleben und Erwohnen überprüft werden könnten.

Wie ist es möglich, daß eine einzige Idee Grundlage zweier gegensätzlicher Gestaltungsweisen werden kann? Die gegenwärtig dominierende Richtung arbeitet mit geometrischen Grundformen, strebt Standardisierung und intensive Rationalisierung, Typisierung und Normung an. Sie versteht unter Bauen betont das Prinzip des Ordnens; ihre Intention ist das organische, nämlich das nach Funktionen sinnvolle Strukturieren von Räumen.

Geometrie und Rechtwinkligkeit sind als Mittel des ordnenden Geistes Ausdruck eines rationalen Planens. Diese geometrischen Grundformen sind abgeleitete Gesetzmäßigkeiten, Abstraktionen. Wir dürfen annehmen, daß die eigentlichen Urformen und Archetypen nicht geometrisch sind, sondern der organhaften Formenwelt entsprechen. Berechtigterweise kann also der Wunsch entstehen, daß auch diese Urformen als Zeichen für das vielfältige, sich ständig wandelnde Leben auch bei der Gestaltung des Wohnbereiches eingesetzt werden. Das wird dann mit einer organischen, also mit den organischen Formen der der Natur analogen Gestaltung versucht. Diese »runden« und »bewegten« Formen sind Ausdruck des umkreisenden, dynamischen Suchens und Findens. Und diese Alternative stellt einen wesentlichen Unterschied zu der geometrischen Auffassung im Wesen des architektonischen Gestaltens dar. Diese Gegenbewegung benutzt emotional stärker ansprechende Formen und kann das schöpferische Korrektiv zur glatten, nüchternen und oft monotonen Architektur sein.

So wird das Dornacher Goetheanum heute »eine der großartigsten architekturplastischen Erfindungen, die das 20. Jahrhundert aufzuweisen hat ...« genannt. Ein typisches Vorgehen RUDOLF STEINERS bereits im Entwurfsstadium ist das Anfertigen eines Modells. Andere Architekten neigen eher dazu, Grundrisse und Aufrisse zu konzipieren oder beeindruckende Ansichten anzufertigen, während Modelle nur zum besseren Verständnis des Laien angefertigt werden.

Erst in jüngerer Zeit ist das plastische Entwickeln einer Vorstellung in Plastilin zu einer Grundübung der Architekturstudenten geworden, findet das Überprüfen bestimmter Raumsituationen anhand mehrerer plastischer Arbeitsmodelle wieder verstärkt Eingang in die konzeptionelle Entwurfsarbeit progressiver Architekturbüros. Dieses architekturplastische ganzheitliche Vorgehen künstlerisch-schöpferischer Gestaltung bringt andere Ergebnisse als das auf die Ratio reduzierte, abstrakte Konstruieren.

Die umwelttherapeutische Notwendigkeit eines alternativen Vorgehens ist erkannt. Möglichkeiten nonverbaler Erziehungsfaktoren sind angesprochen. Braucht es zur Rechtfertigung einer tatsächlichen Realisierung eine überbaute Begründung? Ein praktikables Modell zum Verständnis ursächlicher Zusammenhänge bietet die Anthroposophie an.

Hedwig Greiner-Vogel

Anthroposophie und Kunst

Wenn Anthroposophie als »Weisheit vom Menschen« Wege ergründet, um das Menschenwesen als Ganzheit in seine irdische und kosmische Umwelt hineinzustellen, sowohl in Erkenntnis wie in Lebenspraxis, so wird folgerichtig dem Bereich künstlerischen Schaffens für das gesamte Kulturleben eine zentrale Bedeutung zuerkannt werden müssen. Die Gegenwartssituation scheint dazu in Widerspruch zu stehen. Kunstleistung und Kunstgenießen gehen neben dem alltäglichen Leben her und werden zum Anlaß sozial-politischer Diskussion, zum Protest gegen das »Herkömmliche«, zum Zerstörungswillen gegenüber erstarrten Formen. Zugleich erscheint alles Künstlerische mehr oder weniger als Lebensluxus. Damit könnte die zivilisierte Menschheit in ein bedrohliches Philisterium geraten, »wenn nicht aus noch unerschlossenen Quellen heraus wirklich neues Künstlerisches geschaffen wird«[1]. Einer »Kultur- und Zivilisationsmißstimmung« entgegenzuwirken mit einem originären, aus neuen Quellen gespeisten Kunstimpuls, wird in geistigen Bemühungen und praktischen Einrichtungen pädagogischer, therapeutischer und unmittelbar künstlerischer Aktivitäten zu einem wichtigen Lebens- und Strebensmotiv der anthroposophischen Bewegung.

Dieser Impuls geht mit Folgerichtigkeit aus dem Lebensgang des Schöpfers der Anthroposophie, RUDOLF STEINER, hervor. Er ist zugleich als Ausdruck einer geistesgeschichtlichen Wende zu betrachten, die sich im Übergang vom 19. zum 20. Jahrhundert auf allen Gebieten des wissenschaftlichen und künstlerischen Lebens bei hervorragenden Repräsentanten der Epoche vollzogen hat. Die Frage stellt sich nach einer Erneuerung und zugleich Vereinigung von Wissenschaft, Kunst und Religion, die in dem Zeitalter einer Überschätzung naturwissenschaftlich-industrieller Errungenschaften immer mehr getrennte Wege gegangen waren. Als im Jahre 1913 RUDOLF STEINER den Grundstein legte zu dem Bau des später einem Brand zum Opfer gefallenen und dann in metamorphosierter Form wieder errichteten *Goetheanums* in Dornach, war damit eine Evolution großen Ausmaßes eingeleitet aufgrund umfassender geisteswissenschaftlicher Erkenntnisse. Das Ziel war die Begründung einer Freien Hochschule, die Kunst und Wissenschaft in Forschung, in Unterricht, in künstlerischer Praxis einheitlich durchdringen sollte. Dieser Bau war gedacht als Ausdruck eines völlig neuen Stilwillens in allen bildenden Künsten, in Architektur, Plastik, Malerei, um als »Haus des Wortes« eine adäquate Stätte zu bieten für die Aufführungen der von RUDOLF STEINER geschaffenen vier Mysteriendramen auf einer zeitgemäß ausgestatteten, großen Bühne – so daß dem neuen Impuls der dichterisch-musikalisch-eurythmischen Künste der ihnen gemäße Rahmen gegeben werden konnte.

Rudolf Steiner und Goethe

Der Name dieser Freien Hochschule für Geisteswissenschaft, als Zentrum der *Allgemeinen Anthroposophischen Gesellschaft, Goetheanum,* bringt zum Ausdruck, welche Wege in Erkenntnis und Kunstschaffen einzuschlagen sind, um an jene neuen Quellen geistigen Schöpfertums heranzukommen, welche den Menschen als Mikrokosmos in einen makrokosmischen geistigen Weltzusammenhang hineinstellen.

RUDOLF STEINER ging von GOETHES Weltanschauung aus. Er fand in GOETHE nicht nur die Ansätze einer naturwissenschaftlichen Methode, welche zur Erkenntnis der Lebensphänomene in »anschauender Urteilskraft« aufzusteigen vermochte, sondern er erkannte zugleich die Verwandtschaft des schöpferischen Menschen zur schaffenden Natur. RUDOLF STEINER sah bei GOETHE Naturerkenntnis und Kunstschaffen aus der gleichen Quelle fließen. In seiner Schrift *Goethe als Vater einer neuen Ästhetik* entwickelte er schon in den achtziger Jahren des vorigen Jahrhunderts eine Kunstanschauung, welche in der Ausgestaltung der anthroposophischen Geisteswissenschaft mit Notwendigkeit zum Beschreiten ganz neuer Wege auf allen Kunstgebieten führt. So sind es »Wege zu einem neuen Baustil«, die beim Bau des *Goetheanums* beschritten worden sind. Der gleiche Stilwille mußte konsequenterweise auch in Sprache und Bewegung, in Musik und Dichtung zur Geltung kommen. Denn nach der GOETHischen Kunstauffassung, »der Stil ruhe auf den Grundfesten der Erkenntnis«, erweist sich das Menschenbild der Anthroposophie in seiner Kraft, ein stilbildendes Element in aller Kunstübung zu entfalten. GOETHE hat in diesem Sinne Erkenntnisgrundlagen für künstlerisches Schaffen gelegt. Er sieht den Menschen auf den »Gipfel der Natur gestellt«, als »höchstes Produkt der sich immer steigernden Natur«, der seine Wesenserfüllung darin findet, daß er im Kunstwerk das Naturgeheimnis zu offenbaren vermag und damit zur Vollendung des Weltprozesses aufgerufen ist.[2]

Faust und die neuen Mysterien

Wie führen solche fundamentalen Einsichten konkret in den Schaffensbereich des Künstlers? Dadurch, daß Geisteswege in der Erkenntnis tiefere Schichten des Bewußtseins bzw. höhere Erkenntnisarten und höhere Wahrnehmungsbereiche erschließen. Die Wissenschaft vom Übersinnlichen versichert den Menschen seiner geistigen Existenz und ruft nach künstlerischer Offenbarung auch jener Welten, die der bloßen Sinnesbeobachtung unzugänglich sind. Die Anschauung vom übersinnlichen Ursprung des Künstlerischen führt durch sich selber zur Absage an jeglichen Naturalismus.

Ist nicht schon GOETHES »Faust« in diesem Sinne der repräsentative Geistsucher unserer Epoche, welcher alle Welten befragt nach dem Rätsel des Menschseins und dabei, besonders im zweiten Teil der Dichtung, durch die Werdestufen des Kosmos geführt wird, um sich vereinigen zu können mit jener Schöngestalt, »der Gestalt aller Gestalten«, die sich als das Ideal griechischer Kunst in Helena offenbart? GOETHE mußte über die Kunstmittel der gewöhnlichen Dramaturgie hinausgehen zu jener organischen Form des Mysteriendramas, das die Grenzen des normalen Handlungsablaufs sprengt. Aber er hielt sich noch in seinen Imaginationen an die mythologischen Bilder der griechischen Mysterien. So knüpfte er z. B. an die Eleusinien an, wenn er – in dem Dialog mit der Manto – Faust den orphischen Gang zu Persephone beschreiten läßt, oder wenn er die Gestaltenfülle der griechischen Sagenwelt in der »Klassischen Walpurgisnacht« auf die Szene bringt, »hellenischer Sage Legion«.

Die Geisteswissenschaft des 20. Jahrhunderts kann keine Anleihen machen bei alten Überlieferungen. Die Mysterien der Antike brachten eine künstlerische Kultur hervor bis in die soliden handwerklichen Traditionen. Sie wirkten weiter, bis sie in dem immer mehr vorherrschenden Rationalismus verdämmern und vertrocknen mußten. Neue Mysterien rechnen mit der Bewußtseinsstufe der Gegenwart. Sie begründen Erkenntnis, welche zum Sprachkunstwerk des neuen Mysteriendramas überleitet. Der moderne Erkenntnissucher findet »die Pforte der Einweihung«. Er sieht die Schicksalsrätsel sich lösen und die tragischen Konflikte sich entwirren durch die Einsicht in die Idee der Reinkarnation. So wird die geistige Führung des Menschen und der Menschheit ein dramatisches Mysteriengeschehen, das sich in der Tetralogie der Mysteriendramen RUDOLF STEINERS zu symphonischer Kraft steigert und den Zuschauer teilnehmen läßt an der Wandlung und Entwicklung der Entelechie durch die geschichtlichen Werdestufen der Kulturepochen.

Die Notwendigkeit eines Neubeginns in der künstlerischen Kultur, welche in umfassender Weise Menschenseele und Schicksal in den Weltprozeß integriert, wurde von RICHARD WAGNER mit den ihm zur Verfügung stehenden musikalisch-dichterischen Mitteln ergriffen. Seine Idee des Gesamtkunstwerkes realisierte sich im Musikdrama, durch welches er eine Neubelebung der dramatischen Kunst versuchte. Er überwand den Naturalismus, indem er alle Ebenen des Erlebens, die durch die Bilder des Mythos schon in das Übersinnliche hineinragen, in das Element der Musik tauchte. Er erreichte eine Entstofflichung, ja eine Entrückung, die sich jedoch nicht voll zur Wortgestalt ausprägte. Dadurch konnte noch nicht die freie schöpferische Vereinigung der sinnlich-übersinnlichen Sphären vom modernen Bewußtsein verwirklicht werden.

Die vier Mysteriendramen RUDOLF STEINERS sind die Erstlinge einer neuen Kunstströmung im Sinne der Erneuerung der Mysterien, die eine geistig orientierte Kunst aus sich hervorbringen. Die griechische Tragödie war eine Frucht der alten Mysterien. Sie trat ans Tageslicht einer mehr verstandesmäßigen Kultur, in welcher sich dann auch das Wissenschaftsleben verselbständigte. RUDOLF STEINERS Mysteriendramen, welche in den Jahren 1910 bis 1913 in München zur Uraufführung gelangten, wurden dann zum ersten Anlaß des anthroposophischen Bauimpulses, der auch neue Wege in Plastik und farbiger Gestaltung eröffnete.

Entstehung der Eurythmie aus der Mysteriendramatik

Es ist kein Zufall, daß im Zusammenhang mit der Bühnenkunst, die eine unnaturalistische Behandlung der Sprache in Rezitation und Deklamation erforderte, eine ganze neue, bisher nicht geübte Kunst sich entfaltete, die zum erstenmal das Element der Sprache zur Bewegungskunst erhob: die *Eurythmie*. Sie nimmt die schöpferische Kraft des Wortes, der Dichtung, für den ganzen Menschen in Anspruch, um in die Bewegung von Armen und Händen, in Schritten und Raumgestaltung das überzuführen, was sonst nur als Bewegungsvorgänge der Sprachorganisation im Sprechen zum Ausdruck kommt. Die Schöpfung der Eurythmie als eines völlig eigenständigen neuen Kunstzweiges im Reigen der Künste rechtfertigt sich darin, daß in der anthroposophischen Menschenerkenntnis der Logos-Gedanke bis in die Einzelheiten der Sprachfähigkeit ernst genommen werden kann. Der Mensch – das wortgeborene Wesen – offenbart sprechend den Geistgehalt der Welt.

»Mensch, rede,
und du offenbarst
durch dich
das Weltenwerden.«[3]

Das bedeutet, daß die Gesamtanlage der menschlichen Organisation auf die *Sprache* hintendiert. So kann der Mensch als Raumgestalt und Bewegungswesen Sprache werden. Der Laut als Konsonant und als Vokal wird ergriffen von Atmungs- und Pulskräften, wird expressive, rhythmisch bewegte Gebärde, die künstlerisch Wesenheiten und Geschehnisse geistiger Art phantasievoll sichtbar machen kann. Eurythmie ist sichtbare Sprache, sichtbarer Gesang. Nicht Pantomime oder Tanz, sondern wesenhaftes Sprechen. Damit kann Seelen- und Geistgehalt des Bühnengeschehens real die Welten zur Erscheinung bringen, die – hinter den äußeren Sinnesvorgängen oder seelischen Ereignissen – verursachend und inspirierend wirken.

Die Mysteriendramen RUDOLF STEINERS zeigen diese Welten

als Seelenkräfte, als Elementarreiche, als Mächte geistiger Art, die luziferische Verführung, schwärmerische Verlockung im Menschenleben erregen, oder die ihn als verneinende, verhärtende, ahrimanische Tendenzen erdverwandt und materialistisch machen wollen.

Eurythmie in den übersinnlichen Szenen der Faust-Dichtung

Aus den Erfahrungen der Mysteriendramen, szenische Vorgänge hinter dem Schleier der Sinneswelt durch die Gebärdensprache der Eurythmie darzustellen, konnte später für eine werkgetreue Gesamtinszenierung des Faust-Dramas der adäquate Stil entwickelt werden. Fausts Entelechie wird durch den »Prolog im Himmel« mit den Engelchören, mit dem Dialog von Mephisto und Gottvater in kosmische Dimensionen eingegliedert. Die faustische Weltenwanderung führt dann im ersten Teil, etwa in der »Romantischen Walpurgisnacht«, in Daseinsbereiche unterschwelliger, dämonischer Art, wo sich ungeläutertes Seelensein außer dem Leibe gespenstisch gebärdet. Das steigert sich zu Beginn des zweiten Teiles, wenn in der Ariel-Szene wohltätige Elfen in den nächtlichen Vigilien, den »vier Pausen nächtiger Weile«, heilbringend den schuldhaft zerstörten, aus den Fugen geratenen Lebensorganismus harmonisieren.

»Fühl es vor, du wirst gesunden,
traue neuem Tagesblick.«

So etwas wird nicht nur abstrakt deklamiert, sondern gestaltet sich zu tätiger Wesenswirkung künstlerischer Bewegung der eurythmisch schwebenden Sprachgebärde.

»Die ihr dies Haupt umschwebt in luftigem Kreise ...«

Es gipfelt in der lebendigen, eurythmischen Erscheinung des Regenbogens:

»Am farbigen Abglanz haben wir das Leben.«

Ein der Faustdichtung gemäßer Stilwille, der dieses Drama immer gegenwartsnäher werden läßt, je hoffnungsloser die Dramaturgie heutiger Theater-Experimente an dieser Weltdichtung scheitert, vermag weiterhin in Szenen wie der »Klassischen Walpurgisnacht« die Werdewelten GOETHEscher Imaginationen der unbefangenen Phantasie ausdrucksvoll in Gebärde und Kostüm nahezubringen. Wenn sich dann im Helena-Akt die griechischen Chöre fast bis zum Melodramatischen steigern, läßt sich jene von GOETHE beabsichtigte »Unio mystica« Fausts mit dem Geist der griechischen Kultur beschwören durch die echte, aber modern erlebte Choreographie eurythmischer Bühnenbewegung, die keine Anleihen zu machen braucht bei abgelebten antiken Vorbildern. Ebenso gibt es für die Szenen bei Fausts Tod und Himmelfahrt eine reiche Skala von eurythmischen Gestaltungen für jene Wesen, die als dämonisches und leibzerstörendes Element sich im Todesgeschehen zum Ausdruck bringen. So die Erscheinung der »Sorge« oder der das Grab schaufelnden »Lemuren«:

»Aus Sehnen, Bändern und Gebein
geflickte Halbnaturen ...«

Weiterhin der Kampf der Teufel und Engel um Fausts Unsterbliches und das stufenweise Entfalten der unzerstörbaren Entelechie in einer Welt geistigen Wachsens und Werdens, realer Auferstehungssphären:

»Steigt hinan zu höhern Sphären,
Wachset immer unvermerkt ...«

So öffnet sich in der monumentalen Faust-Dichtung immer wieder ein übersinnlich-geistiger Bereich, die im irdischen Raum verlaufenden Vorgänge des Dramas urbildlich ergänzend und erleuchtend. Dieses Kunstwerk fordert die einem Mysteriendrama angemessenen Gestaltungsmittel, welche konsequent aus den Bewegungskräften und Gebärden dichterischer Sprachgestaltung hervorgezaubert werden. GOETHE dachte sich für eine bühnenwirksame Realisierung die Unterstützung durch Musik und Tanzkunst in Szenen, die vom Wort her nicht voll auszuschöpfen sind. Zu seiner Zeit reichten jedoch die Kunstmittel dazu noch nicht aus, »das ständig wechselnde Ineinanderwirken von sinnlichem und übersinnlichem Geschehen im Faust künstlerisch zu bewältigen ... Es zeigte sich, daß Eurythmie im Schauspiel das Element ist, um vor dem künstlerisch schauend gewordenen Augensinn das GOETHEsche ›Gesamtkunstwerk‹ zu verwirklichen. Der Kunst des Goetheanums ist seit 1938 nach jahrelanger Arbeit die wahre Uraufführung des vollständigen Faust gelungen ...«[4]

Man darf mit Fug und Recht von dem Bühnenkunstwerk ausgehen, um die Maßstäbe zu gewinnen für die von unserer Gegenwart gestellte Aufgabe der Mysterien-Erneuerung. Zu allen Zeiten ist die Mysterienstätte das ausstrahlende Zentrum für das kulturelle und auch soziale Leben der Völker gewesen. Ursprünglich war die Quelle dieser Impulse das Einweihungsprinzip, die Initiation. Diese setzt eine umfassende Schulung aller im Menschen veranlagten Kräfte und Fähigkeiten voraus. Sie weckt die genialen Kräfte der Phantasie. Sie macht die menschliche Organisation geschickt, erfinderisch, lebenstüchtig. Sollte es nicht an der Zeit sein, in der modernen Vereinigung von Wissenschaften und Künsten neue Quellen der Genialität zu erschließen? So wird dem Prinzip der Schulung, der Menschenbildung noch ein ganz anderer Wert beigelegt als derjenige banaler Nützlichkeit. Die Voraussetzung ist das der heutigen Zeit innewohnende Bedürfnis nach *Bewußtseinserweiterung*. Diese wird gerade durch eine Einsicht in das Wesen der Künste realisiert. Denn was ist im Grunde die tiefste Antriebskraft künstlerischen Schaffens? Ein ahnendes Gefühl einer höheren, die Grenzen des irdischen Lebens sprengenden, im Geistkosmos verankerten Existenz. Für eine materialistische Weltanschauung, die das Dasein zwischen Geburt und Tod beschränkt auffassen will, kann künstlerische Betätigung, kann das Kunstwerk nur philiströsen Lebensluxus bedeuten. Aber ohne es deutlich zu wissen, trägt der Mensch einen Kräfteüberschuß auf dem Grund der Seele, durch welchen er sich in einen über das Erdendasein hinausgehenden Zeitenstrom eingegliedert erlebt. Er ahnt sich in einem Reich der Dauer. Vergangenheit ist als Quelle tiefster Erinnerungskräfte schöpferisch in ihm wirksam. Die Existenz vor der Geburt ist sein geistiges Erbe. Zukunft kündet sich prophetisch – über den Tod hinausweichend – an mit einem Überschuß von noch nicht voll realisierbaren Willensantrieben. Dieses doppelt Übersinnliche, welches in das Sinnensein des Erdenlebens hineinragt, macht den Menschen zum Künstler, sowohl im Schaffen als Genießen. Aber diese Erkenntnis muß der bewußten Einsicht wieder zugänglich gemacht werden. Ein Wissen läßt sich erwerben von den geistigen Einstrahlungskräften, die irdische Stofflichkeit leibbildend zum Gefäß der übersinnlich erfaßbaren Ichheit aufbauen. Sie sind es, die formend, bildend, in Gestaltung und Umgestaltung den Künstlersinn befruchten, um in den bildenden Künsten etwas in den Raum zu stellen, was in Architektur, Plastik und Malerei stufenweise seine vorgeburtliche Existenz – durch sachgemäße Kunstmittel – dem äußeren Wahrnehmen sichtbar macht. Andere Qualitäten seelischen Überflusses eilen dem irdischen Dasein voraus. Sie lassen das Seelenwesen im Feuer eines unvergänglichen Enthusiasmus die beflügelten, schwer faßbaren Kunstmittel der Musik und Dichtung zu lüfteleichtem Erklingen bringen. Schnell folgt Silbe auf Silbe, Wort auf Wort, Ton auf Ton im unaufhaltsamen Zeitenstrom.

NIETZSCHE kannte diese doppelte Quelle allen Künstlertums. Er schildert sie in seinem berühmten Werk *Die Geburt der Tragödie aus dem Geiste der Musik*. Die griechischen Gottheiten »tiefsinniger Kunstmysterien«, Apollo und Dionysos, nennt er als die Impulsatoren dessen, was im Raume sich zur Bildgestalt verdichtet (Apollo) und dessen, was im Zeitenstrom unaufhaltsam tanzend, überschwenglich, todessüchtig in der Musik erklingt (Dionysos). Beides – meint NIETZSCHE – vereinigt sich zum Gesamtkunstwerk der Tragödie. Und mahnend erhebt er seine Stimme, diese Göttermächte des Apollinischen und Dionysischen wieder wirksam werden zu lassen, um den in der Hochflut des Materialismus bedrohten und gefährdeten Künstlersinn zu retten und zu bewahren. Nicht umsonst werden in den Kunstmitteln der Eurythmie diese göttlichen Kräfte formbildender Sprache und seelenhaft strömender Wortelemente als »apollinische« und »dionysische« Form- und Lautgestaltungen angewendet.

Es sind also in diesem Sinne deutlich zu unterscheiden – in der Wertigkeit ihrer Aussagekraft und in den jeweiligen Kunstmitteln – die *Raumes- und Zeitenkünste*. Sie arbeiten mit Kräften, welche die Polarität von Geburt und Tod an der Schwelle des Erdenlebens bezeichnen. Sie vergewissern den schöpferischen Menschen seiner ewigen Existenz. Sie geben seiner Erdenlaufbahn den überhöhenden Glanz und die tiefere Lebenserfüllung, dies jedoch nicht statisch aufgefaßt, sondern im höchsten Grade dynamisch. Nicht nur, daß in jeder Kunst auch die Elemente anderer Künste mitbeteiligt sind und alle Sinne angesprochen werden, sondern es hat auch jede Kunst ihr eigenes Gebiet des Stoffes und der Form, ihr Handwerkszeug und ihre Kunstmittel.

Die Aufgabe der anthroposophischen Ästhetik und der pädagogisch-künstlerischen Kunstpraxis ist es, sich der im Menschenwesen begründeten Geistigkeit der Kunstmittel bewußt zu werden. Das wird in vieler Hinsicht verhindert durch unfruchtbares Experimentieren, geistverleugnende Intellektualität, unmotivierte Nützlichkeitsgebundenheit und sachfremde Verspieltheit der Phantasie. Dagegen wird eine harmonisierende, menschen- und umweltfreundliche Wirkung Wahrheit und Schönheit entfalten und soziale Lebensformen auszubilden vermögen. Wie oft ist in diesem Jahrhundert gesprochen worden vom »Verlust der Mitte«. Aber diese Mitte ist es gerade, welche als Schaffenssphäre des Künstlers zu gelten hat. Die menschliche Organisation selber schafft sich im Sinne einer lebendigen Menschenkunde[5] aus dieser Mitte die Quelle ihrer lebenslangen Erneuerung. Diese Mitte ist die Sphäre des *Rhythmus*. Atmung und Zirkulation wirken harmonisierend zusammen. Sie schaffen den Ausgleich zwischen dem innerlich pulsierenden Herzen und dem in Ein- und Ausatmung mit der Umwelt kommunizierenden Lungenorgan. Was seelisch auf dieser »rhythmischen Organisation« wie auf einem Instrument spielt, ist die weitgespannte Skala des Gefühlslebens. In sie hinein formt von oben her wachbewußt die Kraft der Sinnesempfindung und Gedankenbildung. Aus den Lebenstiefen der unbewußten Aufbau- und Bewegungskräfte strömt nach oben – wie träumend – das Element schaffender Willensimpulse. Im rhythmischen Ineinanderwirken von Hauptes- und Gliedmaßenkräften gliedert sich das Menschenwesen ein in den Werdestrom des Daseins.

Die schöpferische Mitte wird zu einer Schwelle, in welcher sich das Wesen der Zeit überkreuzt, in welcher Seelisches, aus der Vergangenheit herübergetragen, zum Bilde sich formen will, das wie in Erinnerung festgehalten wird und wo die noch unausgelebten zukünftigen Lebensimpulse, wie vorausgeahnt, das Wesen der Phantasie befruchten. Bewußtseinserweiterung vollzieht sich konkret, wenn diese schöpferische Mitte ergriffen wird, indem die räumlich gegenwärtige Situation sich ausdehnt in den unendlichen Werdeprozeß eines Zeitenstromes. Der Mensch als ewige Individualität ist eingegliedert in den Zeitorganismus. Im Erlebnis der Mitte ist der Mensch Künstler. Der

Ursprung des Künstlerischen liegt im Übersinnlichen. Er wird in der menschlichen Mitte dem Gefühl bewußt. Wie ein unbestimmtes Rumoren kann das empfunden werden, was sich als »schöpferischer Überschuß« geltend macht. Halbbewußt wird das Erlebnis der Künste durch diesen Zeitorganismus in Gesetzmäßigkeit geordnet. Der Reigen aller Künste läßt sich wesenhaft am Aufbau der Menschennatur selber ablesen. Der Gesamtmensch in seiner Evolution steht ausgebreitet im Zeitenstrom vor uns. In jedem Augenblick ist der Mensch ein Ausdruck der Weltvergangenheit, die er als unbewußten Gedächtnisschatz in sich trägt. Faust beschreitet den »Gang zu den Müttern«, um Helena, der Kunstgestalt der Schönheit, zu begegnen:

»Was einmal war in allem Glanz und Schein,
es regt sich dort, denn es will ewig sein ...«

Aber auch der Keim der Zukunft regt sich, der ahnungsvoll in der Willensnatur veranlagt ist:

»Das Künftige voraus lebendig.«

Das ist GOETHEsche Kunstgesinnung für jene andere prophetische Seite des Schaffensprozesses.

Der Gesamtorganismus der Künste

Wie lassen sich die Kunstgattungen von der Zeitperspektive her überschauen? Der Mensch trägt ja im Leben zwischen Geburt und Tod auch Spuren an sich, die über diese Existenz hinausweisen. Würde er sich nur in seinem irdischen Dasein beschränkt erleben, so wäre kein Anlaß zu künstlerischem Schaffen gegeben. Die Kunst könnte sich nur mehr oder weniger naturalistisch gebärden: »Der Naturalismus wird für den Besserempfindenden sich eben empfindungswidrig erweisen müssen«[6]. Das ist nicht eine Sache von glauben und beweisen, sondern des realen Erlebens, welches sich in dieser Richtung schulen will. Die doppelte Erlebnissphäre öffnet sich nach den Polaritäten von Vergangenheit und Zukunft, um sich im Herzgebiet der Mitte als Quelle des Kunstimpulses zu begegnen. Was wird aus dem Strom der Vergangenheit? Die sogenannten bildenden Künste, Architektur, Plastik. Was weist den Menschen in die Zukunft? Die Sphäre der sprechenden und musikalischen Künste. Die anthroposophische Erkenntnis der Doppelnatur des Übersinnlichen als »Ungeborenheit« und »Unsterblichkeit« erweckt in jedem Menschen ein sachgemäßes Empfinden für Architektur und Plastik einerseits, für Musik und Dichtung andererseits. Dieses Empfinden läßt sich schulen, um die in unserer Zeit so häufige Unsicherheit des Kunsturteils, den Dilettantismus im Schaffen und Genießen zu überwinden. Das Eingeständnis der Inkompetenz würde heißen, nicht zu rechnen mit der vorirdischen Existenz der Seele, kein Interesse zu entwickeln für zukünftiges Dasein.

Architektur und Plastik

So wird man verwiesen auf »ganz bestimmt nuancierte Seelenzustände« gegenüber dem Architektonischen und Plastischen. Die bildenden Künste in Form und räumlicher Erscheinung sind etwas Äußerliches. Die Seelenstimmung aber läßt sich annähernd vergleichen mit dem Gefühl von Erinnerungserlebnissen. Woran erinnert man sich bei Architektur und Plastik? Es lebt etwas auf von vorirdischen Kräften, die kosmisch in dem Baugedanken des Menschenleibes wirksam waren; die den Leibestempel gestalteten in geistig-dynamischen Gesetzen der Aufrichtekraft, des Gleichgewichtes von Tragen und Lasten, in der Kuppelbildung des Hauptes, im Stützen und Streben, in komplizierten Vorgängen der Statik, der Raumesrichtungen und Strahlungen. Diese ganze Raumorientierung der Architektur ist Bildgestalt, die Stille und Schweigsamkeit atmet, die auch im Betrachter innerlich als ein Erfühlen der eigenen Leiblichkeit nacherlebt wird. Wie ein Urphänomen des architektonischen Leibeserlebens offenbart der griechische Tempel diese Gesetzmäßigkeit im rhythmischen Säulen-Schritt, im bilderfüllten Giebeldreieck, in den atmenden Folgen der Metopen und Triglyphen. Und im romanischen und gotischen Baugedanken sind diese Kräfte gemäß der Bewußtseinswandlung des Christentums verinnerlicht wirksam. Sollte nicht der moderne Zeitgeist nach den neuen Möglichkeiten der Technik in souveräner Schöpferkraft sich zu menschengemäßen architektonischen Kunstleistungen durchringen, indem die Einförmigkeit, die seelenverödende Primitivität des Rastersystems umgewandelt wird zu freien Gestaltungen? Sollte nicht aus dem Sinn und Inhalt des Bauwerks sich ein organisch wachsender Formwille entwickeln? Schönheit würde sprechen aus dem Wesen des Bauwerks, welches sich künstlerisch in seinen Formen zum Ausdruck seiner Funktion erhebt, ob nun in der architektonischen Gestaltung einer Bahnhofshalle, eines Theaterbaus oder einer Schule.

Das erste *Goetheanum* als Doppelkuppelbau materialgerecht aus den plastischen Möglichkeiten des Holzes konzipiert; die kristalline Wucht des Betons, den Linien der Hügelzüge in der Landschaft organisch antwortend, das zweite *Goetheanum* – das sind Erstlinge eines modernen Baugedankens, hervorgegangen aus einem geistgemäßen Menschenbild.

Die Plastik als Raumeskunst, zurückerinnernd an die leibaufbauenden Kräfte des Kosmos, hat es zu tun mit den bildsamen Gestaltungen der Fläche. Metamorphosen von Quellungen und Rundungen im Konvexen und Konkaven, wie sie die Bildekräfte des Leibes ausformen, sie offenbaren ihre Verwandtschaft mit dem lebendigen Werden des Pflanzenwachstums in Gestaltung und Umgestaltung. Ihre bildende Kraft erscheint in der Technik der doppelt gebogenen Fläche, in welche der Bildhauer seinen Gestaltungswillen einprägt. Pflanzenhaft rieselnde Bewegung hat der griechische Bildhauer, der ja nicht nach Modell arbeitete, aus innerem Leibesfühlen, aus »ätherischem Fühlwissen« seinen Statuen verliehen. Der moderne Künstler sucht aus spiritueller Erkenntnis den zeitgemäßen Stil. Das Menschenbild kann den widerstreitenden Formkräften der Verknöcherung oder der Auflösung abgerungen werden. Es kann zum »Menschheitsrepräsentanten« werden. So nannte RUDOLF STEINER die Mittelgestalt der Skulptur-Gruppe, die als zentrales Kunstwerk in dem Kuppelraum des ersten *Goetheanums* aufgestellt werden sollte. Der Künstler wollte in dieser Gestalt – bis in die plastische Behandlung des Gewandes, bis in die weisende Gebärde – ein Menschenurbild zum Ausdruck bringen, welches heilende und harmonisierende Kräftewirksamkeit gegen die formzerstörenden Krankheitstendenzen zur Geltung kommen läßt.

Auch für die Malerei gehen zukunftstragende Impulse von GOETHES Weltanschauung aus. Was GOETHE für die Farbenlehre geleistet hat, ist nicht nur von physikalisch-optischem Interesse, sondern hochbedeutsam für die Beurteilung des Malerischen. Diese Kunstsphäre hat noch den Schein des Räumlichen in der Zweidimensionalität, wird aber durch sich selbst zum Bild, zum farbigen Seelengemälde unräumlicher Imaginationen. Das Kunstmittel der Malerei, die Farbe, offenbart in der sinnlichen Gegenwart rein seelische Qualitäten. Das nannte GOETHE »die sinnlich-sittliche Wirkung der Farbe«.

Die Farben als »Taten und Leiden des Lichtes« können zur unmittelbar gegenwärtigen Offenbarung des schaffenden Geistes in Natur und Seele werden. Das Phänomen der seelischen Farbwirkungen rhythmisiert die Fläche in einem eigenartigen Atmungsprozeß, der anstelle der räumlichen Tiefenwirkung eine farbige Perspektive hervorruft. Aktive Farben des Spektrums scheinen dem Betrachter aus dem Bild entgegenzuleuchten. Passive Blautöne vermögen das Empfinden in eine imaginative Raumestiefe zu ziehen.

»Farbe ist an den Gegenständen fixierter Empfindungsgehalt.«[7] Der mit dem lichtverwandten Auge wahrnehmbare Empfindungsgehalt des Regenbogens vermittelt eine Ahnung von freischwebender Farbigkeit, gleichsam als Brücke zwischen der Welt des Sinnlichen und des Geistigen. In der Gestalt des Faust ist die Quintessenz strebenden Daseins zum Ausdruck gebracht, wenn der zu neuem Leben Erwachte im Regenbogen das Urgleichnis menschlicher Existenz erschaut:

»Allein wie herrlich, diesem Sturm ersprießend,
wölbt sich des bunten Bogens Wechseldauer ...
Der spiegelt ab das menschliche Bestreben.
Ihm sinne nach, und du begreifst genauer:
Am farbigen Abglanz haben wir das Leben.«

Die moderne Malerei sucht nach Wegen, »aus der Farbe heraus« zur fließenden Imagination zu gelangen, aber ohne in die Starrheit der Kontur zu gefrieren. »Form sei der Farbe Werk«[8], auch in einer Technik, die in den geschliffenen, farbigen Glasfenstern am *Goetheanum* in der Zwiesprache mit dem wechselnden Tageslicht geistige Vorgänge sichtbar macht. Technik und Phantasie lassen sich geistig befruchten: »Der Künstler muß wissen, wie das aussieht, was nicht in die sinnliche Beobachtung fällt.«[9]

Das Farberlebnis ist außerordentlich wirksam auch für das Unbewußte. Es kann seelenlähmend und verödend wirken, wenn es in den Nuancen von Schwarz und Grau die Welt wie im Nebel verhüllt erscheinen läßt, oder wenn Disharmonie greller Farbwirkungen Sinn und Seele chaotisieren. Aufgabe jeder künstlerischen, besonders aber der malerischen Betätigung ist deshalb: Harmonie und Seelengleichgewicht in der Pädagogik zu entfalten. Therapeutische und heilpädagogische Maßnahmen ergeben sich aus solchen Einsichten.

Musik und Dichtkunst

Den musikalisch-dichterischen Offenbarungen der Kunst kommt jene Sphäre zu, die nun ganz aus dem Sinnlich-Gegenständlichen hinausführt: die so verwandte Welt der Töne und der Wortgestaltung. Bei den sprechend-musikalischen Künsten spielt das Element der Zeit eine ganz besondere Rolle. Denn nichts kann im Raume festgehalten und zum äußeren Bilde geformt werden. Die Gestaltung geht in den rhythmischen Fluß des unaufhaltsam der Zukunft entgegeneilenden Zeitenstromes über. Dichtung ist durch ihre Kunstmittel an sich, selbst wenn sie Vergangenes episch erzählend mitteilt, Prophetie. Der Dichter war in alten Kulturen immer der Zukünftiges schauende Seher.

Dieser Aspekt des Seelenlebens ist der Willensnatur verwandt. Schicksalsumwandelnde Kräfte ergreifen die Prosa-Sprache, bringen sie in rhythmische Bewegung, lassen Laute, Silben, Worte in Reimgestaltungen ertönen, verwandeln die Bilder in Musik. Das Atmen in der Atmosphäre des Umkreises, das Element der Expiration führt die Seele über die Leibesgrenzen hinaus. Der Mensch gerät »außer sich«. »Es lebt das dichterisch Gestaltete mehr in der umgebenden Atmosphäre; man möchte aus sich herausstürmen, um die Worte des Dichters außer sich eigentlich richtig zu erleben ... In der Gestaltung des dichterischen Materials ist es so, als ob einem die Worte, wenn man sie in Jamben oder Trochäen gestaltet, wenn man sie in Reime bringt, davonlaufen würden und man nachlaufen müßte. Sie bevölkern die Atmosphäre, die einen umgibt.« Und in der Musik »... hat man das Gefühl, daß man in ein unbestimmtes, überall hin sich ausbreitendes Element hineinschwimmen muß und bei diesem Schwimmen sich selbst auflöst ...« So kann man etwa bei der Musik sprechen von einem »Meer von Tönen«.[10]

Diese scheinbar so immateriellen Künste lassen die Seele nicht in Ruhe zu stiller Betrachtung. Sie eilen vorwärts in die unendlichen Fernen der Zeit. GOETHE charakterisiert das musikalische Erleben: »Die Würde der Kunst erscheint in der Musik am höchsten. Da ist kein Stoff, der abzuziehen wäre. Sie ist ganz Form und Gehalt.« Auch bei der Dichtung weisen Kunstmaterial und Motiv in seelisch-geistige Bereiche hinaus. Ihre Technik entstammt einer geistigen Welt, die sich in der menschlichen Organisation eine Grundlage schafft. Es ist die Lebenssphäre der pulsierenden und atmenden Rhythmuswelt der Mitte. Damit kommt der künstlerischen Pflege des Musikalisch-Sprachlichen eine hohe Bedeutung zu. Man muß auf ihre Ursprünge in alten Mysterienkulturen zurückschauen, um sich eine Vorstellung zu bilden von dem alles durchdringenden Ferment der Poesie.

Wie kann die Sprache, der heutigen Zeit gemäß, Ausdruck der geistentstammten, und nach Geistigem zielenden Natur des Menschen werden? Sie muß hinter ihren Prosagedanken zurückgreifen in die Welt des schaffenden Wortes, welches sich in der rhythmusgetragenen menschlichen Mitte offenbart. »Im Anfang war das Wort.« Sprachkunst und Dichtung ergreifen dieses schaffende Wort, weltgestaltend:

»Das Wort wallt durch die Welt
und die Weltenbildung
hält das Wort fest.«[11]

Wir stehen vor der Frage, uns über die künstlerische Wirkung und über die Kulturaufgabe der Dichtung Klarheit zu verschaffen. Es sind genug Anzeichen einer Abwertung der großen Literaturwerke im allgemeinen Bewußtsein zu beobachten. Jedoch die Versuche, aus dem Geist der Zeit heraus Dichterisches in das Wort zu prägen, führen vielfach zum Verstummen oder zu unartikulierter Äußerung von Triebregungen.

Das innere Verhältnis zur Dichtung muß von Grund auf geprüft und neu entwickelt werden. Der Weg zum Geiste ist ein Weg der Übung und der Prüfung. Die Skala innerer Erlebnisse erweitert sich, wenn Leid und Freude, wenn die ganze Seelenwelt an die Abgründe des Seins heranbrandet, wenn die Zweifel und Bedrückungen, wenn die Segnungen und Erfüllungen reale geistige Erfahrungen berühren. Das Ernstnehmen geistiger Welten und Wesen führt in Epos, Lyrik und Dramen zur Darstellung geistiger Realitäten, die innere Erschütterungen auslösen können, im Sinne der aristotelischen Deutung des Dramas, das durch Furcht und Mitleid Katharsis bewirkt. Das bedeutet auch inhaltlich die Akzentverschiebung dessen, was im dichterischen Wort sich offenbart: »Von der Schilderung des Initiationsweges werden ausgehen die Inspirationen und Intuitionen für das musikalische und dichterische Schaffen ... Das dichterische Schaffen hat ja bis zu einem gewissen Grade ausgeklungen. Die göttlichen Träume, die bei den echten Dichtern verkörpert sind, gehörten noch den letzten Resten der alten Göttererbschaft an. Aber eine Zeit muß kommen, wo aus der Einsicht in die Initiation heraus die Menschen im Drama oder in der Epik oder in der Lyrik sprechen werden von solchen inneren Lebensvorgängen, die der Mensch erlebt, wenn er nicht mit sich allein lebt, sondern wenn er mit den Göttern der höheren Hierarchien zusammenlebt ...«[12]

Es wäre an dieser Stelle hinzuweisen auf poetische Produktionen namhafter Dichter dieses Jahrhunderts, welche auf Wegen geisteswissenschaftlicher Erneuerung der Wortkunst Zeugnis ablegen dafür, daß höheres Erkenntnisleben im Zusammenhang mit dem Göttlichen echte Kunst hervorzubringen vermag. Wir nennen unter vielen das lyrische Werk CHRISTIAN MORGENSTERNS, im besonderen den kurz vor seinem Tode erschienenen Gedichtband *Wir fanden einen Pfad*. Ebenso gehört hierher das umfangreiche Werk des Schweizer Dichters ALBERT STEFFEN, dessen Lyrikbände und Dramen von der Fruchtbarkeit eines dem Geiste dienenden Schaffens künden. Sein Mut, das szenische Geschehen im Sinne neuer Mysteriendramatik in geistige Ebenen hinaufzuprojizieren, um dadurch in die Tragik der irdischen Schicksale klärendes Licht zu werfen, führt zu höchst individuellen dramaturgischen Lösungen. Es sei hingewiesen auf die Dramen *Hieram und Salomo, Das Todeserlebnis des Manes, Barrabas, Märtyrer, Pestalozzi*.

Diese neue Bewegungskunst entstammt, wie erwähnt, aus Quellen, von denen die Menschheit bisher noch wenig Gebrauch gemacht hat. In neuer Art wird die menschliche Bewegungsgestalt Instrument des Kunstschaffens. Damit aber wird der Mensch selber zum Ausdrucksorgan aller Künste. Schon die doppelte Charakterisierung als »sichtbare Sprache und Gesang« oder »bewegte Plastik« zeigt die Möglichkeit der eurythmischen Bewegung, viele Kunstelemente am Instrument der menschlichen Gestalt erscheinen zu lassen. Im Sinne der goetheschen Morphologie wird das Formgeschehen der Lautsprache im Kehlkopf und seinen Nachbarorganen auf die Bewegungen des ganzen Körpers übertragen.

Die gesetzmäßigen Grundelemente einer vielfältigen Gebärdensprache sind die Laute des Alphabetes, die als Vokale und Konsonanten Seelenäußerung und Weltgeschehen in jeder Wortgestalt miteinander verbinden. Was im Vokalismus aus dem Innern der Seele ertönt, in Bewunderung als strahlend sich öffnende Gebärde des »A«, als liebevolles Umfassen des »O« in der Rundung der Arme, als sich selbst erkraftende Streckung der »I«-Geste – durchtönt die plastische Welt des Konsonantismus, in welcher sich nachahmend Geschehnisse und Formen der Dinge gestalten lassen: Das Wellige, das Zackige, das Harte, das Verfließende – diese weltgestaltenden Prozesse werden in den Lautbewegungen in die Sichtbarkeit gezaubert.

Zu den Offenbarungen räumlich-plastischer Bewegungssprache gesellt sich das Element des Farbigen, das in Kostüm und Beleuchtung das vielfarbige Leben der Seele sichtbar macht. Dabei spielt ineinander die farbige Gewandung der bewegten Gestalt und der Gebärdenausdruck der Arme, welcher durch die fließende Plastizität des farbigen Schleiers eine reiche Skala der Gefühle erscheinen läßt. Eine farbig bewegte Luftgebärde wird gleichsam zum Tönen und Sprechen gebracht, ähnlich dem Sprachklang der Rezitation, welcher das Wort dem Medium der durchatmeten Luft übergibt.

Was in der Dichtung tönend vibriert – in Rhythmus, in Assonanz und Reimgestaltung –, wird in der Eurythmie neu geschaffen, sei es in einer Einzelgestalt oder in bewegten Gruppen. Die Gesetzmäßigkeiten von Epik, Lyrik, Dramatik werden in das Bühnengeschehen miteinbezogen. Die Grammatik der Sprache, ihre Dynamik und Akzente, die Seelenregungen von Denken, Fühlen und Wollen, schließlich auch die Fülle der musikalischen Elemente und Instrumente bis zur bühnengemäßen Repräsentation einer Symphonie – diese ganze Vielfalt kann durch Eurythmie künstlerisch erscheinen.

Die Goetheanumbühne und andere Künstlergruppen konnten seit Jahren in Gastspielen die eurythmische Kunst in vielen Ländern zum Erlebnis werden lassen. Im Rahmen neuer pädagogischer Bestrebungen der RUDOLF-STEINER-Schulen entfaltet die Eurythmie ihre erzieherische Wirksamkeit. Sie pflegt und fördert den eingeborenen Kunstsinn des heranwachsenden Menschen und bietet dadurch – gleichsam als »beseeltes Turnen« – ein gesundes Gegengewicht gegen die verhärtenden Tendenzen der ausschließlich intellektuellen Erziehung. Die gesundenden Wirkungen dieser Kunst bewähren sich auch in der »Heileurythmie« als wichtiger Beitrag künstlerischer Therapie.

Zusammenfassung

Der Einschlag des Künstlerischen in der Gesamtkultur ist eine notwendige Forderung des Zeitgeistes. Es gilt, die menschengemäßen Daseinsbedingungen neu zu überdenken. Einst verkündete der griechische Philosoph SOKRATES aus dem damaligen Kulturbewußtsein heraus: Tugend ist lehrbar. Wäre nicht eine neue Epoche kreativer Leistung denkbar durch das heute mögliche Ideal, Talente durch Geisterkenntnis zu entwickeln? Denn die Wege, welche die übersinnlichen Ursprungsquellen der Künste in den Bereich der Erfahrung hereinholen, sind dem modernen Bewußtsein bis in die erkenntnistheoretischen Begründungen zugänglich. Es bedarf des mutvollen Entschlusses, eine »Philosophie der Freiheit« zu denken, eine »moralische Phantasie« zu entwickeln, einen sozialen, kulturschaffenden Baugedanken zu realisieren. Der Goetheanumbau als »Haus des Wortes«, das die Anfänge einer neuen Mysteriendramatik zur Darstellung zu bringen hat, kann auf Geisterkenntnis begründete Kunst impulsieren. Nicht Anlehnung an überlebte Vergangenheit, aber lebendige Fortführung der großen Geistesschätze der Menschheit liegt in der Verantwortung derjenigen, die an dem Fortschritt unserer Kultur arbeiten wollen.

In einem Vortrag über »Anthroposophie und Kunst« wird diese Einsicht von RUDOLF STEINER zusammenfassend ausgesprochen:

»Wir müssen in der Kunst das Göttlich-Menschliche wiederum finden ... Anthroposophie will für die bildenden Künste, sie will auf dem Wege der eurythmischen Kunst den Weg ins Geistige finden ... Kunst ist immer eine Tochter des Göttlichen gewesen. Wenn sie den Weg zurück findet – nachdem sie sich einigermaßen entfremdet hat –, daß sie wieder an Kindes Statt angenommen werde von dem Göttlichen, dann wird Kunst wiederum für die ganze Menschheit dasjenige werden können, was sie in der Gesamtzivilisation und in der Gesamtkultur nicht nur sein soll, sondern sein muß ... Aus dem inneren Welterleben ist immer die Kunst hervorgegangen. Wahre Kunst wird zu aller Zeit aus dem inneren Welterleben hervorgehen. Zu ehrlichem, aber geistigem Welterleben möchte Anthroposophie die menschliche Zivilisation und menschliche Kultur führen.«[13]

Georg Blattmann

Aufbruch zu Christus im 20. Jahrhundert

Neues Christus-Verständnis und der Impuls zu einer Bewegung für religiöse Erneuerung

Das tiefste Wesensmerkmal unseres 20. Jahrhunderts ist von religiöser Art. Das wird sich erst so recht erweisen, wenn man aus größerer zeitlicher Entfernung darauf zurückblicken wird. Dann wird man eines Tages sagen: Es war *das Jahrhundert der neuen Christus-Nähe*.

Diese Formulierung mag manchen Leser in Erstaunen setzen. Denn bei oberflächlicher Betrachtung der Gegenwart stehen ganz andere Erscheinungen im Vordergrund in diesem Jahrhundert des technischen Aufbruchs, der Weltkriege und des Völkermords. Immerhin spielen religiöse Motive an vielen Stellen des Weltgeschehens eine ausschlaggebende Rolle; man braucht nur an die permanente Krisensituation im Nahen und Mittleren Osten zu denken oder an die gewaltigen sozialrevolutionären Umschichtungen, die sich in Südamerika anbahnen, wobei offensichtlich nicht nur wirtschaftlich-materielle Probleme die Auslöser sind. Auch die Block-Kämpfe zwischen kommunistischen und kapitalistischen Weltmachtbestrebungen, in welche die »dritte Welt« mit hineingerissen wird, tragen unverkennbar ideologisch-glaubensmäßige Züge. Schließlich spricht die weltweite Nachfrage der jungen Generation nach Meditationspraxis, nach transzendentalem Training, nach autogener Schulung, nach Lebens- und Bewußtseinserweiterung mit allen Mitteln und um jeden Preis ihre deutliche Sprache: die Sprache der Sehnsucht nach »religio«, nach Wahrnehmung einer geistigen Realität.

Die wütende atheistische Gegenwehr ebenso wie der glühende Glaubenseifer der psychedelischen Generation weisen auf eine verborgene Wirklichkeit hin, die unterbewußt von den Seelen der einzelnen und der Völker gespürt wird. Wir alle tragen Verlangen nach »Aufklärung« über die spirituellen Wurzelströme des Zeitgeschehens. Wir leiden Entbehrung, solange wir nicht wissen und verstehen, was das Wesentliche ist, das in unsere Mitte geschieht; solange wir nicht erkennen, daß ein Zeitalter der neuen Christus-Nähe angebrochen ist.

Es leben ungezählte Menschen in unserer Welt, die Zeugnis davon ablegen könnten; doch die Seelen, die der Christus-Begegnung teilhaft geworden sind, sprechen im allgemeinen nicht über das, was sie erlebt haben. Nur selten bricht einer sein Schweigen ...

Erfahrung der Christus-Nähe

Als Beispiel aus der Fülle von Erfahrungen, die in der »Stillen Chronik« der Zeit verzeichnet sind, sei ein Ereignis aus der Zeit des Zweiten Weltkriegs wiedergegeben:[1]

»In Finnland lebte ein Kaufmann, den sein Geschäft durch eine Kette von Mißerfolgen an den Rand des finanziellen Ruins gebracht hatte. Er war derart verzweifelt, daß er meinte, nicht weiterleben zu können. Er hatte beschlossen, nach der Anmeldung des Konkurses seinem Leben ein Ende zu machen.

Im überfüllten Abteil des Vorortzuges, mit dem er zum letztenmal nach Helsinki hineinfuhr, bemerkte er bald den Blick des ihm gegenübersitzenden Reisenden, der aufmerksam eindringlich auf ihn gerichtet war. Und nach einiger Zeit sprach der Mitreisende ihn an: Sie haben, wie ich sehe, schwere Sorgen. Nun, so wie es mit Ihrem Geschäft steht, ist das auch berechtigt. Aber Sie dürfen nicht verzweifeln. Fassen Sie nur Mut! Melden Sie die Liquidation an. Verkaufen Sie Ihren Bestand, befriedigen Sie die Gläubiger. Und Sie werden sehen: Es bleibt Ihnen eine Summe übrig; damit können Sie ein neues Geschäft beginnen. Fangen Sie es nur getrost an! Es wird alles gutgehen.

Der Kaufmann war so erstaunt über diesen Zuspruch, daß er nichts zu entgegnen wußte. Da hielt schon der Zug im Hauptbahnhof, alles brach auf. Er wollte noch dem freundlichen Mitreisenden danken, doch im Gewühl der Menschen war dieser verschwunden. Er ging innerlich beschwingt zu seinem Büro. Er verkaufte, zahlte die Gläubiger aus ... und tatsächlich, die gewisse Summe blieb übrig. Ans Sterben dachte er nicht mehr. Das neu angefangene Geschäft florierte bald.

Jahre später reiste der finnische Kaufmann in die Schweiz. Er kam nach Dornach bei Basel, lernte das von RUDOLF STEINER erbaute Goetheanum kennen und sah darin die große Holzplastik, die Christus als ›Menschheitsrepräsentanten‹ darstellt. In dem Moment, da sein Blick auf diese Statue fiel, wußte er blitzartig: Den kenne ich doch! Dies Antlitz ist mir vertraut. Woher? – Es ist der, der mir damals im Vorortzug gegenübersaß!«

Solche und ähnliche Begegnungen sind in großer Zahl vorgekommen, in Schützengräben, in den Kellern der Städte während der Bombennächte, in Lazaretten und Krankenhäusern, überall, wo Menschen in lebensgefährlichen Situationen waren; aber auch in den Kirchen, wo Betende vor den Altären verdichtete Lebensaugenblicke erfahren haben.

Wenn man das Spektrum dieser Vorkommnisse[2] anschaut, muß man sich die Frage stellen: Ist denn in unserem Jahrhundert ein neues Zeitalter für das Christentum angebrochen? So etwas hat es doch früher nicht gegeben. Freilich, Christus-Erscheinungen sind auch in der Vergangenheit immer wieder aufgetreten. Aber sie sind den Heiligen begegnet. Oder: Menschen, denen so etwas begegnet ist, hat man als Heilige angesprochen. In diesem Jahrhundert aber scheint da etwas verändert. Eine Vervielfältigung der Erscheinungen stellt sich ein. Und die Gestalt, die da als Helfer und Tröster, als Menschenbruder erscheint, kann zu jedem kommen, zu irgendwem, der in Not ist, der in Lebensgefahr schwebt, der in schweren Problemen ratsuchend gebetet hat.

Einer der Berichtenden kennzeichnet das Erfahrene so: »Ich hatte daran Anteil nicht dank einer persönlichen Gnade, sondern ebenso wie ich mit der ganzen Menschheit Anteil habe, an der Luft, der Sonne, dem Leben.« Auch diese Wendung ist neu. Nicht aufgrund einer persönlichen Vollkommenheitsstufe – ganz im Gegenteil: meist tritt das Erlebnis da auf, wo der Mensch sich besonders kläglich, verlassen, ohnmächtig fühlt. Dann kommt Er, zu dem einzelnen Menschen schlicht und brüderlich nah, aber zugleich – wie die Luft, die Sonne, das Leben – menschheitlich weit. Das ist der Charakter der neuen Christus-Nähe: ichhaft und weltengroß in einem Atemzug.

Hat wirklich ein neues Zeitalter der Christus-Erfahrung für unsere Menschheit begonnen?

Wir müssen uns in Erinnerung rufen, daß es im Ablauf der Geschichte große Rhythmen, Äonen, Epochen, Umschwünge und Zeitwenden gibt. Altes geht zu Ende, Neues steigt auf. Aus uralter Weisheit ebenso wie durch eindringliche moderne Geschichtsforschung kommt man darauf, daß unser Jahrhundert gerade an einer solchen Grenzscheide der Zeitalter liegt.[3] Die verflossenen fünftausend Jahre lassen sich zu einer einheitlich gekennzeichneten Periode zusammenfassen, dem »Finsteren Zeitalter« der Gottesferne (»Kali Yuga«). Diese Zeitspanne, die sich ungefähr von 3100 v. Chr. bis 1900 n. Chr. erstreckt, ist wie überdeckt von einer Dunkelschicht, so daß der Anschluß der Menschenwelt an die über ihr wirkende Geistwelt nicht mehr wie in früheren Weltaltern gefunden werden kann. Der Einschnitt in der Bewußtseinsentwicklung an der Wende vom vierten zum dritten vorchristlichen Jahrtausend kann deutlich aus der Geschichtsschreibung belegt werden. Andererseits wird klar, weshalb der Beginn des zwanzigsten nachchristlichen Jahrhunderts als so entscheidender Anbruch einer neuen Zeit empfunden wird: Um das Jahr 1900 geht das Finstere Zeitalter zu Ende; es beginnt, mit anderen Worten, eine Epoche, in der die göttlich-geistige Welt neu zu den Menschen sprechen kann.

Tatsächlich ist es überraschend, wie spontan sich die neue historische Situation bemerkbar macht. Alsbald, nachdem die Dunkelheit des »Kali Yuga« gewichen ist, blitzt ein erster Lichtstrahl auf – eine offenbarende Einsicht fällt schlaglichtgleich auf das um sein Selbstverständnis in der Geistferne ringende Christentum. Die Erkenntnis, die da in das Geistesleben unseres Jahrhunderts hereinblitzt, ist in der Schrift *Das Christentum als mystische Tatsache und die Mysterien des Altertums* von RUDOLF STEINER niedergelegt.[4] Dieses Büchlein reißt großzügige Horizonte auf. Der Titel ist bereits eine Antwort auf die Grundfrage der sich selbst nicht mehr begreifenden Christenheit.

Verständigung des Christentums mit sich selbst

Im zu Ende gehenden 19. Jahrhundert mit all seinem Scharfsinn und wissenschaftlichen Fleiß hatte das christlich-theologische Denken auf doppelte Weise in eine Sackgasse geführt.

Auf der einen Seite standen die Theologen, die in Christus mehr und mehr nur noch den Menschen Jesus sehen konnten. DAVID FRIEDRICH STRAUSS könnte man als einen hervorragenden Vertreter dieser liberalen Richtung nennen; viele andere vor ihm und nach ihm (und auch bis in unser Jahrhundert hinein) haben eine ähnliche Marschrichtung eingeschlagen. Man hat für das göttliche Wesen in Christus kein Verständnis mehr aufbringen können; man hat nur noch den schlichten Mann von

Nazareth gekannt, der als ein vorbildlicher Mensch vor Augen steht, auf den sich aber keine Religion im echten Sinn begründen läßt.

Auf der anderen Seite gab es gleichzeitig eine theologische Strömung, die einen diametral entgegengesetzten Standpunkt einnahm, indem sie sagte: Was uns im Wirken Christi gegenübertritt, ist so übernatürlich ideal, daß man schlechterdings nicht begreifen kann, wie es in einer menschlichen Existenz aufgehen soll. Es handelt sich um etwas Kosmisch-Ideelles. Die Evangelienhistorie von Jesus erklärt sich mehr oder weniger als dazugereimte Bildlegende. Der Kern bleibt ein kosmischer Mythos, in dem allein man die Christusgestalt erfassen kann. Klassischer Vertreter dieser Gedankenrichtung war ARTHUR DREWS.

In diese beiden Extreme hatte sich das christliche Glaubensverständnis aufgespalten: die eine Richtung, die nur mehr das Menschliche sehen kann und das Göttliche aus dem Gesichtskreis verliert – und die andere, die nur mehr das Ideal-Mythische ins Auge fassen will und keinen Halt mehr findet in der irdisch-menschlichen Realität.

Da erscheint in dem Moment, in dem das neue Jahrhundert anbricht, RUDOLF STEINER mit seinem großen Wurf: Das Christentum als »mystische Tatsache«. In diesem Begriff verbinden sich die Verständnis-Halbheiten zur Gesamtschau voller Wahrheitseinsicht. Es geht um eine *Tatsache,* die menschlich-historisch im Evangelium geschildert wird, die aber sich nicht im gewöhnlich-geschichtlichen Vorhandensein erschöpft, sondern aus einem tiefsten innerlich-göttlichen Hintergrund heraus sich »erfüllt«; es ist eine *mystische Tatsache*. Oder andersherum: Es geht um eine *mystische* Angelegenheit, die jedoch nicht in ideell-mythischer Kosmosbezogenheit als »Christus-Mythe« begriffen werden kann, sondern als mystische Tatsache Leib angenommen hat.

Indem dieser doppelseitige Sachverhalt sich aus einer gründlich historisch-philosophisch-religionsgeschichtlichen Betrachtung erhellt, wird das Wesen des Christentums für das menschliche Denken ganz neuartig faßbar. Wir gewinnen plötzlich einen universellen Durchblick: Das Christentum offenbart sich in seinem Zusammenhang mit den großen vergangenen und gleichzeitigen Mysterienreligionen.

Für diese grundsätzliche Neuorientierung ist es heute unausweichlich an der Zeit. Wir dürfen nicht dabei stehen bleiben, die christliche Religion nur in der Fortsetzungslinie der jüdisch-israelitischen zu sehen, die als eine Geistesrichtung unter vielen anderen, großen und kleinen, hochkultivierten und primitiven, welche nebeneinander existieren, sich bewähren mußte. Durch die Blickrichtung, die RUDOLF STEINER einschlägt, wird auf einmal klar, daß das Christentum in einem prinzipiell anderen Verhältnis zu den vorbereitenden und umgebenden Mysterienreligionen steht. Es ist nicht eine Religion neben anderen. Vielmehr zeigt es sich als dasjenige, worauf alle anderen Mysterien zuleben. Es ist die *Erfüllung* zu dem, was die Religionen *erwarten,* worauf sie hoffen, das Ziel, auf das sie ihrem innersten Anliegen nach zugehen. Es ist die Verwirklichung aller Sehnsucht nach Gottesgegenwart.

In diesem Sinne kann man das Christentum überhaupt nicht »eine Religion« nennen. Man muß es als Lebenstatsache ansehen, die als Menschheitsangelegenheit um den ganzen Erdball herum spürbar und erfahrbar wird. Das klingt zusammen mit dem, was der eingangs erwähnte Berichterstatter über seine Christus-Begegnung ausgesagt hat: Ich hatte daran Anteil mit der ganzen Menschheit, wie man teilhat an der Luft, der Sonne, dem Leben.

So in seinem echten Wesen gesehen, erscheint das Christentum herausgehoben und erlöst aus dem Zustand eines Religionsbekenntnisses und offenbart sich als die umfassende Erkenntnis-Religion der Menschheit. Damit ist eine grundsätzliche *Verständigung des Christentums mit sich selbst* erreicht. In ihr blitzt der erste bewußtseinshelle Erkenntnisstrahl des neuen Zeitalters auf, der die Szene der Weltreligion schlagartig neu erleuchten kann.

Die Frage des Jahrhunderts ist nun: Werden wir Christen lernen, uns dieser Selbsterkenntnis entsprechend zu verhalten? Könnten wir zum Beispiel der Aussage eines bekannten indischen Politikers und frommen Hindu Verständnis entgegenbringen, der von sich bekannte, er sei praktizierender Christ? Eine ungewohnte Auffassung – aber vielleicht hat einer, der so etwas aussprechen kann, das Geheimnis des Christentums tiefer verstanden, als wir Christen es gemeinhin begreifen. Auch von GANDHI, der ebenfalls Hindu war, weiß man, daß er meinte, er würde sich gern zum Christentum bekennen – wenn nur die Christen nicht wären ... Wohlgemerkt, es ginge nicht an, daß ein gläubiger Hindu zu gleicher Zeit Buddhist wäre oder etwa Mohammedaner. Das widerspräche sich. Die Religionen stehen nebeneinander und schließen sich bis zu einem gewissen Grade aus.

Die große Zukunftsaufgabe der Christenheit besteht darin, ihren Glauben so umfassend und weitherzig auszuüben, daß für alle Religionen sich das Tor auftun kann zur Anerkenntnis der einen menschheitsweiten Lebenstatsache: von der liebenden Allgegenwart des menschgewordenen und auferstandenen Gottessohnes.

Lazarus-Johannes, die Schlüsselfigur

Das »Mysterium von Golgatha« – diesen Ausdruck hat RUDOLF STEINER geprägt und damit dem christlichen Glaubensverständnis eine tiefgründige und brauchbare Begriffshilfe gegeben – ist die Erfüllung aller Religionsmysterien. Zu diesem Fazit führt RUDOLF STEINER durch einen Gedankengang, in dem die Erweckung des Lazarus (Johannes-Evangelium, Kap. 11) und ihre Deutung eine zentrale Rolle spielt. Selbst ein Mysterienvorgang, wie er seit Jahrtausenden zu ungezählten Malen in den heiligen Tempelstätten in aller Welt durchlebt worden war, ist diese Auferweckung aus dem dreitägigen Todesschlaf ein Schlüssel für das Verständnis des Christus-Mysteriums. Das Lazarus-Ereignis steht einerseits als letztes, abschließendes Mysteriengeschehen vor uns, mit dem eine Epoche zu Ende geht; eine echte Einweihung im Ritus der alten Mysterien. Andererseits sehen wir darin den Ursprungspunkt einer neuen Zeit. Denn indem der Erweckte in dem Hierophanten Christus den göttlichen Führer, für den sein Seelenauge sich durch die Einweihung erschlossen hat, in der menschlichen Gestalt des Jesus vor sich sieht, wird eine zukünftige Form der Mysterienerfahrung begründet. Was früher in den abgeschlossenen Tempelbezirken für einzelne auserwählte und streng geschulte Persönlichkeiten sich vollzog, ist nun »veröffentlicht« und kann fortan in großem Stil und allgemein von der Menschheit erfahren werden durch das Anschauen des Mysteriums von Golgatha, des Karfreitags- und Ostergeschehens. Die Lazarus-Erweckung steht als Bindeglied zwischen dem, was die alten Mysterien praktiziert, was sie erwartet und erhofft haben, und dem, was sich im christlichen Leben erfüllt.

RUDOLF STEINER bestätigt aus seiner Geistesforschung, was schon im 19. und später auch im 20. Jahrhundert von Theologen verschiedentlich als Vermutung geäußert wurde: Lazarus erhält nach der Auferweckung den neuen Mysteriennamen Johannes. Er ist kein anderer als der Schreiber des nach ihm benannten Evangeliums,[5] derjenige, der unter dem Kreuz auf Golgatha stand und sich durch sein bekenntnishaftes Wort (Joh. 19) zum Zeugen und Garanten macht, »auf daß auch ihr den Glauben findet«. Er ist als Erweckter ein letzter Eingeweihter der vorchristlichen Schule; als »Schauender des Herzens« ist er der Erstling der neuen Glaubensmysterien der Christus-Zeit.

»Christengemeinschaft«

Es frappiert den Leser von heute, wenn er in dem grundlegenden Werk von 1902 plötzlich auf das Wort »Christengemeinschaft« stößt. Damals gab es noch nicht »Die Christengemeinschaft« als Bewegung für religiöse Erneuerung. Der allgemeine Begriffssinn, der hier gemeint ist, verleiht aber dem konkreten Namen einen überraschenden Klang. Man versteht neu, welche Aufgabe einer Gemeinschaft von Christen, als Teil der Gemeinschaft aller Christen, zukommt. »Die Mysterien haben durch Tradition die Mittel überliefert, zur Wahrheit zu kommen; die Christengemeinschaft pflanzt diese Wahrheit selbst fort.«

Es genügt nicht, so ist damit gesagt, die Erkenntnismittel bereitzustellen für das, was als Mysterienströmung seit Christus auf der Erde Platz greifen will. Das haben bereits die alten Weisheitslehren vorbereitend geleistet. Jetzt muß in dem christlichen Zeitalter die konkrete Menschengemeinschaft sich bilden – als »Gemeinde« oder »Kirche« –, die in ihrem sozialen Zusammenhang die Wahrheit als Lebenskraft und -substanz pflegt und entwickelt, d. h. fortpflanzt.

Man kann, wenn man das Lebenswerk RUDOLF STEINERS weiterverfolgt, das so vielversprechend unser Jahrhundert eingeläutet hat, wahrnehmen, wie es für ihn selbst ein Problem darstellt, daß er, der den grandiosen Erkenntnisfunken geworfen hat, sich doch nicht berufen sieht, die Menschengemeinschaft auch ins Leben zu rufen bzw. zu erneuern, die als Christen-Gemeinschaft das Leben der Christus-Wahrheit fortpflanzen kann. Er hat sich selbst sehr klar darüber ausgesprochen. Er sah seinen Lebensauftrag darin, die anthroposophische Geisteswissenschaft als Erkenntnisinstrument und Kulturerneuerungsimpuls zu entwickeln; das religiöse Feld, so wußte er, müsse er einem anderen überlassen.

Die Schicksalsfrage

Wer würde dieser andere sein? Man tut einen Blick in die Schicksalswerkstatt der Weltgeschichte, wenn man mit dieser Frage die historische Situation aus dem Abstand von etwa hundert Jahren anschaut. Hätte man damals mit den schicksalführenden Mächten zusammen Ausschau gehalten, wo eine geeignete menschliche Persönlichkeit sei, die durch ihre Anlagen befähigt ist, ein so großes geschichtliches Werk in Angriff zu nehmen, wie die Erneuerung der christlichen Menschengemeinschaft, so wäre einem eine Individualität aufgefallen, die in besonderer Weise ausgezeichnet erschien. FRIEDRICH RITTELMEYER, von dem hier die Rede ist, war ein Mann, der durch eine strenge und universelle philosophische Schulung hindurchgegangen war. HEGEL, FICHTE, SCHELLING – das war die Welt, in der er ganz und gar zu Hause war mit seinem klardurchdringenden Denkvermögen. Zu gleicher Zeit strahlte die Seele dieses Menschen eine außergewöhnliche Frömmigkeitstiefe aus. Neben den großen Philosophen war das Johannes-Evangelium sein Element; in ihm bewegte er sich und war tief in sein Wortgeheimnis eingedrungen. Dabei hatte er eine wichtige Entdeckung gemacht: Es hatten sich ihm in der meditativen Versenkung die sieben Ich-bin-Worte als reine und umfassende Selbstoffenbarung des Christus erstmalig erschlossen.

RITTELMEYER war zu Anfang des Jahrhunderts protestantischer Pfarrer gewesen. Nachdem er sich durch die Herausgabe seiner Predigtbände im deutschen Sprachraum einen Namen gemacht hatte, war er an die Neue Kirche in Berlin berufen worden und hatte dort eine überaus erfolgreiche Predigertätigkeit ausgeübt. (Es ist bemerkenswert, daß gerade in den jüngst vergangenen Jahren in Dissertationen wieder auf RITTELMEYER zurückgegriffen wird, daß er im Blickfeld der Theologen und Historiker als eine der bedeutenden Figuren unseres Jahrhunderts neu aufleuchtet.) Man kann heute im Rückblick sagen: Er war ein klassisches Wahrzeichen des Protestantismus in seiner edelsten Ausprägung.

Dieser Mann besaß zwei wunderbare Eigenschaften, die ihn auszeichneten für die Aufgabe, welche sich ihm stellen sollte. Die eine war seine Herzens-Bescheidenheit. Von früher Jugend an war es sein wichtigstes Anliegen, daß ihm die Gnade gewährt sein möge, ihn an dem Größten, was in seiner Zeit geschieht, nicht vorübergehen zu lassen. (Er hatte dabei das Beispiel FRIEDRICHS DES GROSSEN im Auge, der an seinem Zeitgenossen GOETHE wie blind vorbeigegangen war.) Die andere Eigenschaft drückte sich darin aus, daß er sich sagte: »So erfolgreich ich auch wirke in meinem Beruf – ich bin jeden Tag bereit herauszuspringen, wenn ich einen besseren Weg finde, Christus zu dienen und für die Menschheit etwas zu tun.«

FRIEDRICH RITTELMEYER hat während seiner Nürnberger Jahre durch MICHAEL BAUER RUDOLF STEINER kennengelernt – und in ihm jenen Größten seiner Zeit erkannt, dem zu begegnen er gehofft und gebetet hatte. Wie blickte RUDOLF STEINER seinerseits auf RITTELMEYER hin? Er sah die Möglichkeiten, die in dessen Wesen gelegt waren – und durfte ihm nichts davon sagen! Denn es ist die erste und wichtigste Verpflichtung des Weisen in heutiger Zeit, die Freiheit des anderen Menschen nicht anzutasten.

Es gibt über diese Jahre einen ergreifenden Bericht von RITTELMEYER: *Meine Lebensbegegnung mit Rudolf Steiner*[6]. Man kann daraus einen Eindruck gewinnen von dem Ringen des Zeitschicksals um seine Verwirklichung. Es brauchte mancherlei Begegnungen und Erlebnisse, bis eines Tages der zündende Funke übersprang. RUDOLF STEINER ging so weit, daß er in einem Vortrag in Berlin – also mitten in RITTELMEYERS Wirkensbereich – aufs klarste präzisierte, »man sollte die Sache nicht so darstellen, als ob geisteswissenschaftliche Bestrebungen ein Ersatz sein sollten für die religiöse Übung und das religiöse Leben«. Er betonte das eigenständige Aufgabenfeld des Religiösen und beschrieb, wie es nicht genügt, »bei abstrakten Vorstellungen von Gott oder Christus stehen [zu] bleiben«, wie der Mensch vielmehr »immer erneuert in der religiösen Übung, in der religiösen Betätigung darinnenstehen muß«.

Die zitierten Sätze – offensichtlich gezielt RITTELMEYER zugesprochen – wurden später von einer Gruppe jüngerer Theologen in einer Nachschrift »entdeckt« und aufgegriffen, um ihre Lebensfrage nach einem Weg der Erneuerung der christlichen Kirche RUDOLF STEINER vorzulegen. Und nun, nachdem der konkrete Impuls von anderer Seite an ihn herankam, konnte auch FRIEDRICH RITTELMEYER seinen Schicksalsauftrag erkennen. Blitzartig wurde er sich der Tragweite der Situation bewußt. Da war für ihn der Augenblick der Bereitschaft gekommen. Er verließ seine Berliner Kanzel, um sich ganz in den Dienst der neuen Gemeinschaft zu stellen. Ihm war klar geworden, daß es bei dem, was es hier zu tun galt, »um die Rettung des Christentums« geht. Das war seine Formulierung, mit der er sich der erkannten Aufgabe bedingungslos verschrieb.

Als ihm durch RUDOLF STEINER enthüllt wurde, wie die Kultusform des neuen Gottesdienstes auszusehen habe, als er die »Menschenweihehandlung«, wie sie heute in der Christengemeinschaft gefeiert wird, zum erstenmal vor seinem inneren Blick hatte, da leuchtete ihm unmittelbar ein, dies sei »ein Gottesdienst, in dem alle Christen einig sein könnten«. Der geistige Grund, auf dem sich für ihn diese Überzeugung aufbaute, war, daß er erlebte: »Es ist in dem Brot des Altars der lebendige Christus gegenwärtig.« Seiner Seele, die so tief mit dem innersten Ich-Geheimnis des Christus-Wesens verbunden, die eingeweiht war durch die Wortgewalt des Johannes-Evangeliums, offenbarte sich: »Es ist der lebendige Christus in aller Wirklichkeit und Lebensmächtigkeit. Etwas Höheres gibt es nicht.«

In diesem Augenblick, so schreibt er in der *Lebensbegegnung,* war für ihn die Konsequenz unausweichlich: »Das darf der Menschheit nicht vorenthalten werden! Du selbst darfst jetzt nicht versagen, wenn du nicht an der Menschheit und an der göttlichen Offenbarung schuldig werden willst! Und wenn es unmöglich ist, dies in den vorhandenen kirchlichen Formen an die Menschheit heranzutragen, dann muß eben ein Neues gewagt werden!« Und wozu er immer schon sich selbst die Bereitschaft gelobt hatte: Er sprang aus seinem Amt heraus, um mit einer Gruppe von Menschen, die dazu willens war, neue Altäre zu bauen, an denen das Wandlungsgeheimnis in diesem neu erfahrenen Wirklichkeits-Sinn praktiziert werden konnte.

Durch den *Neuen Bund*, der mit dem Erdenleben des Menschengottes besiegelt wurde, ist die Brücke zwischen den getrennten Welten, »Himmel und Erde«, Sonnen- und Erdenraum als geistigen Kraftfeldern,[7] grundsätzlich neu geschlagen; doch muß das damit Angebahnte von Menschen ergriffen und nach und nach in eine erdumspannende Lebensrealität umgesetzt werden. Das ist ein Vorgang, der die künftigen Jahrtausende erfüllen soll. Wie der Entfernungs- und Entfremdungsprozeß zwischen Menschheit und Gottheit die vergangenen Weltalter überschattet und geprägt hat, so darf jetzt die Annäherung der Lebensreise leuchtend als Zielbild über der Zukunft stehen. Die Sonnensubstanz göttlicher Art, die Christus auf die Erde heruntergetragen hat, wird von den Menschen, die sich um seine Altäre scharen, aufgenommen und durch ihr Tun allmählich in die ganze Menschheit – und damit in die Lebenswirklichkeit des Planeten – hineingetragen. Das Werkzeug dazu ist: der Vollzug des Abendmahls. In Brot und Wein, wie sie sich auf den Altären verwandeln, siegelt der lichte Gott, Christus, seine Sonnenkraft ein. »... nun der Erde / innerlichstes Himmelsfeuer, / daß auch sie einst Sonne werde« (CHRISTIAN MORGENSTERN).

Wenn wir das Abendmahl wirklich in diesem Sinne betrachten und uns aufmerksam eingehend mit den Stoffen beschäftigen, die zu diesem Mahl dienen – die auch bei jenem ersten Mal am Gründonnerstag auf dem Tische waren und von Jesus an seine Jünger ausgeteilt wurden –, sehen wir, daß eben diese beiden Substanzen, Brot und Wein, die klassisch geeigneten sind unter allen Produkten der Natur, um als Bindeglieder zwischen Sonnenwesen und Erdenwesen eingesetzt zu werden. Das läßt sich bis ins einzelne einer phänomenologisch angestellten naturwissenschaftlichen Betrachtung verfolgen.[8]

Die beiden Pflanzen Brotgetreide und Weinrebe sind von Natur aus schon veranlagt, zwischen Oben und Unten eine Vermittlerrolle zu spielen. Auf der einen Seite wird Lichthaftes, Sonnenentstammendes verleiblicht in irdische Stofflichkeit (Getreide); auf der anderen Seite wird Erdhaftes, Bodenständiges durch Sonneneinwirkung geläutert und zur Süßigkeit verklärt (Wein). Brot und Wein dürfen Christus dienen, das sonnenleuchtende Erlösungswerk für die Erde »fortzupflanzen«, das er durch sein Menschenleben begonnen hat.

Die »Christengemeinschaft« – im weitesten Sinn gemeint –, die Christenheit, die sich in erdumspannender Ökumene um ihre Altäre schart und das Herrenmahl vollbringt, pflanzt dieses Leben fort.

Zeitspiegelung

Hier rundet sich das Bild: Das 20. Jahrhundert eröffnet eine neue Epoche der Erkenntnisklarheit, und es tritt neu ins Bewußtsein

- wie das Christentum sich einfügt in den Zusammenhang der Religionen und Mysterien unserer Erde;
- daß eine Menschengemeinschaft da sein muß, die es zu ihrer Aufgabe macht, die Lebenstatsache der erdumspannenden Christus-Gegenwart in die kommenden Jahrtausende hinüberzutragen;
- was das eigentliche Zentralmysterium des Christentums ist: die Verwandlung der Erde durch Brot und Wein.

In diese Besinnung spiegelt sich ein Urbild aus der Vergangenheit hinein: Ungefähr zweitausend Jahre vor Christus hat das Geheimnis von Brot und Wein schon einmal entscheidend in den Gang des Geschichtsgeschehens eingewirkt. Abraham, der als Stammvater des israelitischen Volkes in jener Zeit seine geschichtliche Aufgabe übernimmt, wird durch eine geheimnisvolle Gestalt gesegnet und für seine Mission gestärkt. Melchisedek erscheint am Abend des Kampftages (1. Mos. 14). Plötzlich ist er da; man weiß nicht, woher er kommt; vermutlich ist ein Altar im Höhlenheiligtum unter dem Zionsberg verborgen. Er tritt hervor und reicht Brot und Wein als Friedensgabe und Wegzehr.

Melchisedek wird als »Priester des höchsten Gottes« bezeichnet. Dieser Titel ist ein Attribut, das auf ein einzigartiges Amt hinweist. Er gehört nicht in die Ordnung der Jahveh-Priester oder ist irgendeiner anderen Volksgottheit verpflichtet. Er kommt als Diener des »höchsten Gottes« mit einem übergreifenden Geistesauftrag. Nur für einen einzigen Augenblick leuchtet das höchste Mysterium auf – dann zieht sich der verschwiegene Hüter des Menschheitssakramentes wieder zurück ...

Erst mit der Zeitenwende begegnen wir dem Mysterium von Brot und Wein wieder: als dem Vermächtnis Christi, der es neu einsetzt und seinen Sinn erfüllt zur Bürgschaft für das zukünftige Verbundensein von Sonnen- und Erdensein, von Gotteswelt und Menschenwelt.

Und heute, am Ende des zweiten nachchristlichen Jahrtausends, beginnen wir, das Geheimnis in seiner Tiefe zu verstehen. Das ist kein Zufall. Vielmehr bekommen wir einen Eindruck vom sinnvollen Walten geschichtlicher Rhythmen, die sich in Spiegelungsverhältnissen und Symmetrien ausdrücken können. Zwei vorchristliche Jahrtausende entsprechen im Spannungsbogen diesen zwei nachchristlichen Jahrtausenden.

In der Abraham-Zeit (ca. 2000 v. Chr.) konnte zum letztenmal ein Abglanz dessen erscheinen, was in urferner Vergangenheit lebendig war. Auf Melchisedeks Altar brennt eine letzte heilige Flamme, in deren Glut Erdenstoffe durchsonnt erhalten werden.

In der gegenwärtigen Weltenstunde (ca. 2000 n. Chr.) taucht die Erkenntnis auf, daß im Lebensfeuer der Transsubstantiation das sonnenhelle Christus-Reich wachsen will und daß wir Menschen der heutigen Zeit gerufen sind, die Altäre für diese heilige Opferglut zu bauen.

Etappen der Wegfindung

Doch wie verstehen wir den Sinn der christlichen Entwicklung in den zurückliegenden rund zweitausend Jahren? Was bedeutet uns insbesondere die große Epoche katholischer Frömmigkeit und das, was in der Neuzeit als protestantische Erweckung aufgebrochen ist?

Diese Etappen des Werdens können wir heute gerade in ihrem vollen Wert würdigen. Wir sehen sie in ihrer historischen Notwendigkeit.

Die erste Aufgabe war es, solange das Finstere Zeitalter andauerte, die christliche Substanz festzuhalten und von einem Jahrhundert zum anderen weiterzugeben. Dazu bedurfte es einer machtvollen Institution, die wie ein Bollwerk steht und durch ihr Dasein verbürgt, daß das, was sie vertritt, auf Erden gültig bleibt. Als gewaltiger Block der Autorität mußte die römische Kirche ihre Stellung behaupten, damit äußerlich garantiert war, daß die Sache des Christentums als irdische Tatsache existiert.

Wie sehr dabei das innerste Wesen gelitten hat, muß jeder bemerken, der die Kirchengeschichte verfolgt. Um ein einziges, aber wichtiges Beispiel zu nennen: Schon seit der ersten Jahrtausendwende wurde das Abendmahl nicht mehr in seiner ursprünglichen Gestalt praktiziert. Man teilte den Wein nicht mehr an die Gläubigen aus; damit war das Mittelpunktsgeheimnis zur Halbheit verstümmelt. Manches andere verfiel im Gefolge dieses Einbruchs in Unverständnis und geriet in Mißbrauch.

Es konnte nicht ausbleiben, daß eine breite innere Protestbewegung in Gang kam. Im 15. und 16. Jahrhundert hat die Reformation versucht, das Ursprüngliche wieder herzustellen. Auch dies war ein historisch unumgänglicher Prozeß. Man wollte sich auf die Grundlagen besinnen; man wollte alles noch einmal ganz neu anpacken. Doch wenn wir die protestantische Entwicklung anschauen, müssen wir uns gestehen, daß man den Weg zum eigentlichen Mysterium nicht hat zurückgewinnen können. Das Abendmahl in seiner zentralen Tatsachenbedeutung ist in der protestantischen Bewegung immer weniger erkannt worden. Es wurde verdrängt und spielt nach der Handhabung, die sich ausgebildet hat, nur noch eine Randrolle im Glaubensleben.

Alles das erscheint geschichtlich unausweichlich. Der große Überblick sagt uns: Es mußte die Spanne bis zum Ende des »Kali Yuga« durchgestanden werden. Jetzt erst, nachdem das Finstere Zeitalter abgelaufen ist, kann das Eigentliche, worum es geht – in Spiegelung des Melchisedek-Ereignisses – zum Durchbruch kommen. Indessen dürfen wir dankbar sein für alles, was über die Zwischenzeit hinweg die Kontinuität gewahrt hat, so daß heute angeknüpft werden kann an das, was durch das Christus-Leben in unsere Erdenwirklichkeit eingeflossen ist.

Die große gemeinsame Sehnsucht

Wie dem Geschehen von Golgatha zweitausend Jahre Geschichte des »auserwählten Volkes« vorangegangen sind, so mußten ihm zweitausend Jahre Geschichte der »alleinseligmachenden Kirche« folgen. Wer diese Hieroglyphe des Zeitenschicksals entziffert, der erhält das Bewußtsein, daß wir Menschen der Gegenwart zu Pionieren einer neuen christlichen Ära berufen sind. Man hat den Eindruck, das Anliegen, einer neuen Christus-Zeit zur Geburt zu verhelfen, ist in unseren Tagen mächtig gegenwärtig. Noch ist es nicht überall klar erkannt. Doch vibriert es in den Untergründen der Herzen, in den religiösen Sehnsüchten ringsum.

Ein katholischer Mönch veröffentlicht in den zwanziger Jahren eine Studie *Die Liturgie als Mysterienfeier*. Die römische Kirche in ihrer Gesamtheit nimmt den Impuls nicht auf. Doch zeigt er sich als Symptom, daß etwas historisch reif ist, was auch im Herzen der katholischen Christenheit verspürt wird.

Ein evangelischer Bischof stellt in den siebziger Jahren die Forderung auf, das Abendmahl müsse in Zukunft wieder die ihm zukommende Mittelpunktstellung im Gottesdienst erhalten. An vielen Stellen seiner Kirche werden bereits Versuche zu derartiger Integration und Besinnung auf das Zentralmysterium unternommen.

Eine Sehnsucht nach dem echten Mysterium erhebt sich in unserer Zeit aus den Tiefen vieler Seelen, quer durch alle Konfessionen hindurch. In diesem zentralen Anliegen kann man sich treffen und – so ist zu hoffen! – in Zukunft immer besser verständigen.

Johanneisches Christentum

Nach allem, was wir heute erkennen können, müssen wir CHRISTIAN MORGENSTERN beipflichten, der am Beginn unseres Jahrhunderts klar gesehen hat: »Wir stehen nicht am Ende, sondern am Anfang des Christentums.« Wir können dies begrifflich noch genauer fassen, indem wir von einer neuen Phase sprechen, die begonnen hat, nämlich der *johanneischen Epoche*.

In unseren Erörterungen über den Entwicklungsschritt des Christentums im 20. Jahrhundert ist uns wiederholt die Gestalt des Johannes begegnet:

- Er steht als Lazarus-Johannes im Mittelpunkt der Schrift *Das Christentum als mystische Tatsache* von RUDOLF STEINER und wird dadurch zur Schlüsselfigur für die neue christliche Mysterienerkenntnis.

- Er ist es, der durch sein Evangelium FRIEDRICH RITTELMEYER inspiriert hat zu seiner tiefen und wirklichkeitsgesättigten Christus-Erfahrung.
- Er ist aber auch derjenige, der, von Christus in den Wartestand gestellt, im Hintergrund der Weltgeschichte seiner Stunde harrt, der Stunde, da die Petrus-Epoche der Kirchenentwicklung abgelaufen ist. Petrus war zunächst mit dem Hirtenamt betraut. Er fragte selbst (Johannes 21) danach, welche Aufgabe dem Johannes zukommen werde. Darauf antwortet Christus: Wenn ich will, daß er bleibe, bis ich komme, was berührt es dich?

Wir ahnen heute, indem wir unser »Jahrhundert der Christus-Nähe« in seinem Wesen erkennen, was es mit diesem »bis ich komme« auf sich hat. Wenn Er kommt – dann soll der Johannes zur Stelle sein und seine historische Aufgabe antreten.

Die eine Kirche über den Konfessionen und Religionen

Brauchen wir heute noch eine Kirche? So fragen in unserer Zeit viele Menschen. Wenn die Frage wahrhaftig und angelegentlich gestellt ist, trägt sie ihre Antwort bereits in sich.

Brauchen wir: Die Menschheit braucht Christus als ihren helfenden Führer. Und *Christus braucht die Kirche* – als Werkzeug seiner Offenbarung, als Instrument, durch das er wirken, als Wohnstatt, in die er einziehen, als »Leib«, in dem er sich lebensmächtig inkarnieren kann.

Heute noch: Mehr denn je ist heute die Stunde da, wo die Notwendigkeit der Christus-Hilfe offenkundig wird. In der Auseinandersetzung mit den widerstrebenden Mächten, den »Fürsten dieser Welt«, ist die Aufgabe der Christenheit, in welcher sich das »Reich Gottes« realisiert, unmittelbar aktuell und zukunftsentscheidend. Die Zeit der Vorstufen, der Versuche und Modelle ist abgelaufen; es gilt, die – positiven wie negativen – Erfahrungen der Vergangenheit auszuwerten und zielstrebig *von heute an* nutzbar zu machen.

Eine Kirche: Die Kirche Christi, weltweit verstanden als die Gemeinschaft aller Christen, kann heute gerade und heute erst in ihrer wahren, der johanneischen Gestalt sich verwirklichen. *Diese Kirche ist es, die wir in der Zukunft brauchen.* Das erkennen wir als die tiefste und dringlichste Forderung der Zeit. Und damit steht uns als unmittelbare Realität vor Augen, was NOVALIS in zu Herzen gehender Prophetie aufgezeichnet hat:

»Die Christenheit muß wieder lebendig und wirksam werden und sich wieder eine sichtbare Kirche ... bilden, die alle nach dem Überirdischen durstigen Seelen in ihren Schoß aufnimmt.«[9]

An dieser einen Kirche gilt es heute zu bauen. Sie ist das konkrete Hoffnungszeichen für die Zukunft unseres Planeten und seiner Menschheit.

Kurt E. Becker/Hans-Peter Schreiner

Freiheit und Handeln – Aspekte einer ganzheitlichen Alternative für die Zukunft

Das, was der Mensch ist, die Bestimmung seines Wissenkönnens, seines Tunsollens und seines Hoffendürfens wird von Philosophen jedweder Provenienz wesentlich in den Spannungsfeldern jener Dichotomien vollzogen, die sich durch die Vokabeln Individuum und Staat, Freiheit und Sittlichkeit einer orientierenden Eingrenzung unterziehen lassen. Im Sinn dieser Bestimmungsbedingungen ist RUDOLF STEINER ein Glied in der Kette menschheitlicher, vor allem: abendländischer Geistesgeschichte.[1] Seine anthroposophische Wesensbestimmung des Menschen schert in ihren Frageansätzen aus dieser Tradition des Denkens durchaus nicht aus.

Diese konventionelle Anlehnung an die Chiffren der *condition humaine* bilden einen der Gewohnheit erschlossenen Einstieg in die Perspektiven der Anthroposophie und erleichtern das Verstehen ihrer Antworten und Analysen. Denn diese sind sehr wohl unkonventionell, teilweise esoterisch und auf jeden Fall originell – ein Prädikat, das Anleihen bei anderen Denkern selbstverständlich nicht ausschließt. Wir werden uns in der Folge des gewohnten Denkansatzes bedienen, um die Besonderheiten des anthroposophischen Menschenbildes approximativ zu erarbeiten. Es geht uns dabei vor allem um die Frage nach der Ethik menschlichen Handelns in der auf vielfache Art gefährdeten Welt kurz vor der Schwelle zu einem neuen Jahrtausend.[2] Zeigt die Anthroposophie neuartige Konzepte auf, die dem Menschen des 21. Jahrhunderts Richtschnur und Orientierungshilfe in ungewisser Zukunft zu sein vermögen?

Unsere Erörterung beschränkt sich dabei rezeptiv auf ein einziges Buch, *Die Philosophie der Freiheit*. Von dieser Schrift RUDOLF STEINERS sagt JOHANNES HEMLEBEN, sie enthalte in reiner Gedanklichkeit schon alles, was RUDOLF STEINER später als *Anthroposophie* entwickelt habe.[3] Und RUDOLF STEINER selbst hat in vertrautem Freundeskreis von ihr wiederholt gesagt, sie sei das Buch in seinem gesamten Schaffen, von dem er wünsche, daß es im Katastrophenfall übrigbliebe.

Die *Philosophie der Freiheit* kommt darüber hinaus unserem Bemühen entgegen, von konventionellen Frageansätzen ausgehend, einige Aspekte des anthroposophischen Menschenbildes zu entfalten. Denn in kaum einer anderen Schrift hat STEINER so sehr das Mittel der Abgrenzung benutzt, um seinen eigenen Denkansatz zu verdeutlichen. Nicht zuletzt deswegen wurde die Philosophie der Freiheit als STEINERS philosophisches Hauptwerk (FRIEDRICH HIEBEL) bezeichnet.

STEINER selbst schreibt in der »Vorrede zur Neuausgabe von 1918«: »Was in dem Buche gesagt ist, kann auch für manchen Menschen annehmbar sein, der aus irgendwelchen ihm geltenden Gründen mit meinen geisteswissenschaftlichen Forschungen nichts zu tun haben will.«[4]

Der Aufbau des Werkes unterstreicht seinen philosophischen Charakter. Getragen wird es wesentlich durch zwei Teile; einen, der sich konventionell am einfachsten mit »Erkenntnistheorie« umschreiben läßt und einen zweiten, den wir hier in Anlehnung an HANNAH ARENDTS große Schrift[5] eine Theorie der »Vita activa« nennen wollen.

Dem zweiten Teil gilt die Aufmerksamkeit dieses Aufsatzes. Dies darf jedoch nicht zu dem Mißverständnis führen, STEINERS Erkenntnistheorie ginge uns nichts an. Das Gegenteil ist der Fall. RUDOLF STEINERS *Philosophie der Freiheit,* ja die Anthroposophie überhaupt, macht ja gerade lange vor HANNAH ARENDT und in Anknüpfung an PLATO und ARISTOTELES deutlich, wie sehr Denken und Handeln miteinander verbunden sind, wie das eine in das andere greifen muß, soll das tätige Leben ein dem Menschen angemessenes sein. In luzider sprachlicher Klarheit verdichten sich STEINERS Gedanken um Denken und Handeln in diesem Buch zu einem regen, lebendigen Prozeß des Geistes, der nur der anstoßenden, neuen Fragen bedarf, um immer wieder und neu in Gang gesetzt zu werden in den Menschen, die sich damit beschäftigen wollen.

Das Verhältnis von Individuum und Staat, die Gewichtung des einzelnen gegenüber den vielen und der vielen gegenüber dem einzelnen ist niemals oder doch zumindest ganz selten paritätisch – weder theoretisch noch praktisch. Meist sind die Akzente klar gesetzt und tragen entweder Züge des Anarchistischen, wenn dem Individuum Mensch Vorrang eingeräumt wird gegenüber seinem vergesellschafteten Pendant, oder bewegen sich in Richtung Totalitarismus, wenn die Rangfolge umgekehrt ist. Die Höhe der beiden Waagschalen stetig und gleichmäßig in der Horizontalen zu halten, Ungleichgewicht und damit Übervorteilung der einen Größe gegenüber der anderen zu verhindern, gelingt den handelnden Menschen in den historischen Zeiten ganz selten. Das Gleichgewicht gehört in den Bereich der Utopie. Und die Denker, die darüber theoretisieren könnten, errichten ihre Argumentationsgebäude meist bewußt zugunsten des einen und folglich zuungunsten des anderen. Exemplarisch sei hier verwiesen auf den aristokratischen Individualismus NIETZSCHES als dem einen Extrem und HEGELS Lobpreisung des Staates als dem anderen.

RUDOLF STEINER hat die Schriften beider Denker studiert, den bereits geistig umnachteten NIETZSCHE hat er 1894 sogar noch bei dessen Schwester, ELISABETH FÖRSTER-NIETZSCHE, in Naumburg aufgesucht. Der Besuch inspirierte ihn zu seinem frühen Buch *Friedrich Nietzsche, ein Kämpfer gegen seine Zeit*. Ein Buch, das sicher nicht den ganzen Einfluß NIETZSCHES auf STEINER widerspiegelt.[6] Die uns hier interessierende Frage der Akzentuierung im Verhältnis von Individuum und Staat beantwortet STEINER in seiner *Philosophie der Freiheit* jedoch ganz klar im Sinne NIETZSCHES.

Contra HEGEL – ohne dessen Namen zu nennen – heißt es da:

> »Ideen werden zweckmäßig nur durch Menschen verwirklicht. Es ist also unstatthaft, von der Verkörperung von Ideen durch die Geschichte zu sprechen. Alle solche Wendungen wie: ›Die Geschichte ist die Entwicklung der Menschen zur Freiheit‹, oder die Verwirklichung der sittlichen Weltordnung und so weiter sind von monistischen Gesichtspunkten aus unhaltbar.«[7]

STEINERS Absage an HEGEL läßt sich auf den Nenner bringen: nicht das unpersönliche Prinzip »Weltgeist« waltet in der Geschichte und nicht die Institution »Staat« als Manifestation des »objektiven Geistes« ist die *Conditio sine qua non* menschlicher Sittlichkeit und damit Freiheit, sondern allein menschliche Individuen haben die Freiheit, zwischen Alternativen zu wählen, sich ihrer selbst bewußt *für* oder *gegen* etwas zu entscheiden und sind damit die bestimmenden Größen jeglicher Geschichte.

STEINER stellt entschieden klar:

»Auf die Frage: Was hat der Mensch für eine Aufgabe im Leben? kann der Monismus nur antworten: Die, die er sich selbst setzt. Meine Sendung in der Welt ist keine vorherbestimmte, sondern sie ist jeweilig die, die ich mir erwähle.«[8]

In unseren beiden letzten STEINER-Zitaten fällt der Terminus »Monismus« auf, der den frühen, um Abgrenzung bemühten, noch in konventionellen Bahnen denkenden STEINER kennzeichnet[9].

»Monismus« läßt sich in beiden Zitaten ohne Vergewaltigung des Gemeinten durch den Begriff »Anthroposophie« ersetzen. Damit wird auch der STEINERsche Monismus-Begriff, der natürlich trotz STEINERS persönlicher Sympathie für ERNST HAECKEL nichts mit dem naiven Materialismus desselben zu tun hat, präziser charakterisiert.

Der Begriff »Monismus«, der ja nichts anderes meint als die Erklärung der Welt von einem einzigen Prinzip, einer Grundbeschaffenheit her, macht dagegen konventionell noch einmal den entscheidenden Unterschied zwischen STEINER und HEGEL deutlich. Auch und gerade HEGELS Philosophie ist ja, genau wie die Anthroposophie, eine Einheitslehre. Mehr noch: Beide Denker rücken sogar denselben Begriff ins Zentrum ihres Denkens, nämlich »Geist«. HEGEL befaßt sich u. a. mit der »Phänomenologie des Geistes«, und STEINERS Bemühen gilt dem »Denken über das Denken«. Die Standorte der beiden Ansätze sind einander jedoch diametral entgegengesetzt. HEGEL setzt den Geist (als Weltgeist) bereits als Sein voraus, als vor allen Dingen bestehend. Für ihn sind die verschiedenen Formen des Geistes Idee, die sich im Einzelwesen Mensch genau wie in den Institutionen des Menschen und in der Geschichte entfalten müssen. Das Werden als dialektischer Prozeß mit thetischen Seinspositionen wird in letzter Konsequenz in HEGELS Denken dem absoluten Seinsprinzip des Weltgeistes untergeordnet. Anders bei RUDOLF STEINER. In expliziter Abgrenzung gegenüber

HEGEL stellt dieser fest, daß sein eigener Ausgangspunkt das Denken selbst ist[10], die Tätigkeit des individuellen Menschengeistes, sein prozeßhaftes Werden. Ist der Geist für HEGEL *a priori* Idee, die Idee vom Anfang und Ende in einem, »der Kreis, der sein Ende als seinen Zweck voraussetzt und zum Anfang hat, und nur durch die Ausführung und sein Ende wirklich ist«[11], so äußert sich für STEINER der Geist wesentlich als Denken. Er ist eine zielgerichtet sich im Denken entfaltende Größe. Die Idee wird hier zu einer Folge des Denkens *a posteriori*.

Schließlich gewinnt das Sein in STEINERS Philosophie den Charakter des Überwundenwerdenwollens; es ist das im Menschen selbst Hervorgebrachte, ausgestattet mit einer immanenten Dynamik, verändert, weitergebracht, erweitert und entwikkelt zu werden bis zur bewußten, wissenden Einheit des Menschen mit dem Universum.

Mit dieser Betonung der geistigen Tätigkeit des Menschen ist zugleich die anthroposophische Grundvorstellung vom Menschen selbst skizziert. Denken ist die dem Menschen spezifisch eigene Tätigkeit; in ihr und durch sie wird das Menschsein begründet.

Dieses Werte-setzende, Ideen-schaffende Denken braucht den »objektiven Geist« HEGELS nicht, der – als staatliche Ordnung etabliert – immergültige, unumstößliche Gesetze erläßt und die Einhaltung von Normen überwacht. Im Gegenteil: STEINERS Denken hinterfragt auch und gerade die Autorität und Legitimität des Staates, indem er diesen gedanklich an das Individuum Mensch zurückbindet. Wenigstens ein Jahrzehnt vor MAX WEBER begegnet uns in der »Philosophie der Freiheit« das Fragment einer Theorie charismatischer Herrschaftslegitimität, dem letztlich nur eines fehlt: der Begriff »Charisma«. So heißt es bei RUDOLF STEINER:

»Denn die Staatsgesetze sind sämtlich aus Intuitionen freier Geister entsprungen, ebenso wie alle anderen objektiven Sittlichkeitsgesetze. Kein Gesetz wird durch Familienautorität ausgeübt, das nicht einmal von einem Ahnherrn als solches intuitiv erfaßt und festgesetzt worden wäre; auch die konventionellen Gesetze der Sittlichkeit werden von bestimmten Menschen zuerst aufgestellt; und die Staatsgesetze entstehen stets im Kopfe eines Staatsmannes.«[12]

Diese Entheiligung staatlicher Legitimität verbunden mit der Reindividualisierung ihres Werdens fügt sich nahtlos ein in das kritischste Segment der Aufklärungsphilosophie und gewinnt darüber hinaus noch nahezu therapeutischen Charakter, wenn RUDOLF STEINER festhält:

»Diese Geister haben die Gesetze über die anderen Menschen gesetzt, und unfrei wird nur der, welcher diesen Ursprung vergißt, und sie entweder zu außermenschlichen Geboten, zu objektiven vom Menschlichen unabhängigen sittlichen Pflichtbegriffen oder zur befehlenden Stimme seines eigenen falsch mystisch zwingend gedachten Innern macht.«[13]

Mit psychoanalytischem Akzent nimmt STEINER damit jene Kritik an Staat, Gesellschaft und Institutionen vorweg, die die letzten beiden Jahrzehnte unter den zu Schlagworten gewordenen Theoremen von der »repressiven Gesellschaft« und der »autoritären Persönlichkeit« bewegt haben und immer noch bewegen – wenn auch spärlicher. Die Schlußfolgerung aus diesen Ansätzen STEINERS ist evident. Die Rückführung staatlicher Legitimität auf einen charismatischen und somit individuellen Ursprung wird verbunden mit einer grundsätzlichen Infragestellung verinnerlichter Normen, letztere zu verstehen als »Über-Ich« im Sinn FREUDscher Terminologie, und führt zur möglichen Veränderung der bestehenden Ordnung, wenn diese als unzureichend erkannt wird, oder zur Identifikation mit eben den etablierten Normen, wenn diese als berechtigt empfunden werden[14]. Entscheidend für STEINER ist das Durchdenken des Vorgegebenen, die Umwälzung des Bestehenden, der Austausch mit dem Wirklichen als geistigen Prozeß. Die Konsequenz, wie auch immer sie praktisch oder theoretisch aussehen mag, muß Folge des Denkens sein.

Trotz solcher Überlegungen steht für STEINER die Notwendigkeit menschlicher Vergesellschaftung und institutioneller Ordnung außer Frage. Und dies aus verschiedenen Gründen. So steht für STEINER über aller Bestimmung der *condition humaine* der Satz: »Kein Mensch ist vollständig Gattung, keiner ganz Individualität.«[15] Der Begriff »Gattung« steht hier als Synonym für den Begriff »Natur«, denn die Natur macht STEINER als Ausgangspunkt zur ersten Phase menschlichen Werdens aus. Für STEINER gibt es keinen Grund, die Kreatürlichkeit des Menschen, die natürliche Bindung des Individuums an die Gattung zu leugnen. Denn ein jeder Mensch ist ja eine Individuation, in deren Programm eine Umbildung des Naturwesens in

Richtung Freiheit festgeschrieben ist. Insofern würde STEINER den berühmten Satz ROUSSEAUS: »Der Mensch ist frei geboren« sicherlich modifizieren. Der Mensch ist mit der Anlage geboren, sich zu einem Individuum, d. h. zu einem freien Menschen entwickeln zu können: »Jeder von uns ist berufen zum *freien Geiste,* wie jeder Rosenkeim berufen ist, Rose zu werden.«[16] Aber die Entwicklung zur Autonomie des Individuums durchläuft verschiedene Phasen. Gesellschaft und Staat sind Bildestätten des werdenden Menschen und notwendige Bestandteile des Bildungsprozesses.

In der *Philosophie der Freiheit* schreibt STEINER:

»Es ist dem Wahrnehmungsobjekt Mensch die Möglichkeit gegeben, sich umzubilden, wie im Pflanzenkeim die Möglichkeit liegt, zur ganzen Pflanze zu werden. Die Pflanze wird sich umbilden wegen der objektiven, in ihr liegenden Gesetzmäßigkeit; der Mensch bleibt in seinem unvollendeten Zustande, wenn er nicht den Umbildungsstoff in sich selbst aufgreift, und sich durch eigene Kraft umbildet. Die Natur macht aus dem Menschen bloß ein Naturwesen; die Gesellschaft ein gesetzmäßig handelndes; ein *freies* Wesen kann er nur *selbst* aus sich machen. Die Natur läßt den Menschen in einem gewissen Stadium seiner Entwicklung aus ihren Fesseln los; die Gesellschaft führt diese Entwicklung bis zu einem weiteren Punkte; den letzten Schliff kann nur der Mensch sich selbst geben.«[17]

Es ist klar, daß eine solcherart am menschlichen Individuum orientierte Philosophie das Verhältnis eben dieses Individuums zu Gesellschaft, Staat und Institutionen auf besondere Art bestimmen muß. Denn das autonome Individuum als Ziel und Krone der Menschwerdung kann keinerlei institutionelle Vorherrschaft mehr dulden. Der einzelne Mensch ist sich selbst Richtpunkt seines Wollens, und die Zwecke seines Handelns werden nur von ihm bestimmt. Die Orientierungs- und somit Herrschaftsfunktion der Institutionen kann entfallen.

Die Konsequenz aus diesen Einsichten zieht RUDOLF STEINER später in seinen Gedanken zur »Dreigliederung des sozialen Organismus«[18]. Dieses höchst originelle sozialphilosophische Theorem sieht die strikte Entflechtung von Rechts-, Wirtschafts- und Geistesleben vor, verbunden mit einer gleichzeitigen Autonomierung dieser Bereiche in jeder Hinsicht. Für das Verhältnis des Individuums zu diesen Bereichen gilt vor dem Rechtsleben Gleichheit, in der Wirtschaft Brüderlichkeit und im Geistesleben Freiheit für alle.

In diesen Idealen der Französischen Revolution ist unterirdisch der Konflikt zwischen Freiheit und Sittlichkeit angelegt. Wir wollen versuchen, die anthroposophische Lösung dieses Konflikts weiter zu verdeutlichen.

Freiheit und Sittlichkeit

Mit dem Satz: »Der Staat ist die Wirklichkeit der sittlichen Idee« beginnt HEGEL seine Paragraphen über »den Staat« in seinen *Grundlinien der Philosophie des Rechts*[19]. Freisein heißt bei HEGEL, pointiert gesagt: diesen Satz begreifen.

Demgegenüber stellt RUDOLF STEINER in seiner *Philosophie der Freiheit* fest: »Das menschliche Individuum ist Quell aller Sittlichkeit.«[20] Und an anderer Stelle heißt es: »Sittlichkeit ist ... eine spezifisch menschliche Eigenschaft, und Freiheit die menschliche Form, sittlich zu sein.«[21]

Die Zitate beider Denker enthalten die gleichen Begriffe und weichen in dem, was sie begreifen, entscheidend voneinander ab. Wir wollen auch hier versuchen, die Gegensätze zwischen beiden Positionen zu verdeutlichen und die Besonderheiten des anthroposophischen Denkansatzes zu erhellen.

HEGELS Staat, das können wir aus dem vorigen Abschnitt rekapitulieren, ist die Manifestation des objektiven Geistes in der Geschichte. »Es ist der Gang Gottes in der Welt, daß der Staat ist«, heißt es an einer Stelle der *Grundlinien der Philosophie des Rechts*[22]; schließlich: »Der Staat an und für sich ist das sittliche Ganze, die Verwirklichung der Freiheit, und es ist absoluter Zweck der Vernunft, daß die Freiheit wirklich ist.«[23]

Ohne den Gedanken, daß alle Geschichte und folglich auch Staat und Individuum in der Geschichte Äußerungen bzw. Entäußerungen des sich selbst und damit die Geschichte bewegenden Weltgeistes bzw. Gottes sind, können diese Sätze HEGELS nur ungenügend verstanden werden. Der Geist ist das sich selbst genügende, seiende Urprinzip in der Philosophie HEGELS. Und der Mensch hat in drei Phasen – als Mensch an sich in der Natur, als Mensch für sich in der bürgerlichen Gesellschaft und als Mensch an und für sich im Staat –, die er erkennend durchlaufen muß, Anteil an diesem Geist, jedoch ohne Einfluß auf ihn zu haben. In höchster Vollendung seines Seins schaut der Mensch als Philosoph auf alle Geschichte zurück und ist damit auch Wissender des Weltgeistes. Als Wissender ist er sich seiner selbst und des Universums gleichzeitig und in einem bewußt. Er ist Mensch an und für sich und insofern frei.

Aber diese Freiheit ist an den sich selbst verwirklichenden Weltgeist gefesselt. Die Freiheit des Menschen ist lediglich die Einsicht in die Freiheit des sich in der Geschichte notwendig entfaltenden Geistes; sie ist also keine dem Individuum eigentümliche Bestimmung, sondern Teil der Freiheit des Weltgeistes.

Ein anderer Teil der Freiheit des Weltgeistes ist die im Staat zu sich selbst gekommene Sittlichkeit, die der Philosoph, kraft seiner Einsicht in den Gang des Weltgeistes, wiederum als »die Idee der Freiheit« erkennt. Auf den Punkt gebracht: Bei HEGEL sind Sittlichkeit und Freiheit zwei Seiten desselben Geistes, dessen Gesamtansicht dem Menschen als Schauen, Vorstellen und Wissen in Religion, Kunst und Wissenschaft erkennend zuteil wird. In diesem Erkennen ist der Mensch frei; seine Freiheit als Handelnder jedoch ist gebunden an die Erkenntnis der Sittlichkeit, an das Wollen Gottes. Beide, Handeln und Erkennen, haben also eine absolute Grenze und sind gleichzeitig Funktionen dessen, was sie begrenzt. Anders bei RUDOLF STEINER. Seine Anthroposophie braucht den Weltgeist nicht, um Sittlichkeit und Freiheit zu bestimmen. STEINER ist es »unmöglich, die sittliche Weltordnung von Ursachen abzuleiten, die nicht innerhalb der erlebbaren Welt liegen«.[24] Und da die erlebbare Welt eine durch Wahrnehmen, Fühlen, Denken und Handeln vermittelte ist, und diese Vermittlung hinweist auf den Menschen als den *Spiritus rector* dieser Vermittlung, muß die Ursache auch der Sittlichkeit folglich im Menschen selbst gesucht werden, nicht in den Hervorbringungen eines Weltgeistes.

Wenn FRIEDRICH NIETZSCHE – nicht zuletzt mit Blickrichtung auf HEGEL – von der »Lüge der sittlichen Weltordnung« spricht, dann markiert STEINERS Lokalisierung der Ursache der Sittlichkeit im Menschen analog dazu den Unterschied der Anthroposophie zu HEGELS Geistphilosophie. Der Mensch ist der Werte-Setzer und Ideen-Schöpfer – nicht ein abstraktes Geistprinzip. STEINER stellt schlicht fest: »Die sittlichen Ideale entspringen aus der moralischen Phantasie des Menschen.«[25] Ihre Verwirklichung ist abhängig vom Begehren, das den individuellen Menschen antreibt. Das sittliche Ideal wird hier zu einem lustbetonten, konkreten Erlebnis, und der Weg dorthin zu einem schöpferischen Akt, der Qual und Leid als gegeben annimmt und mit deren Überwindung eine Steigerung des Begehrens und der Lust verbindet.

STEINERS Maxime lautet: Die Erreichung eines ethischen Ideals bereitet Lust, ist die Befriedigung einer Begierde. »Was man *das Gute* nennt, ist nicht das, was der Mensch *soll,* sondern das, was er *will,* wenn er die volle wahre Menschennatur zur Entfaltung bringt.«[26]

Auch wenn eine bestimmte Wesensnatur des Menschen hier zur Bedingung des Willens gemacht wird, eine Tatsache, die der letzte Abschnitt dieses Aufsatzes noch zu erörtern haben wird, macht dieses Zitat STEINERS Differenz zur ratiobeherrschten deutschen Aufklärungsphilosophie deutlich. Die Koppelung der Ethik an ein individuelles Lustprinzip ersetzt den kategorischen Zeigefinger KANTS durch eine lebensfrohe, optimistische Gebärde. *Expressis verbis* gegen KANT heißt es bei STEINER: »Handle so, daß die Grundsätze deines Handelns für alle Menschen gelten können. Dieser Satz ist der Tod aller individuellen Antriebe des Handelns. Nicht wie *alle* Menschen handeln würden, kann für mich maßgebend sein, sondern was für mich in dem individuellen Falle zu tun ist.«[27]

Die Ethik wird damit ihrer blutleeren Abstraktheit entbunden und mit lebendigen Menschen gefüllt, die sich in singulären Situationen ihrem Wesen gemäß verhalten und individuelle Entscheidungen treffen von Fall zu Fall. In dieser Tugendlehre wird der einzelne Mensch weder erdrückt durch die weltgeistliche sittliche Notwendigkeit HEGELS, noch entindividualisiert durch ein formales Allgemeinheitsprinzip à la IMMANUEL KANT. Im Gegenteil. Wer seine sittlichen Prinzipien von außen empfängt, sich an Vorbildern orientiert oder aus Furcht vor Strafe auf eine bestimmte Art und Weise handelt, ist unfrei, ein »Philister« oder bloßer »Moralprediger«.

Das will nicht heißen, daß Nachahmung oder Gefolgschaft nicht zur menschlichen Entwicklung dazugehören. Sie sind sogar natürliche Stationen eines jeden Lebensweges, eine Einsicht, die sich nicht zuletzt die Waldorf-Pädagogik zunutze macht.

Aber so, wie sich der zur Freiheit hinentwickelnde Mensch von seiner Fixierung auf die organische Natur seines Wesens lösen muß, so muß er auch den gesellschaftlichen Autoritäten, seien sie nun konkrete Gestalten und Institutionen der äußeren Welt oder Ängste und Zwänge in seinem Inneren, den rechten Stellenwert zuweisen. Der autonome Mensch ist frei von inneren Blockaden und insofern immer frei zu sich selbst – auch wenn er äußerlich in Fesseln liegen sollte. Die *innere Freiheit zu* ist Voraussetzung einer jeden *äußeren Freiheit zu*. Denn der Weg zu jener Freiheit, die STEINER einzig als solche akzeptiert, beginnt immer mit der Befreiung von Abhängigkeiten jeglicher Art. Diese vollzieht sich als geistig-seelische Tat und ist ein Denk- und Bewußtwerdungsprozeß, beginnend bei der Wahrnehmung der Abhängigkeiten, gefolgt vom bewußten Abschütteln der Fesseln, endend im autonomen Selbstbewußtsein, der Freiheit zu, der Selbstverantwortung in der Entscheidung.

In dieser Wesensbestimmung der Freiheit zeigt sich wiederum STEINERS große Nähe zu FRIEDRICH NIETZSCHE, dem Freiheit ja auch wesentlich eine Freiheit des selbstbewußten, wissenden Willens war. RUDOLF STEINER nimmt damit aber auch zentrale Gedanken des Sozialphilosophen ERICH FROMM vorweg. Von diesem scheidet ihn vor allem die Erfahrung des Totalitarismus, die STEINER erspart geblieben ist, und die FROMMS Denken richtungweisend bestimmte. Denn Totalitarismus bedeutet ja, individualpsychologisch gewendet, nichts anderes als den Rückfall oder das Steckenbleiben in sozialen oder psychogenen Abhängigkeiten, in »sekundären Bindungen«, wie FROMM sagt. Konnte STEINER noch feststellen, daß »der Philister, der in einem äußerlich Festgestellten die verkörperte Sittlichkeit sieht, ... in dem freien Geist vielleicht sogar einen gefährlichen Menschen sehen [wird]«[28], so gilt post HITLER die gerade Umkehrung dieser Verhältnisse. Nicht der freie Mensch ist gefährlich, sondern der Philister, der Wachs wird in den Händen des Führers und Verführers und sich zum gehorsamen Funktionsteil in der gigantonomischen Totalitarismusmaschinerie degradieren läßt, deren inneres Schmiermittel eben die vom Führer in die Herzen gepflanzte »Sittlichkeit« ist. ERICH FROMM hat diese psychologischen Mechanismen sehr eindrucksvoll dargestellt unter dem bezeichnenden Titel *Die Furcht vor der Freiheit*[29].

Natürlich ist jedem Menschen die Tendenz immanent, in Abhängigkeiten zu flüchten und ein sicheres Refugium der Verantwortungslosigkeit und geistigen Tätigkeit zu bewahren. Menschen anderer Zeiten war diese bewußtlose Anlehnung noch vergönnt, uns Heutigen hat das Schicksal in die Wiege gelegt, Individuum und damit verantwortlich sein zu *müssen.* Unsere Vorfahren *konnten,* wir *müssen* frei sein. Im Sinne STEINERS: »Frei ist nur der Mensch, insofern er in jedem Augenblick seines Lebens sich selbst zu folgen in der Lage ist.« Für das Verhältnis der Sittlichkeit zur Freiheit bedeutet dies: »Eine sittliche Tat ist nur *meine* Tat, wenn sie in dieser Auffassung eine freie genannt werden kann.«[30]

Die »vita activa«

Mit dem Wort »vita activa« faßt HANNAH ARENDT in ihrem gleichnamigen Buch[31] die drei menschlichen Grundtätigkeiten des Arbeitens, Herstellens und Handelns zusammen. Diese drei sind »Grundtätigkeiten, weil jede von ihnen einer der Grundbedingungen entspricht, unter denen dem Geschlecht der Menschen das Leben auf der Erde gegeben ist«[32].

Dabei entspricht die Arbeit der natürlichen Tätigkeit des Menschen aus Lebensnotwendigkeit zur Lebenserhaltung. Im Herstellen offenbart sich das Angewiesensein des Menschen auf die Welt und sein gleichzeitiges Bestreben durch die Künstlichkeit der hergestellten Produkte, seien sie materieller oder geistiger Art oder eine Verbindung aus beiden, der Natur zu widerstehen und sich selbst Dauer zu verschaffen. Das Handeln schließlich ist die eigentliche Bestimmung des Menschen, weil es sich ohne materielle Vermittlung zwischen Menschen abspielt und damit wesentlich Leben ist, verstanden als »inter homines esse«: unter Menschen weilen[33]. Letzteres auf den Punkt gebracht:

> »Das Handeln bedarf einer Pluralität, in der zwar alle dasselbe sind, nämlich Menschen, aber dies auf die merkwürdige Art und Weise, daß keiner dieser Menschen je einem anderen gleicht, der einmal gelebt hat oder lebt oder leben wird.«[34]

Ein anderer Denker unserer Zeit, der bereits zitierte ERICH FROMM, stellt seine Überlegungen über »die seelischen Grundlagen einer neuen Gesellschaft« unter das dialektische Motto: *Haben oder Sein*[35] und weist damit auf einer zunächst unterirdischen und mittlerweile sehr irdisch gewordenen Ebene auf jene antagonistischen Positionen hin, die in HANNAH ARENDTS Tätigkeitsbegriffen und damit in der *condition humaine* selbst angelegt sind. Der Mensch hat das Bedürfnis, die hergestellten Produkte, welcher Art sie auch immer sein und welcher Sphäre sie auch immer angehören mögen, zu besitzen und diesen Besitz immerfort zu vermehren. Die Anhäufung von inneren und äußeren Besitztümern hat notwendig den Verlust des Seins, hier zu verstehen als Leben und Leben-können, zur Folge. Der Mensch des Habens verliert sich in den Dingen, betrachtet auch die Freiheit als Besitz und bemißt den Wert des Lebens an dessen Dauer. Der lebendige Mensch dagegen, der Mensch des Seins, geht mit den Dingen um, verzehrt sich in der Sehnsucht nach der »Freiheit zu« und bemißt den Wert des Lebens am Leben selbst.

Diese Charakterisierung zweier unterschiedlicher Haltungen gewinnt dadurch kulturphilosophische und -kritische Bedeutung, daß ihr Geltungsbereich über die individuelle Sphäre weit hinausreicht. Nicht nur ERICH FROMM ist der Auffassung, daß die gesamte abendländische Zivilisation durch den Begriff »Haben« geprägt ist. Ja, das Haben wird sogar als das Spezifikum angesehen, das das Abendland von anderen Kulturkreisen unterscheidet. In der Terminologie HANNAH ARENDTS ausgedrückt heißt das: Der herstellende Mensch dominiert über den handelnden und zwingt diesen in einen aus der Funktionalität der Dinge resultierenden reaktiven Automatismus. Die »vita activa« wird so zu einer »vita re-activa«.

Es steht außer Frage, daß das Herstellen zu einem *Perpetuum mobile* geworden ist, das den Menschen mittlerweile bis zur Grenze der Selbstvernichtung seiner Art mitgeschleift hat. Aus den Menschen wird ein Rechenexempel des Habens, die Menschheit wird zur »Summe aller Menschen, die von einem atomaren Weltkrieg betroffen wären«[36] – oder von – im Ergebnis – vergleichbaren Katastrophen anderer Provenienz. Die abstrakte Absurdität dieser Definition weist darauf hin, daß die tiefen Schichten des menschlichen Geistes, in denen Denken, Intuition und Einsehen, die moralische Phantasie beheimatet sind, brachliegen. Denken und Moral sind symbiotische, wechselwirkende Hervorbringungen menschlichen Geistes. Was demgegenüber die naturwissenschaftlich positivistische Erkenntnis im Sinn dieser Definition auszeichnet, ist: Gleich-Gültigkeit. Und Gleich-Gültigkeit ist die materielle, die Haben-

Seite der Moral[37]. Sie ist gekennzeichnet durch Unlust, Flucht in Abhängigkeiten und – letztlich –: Lieblosigkeit dem Leben selbst gegenüber.

Das ganze Ausmaß dieser Lieblosigkeit vermögen wir erst heute zu übersehen im Schatten des vielbeschworenen planetaren Suizids. RUDOLF STEINER war nur das Dilemma der Jahrhundertwende sowie das Inferno des Ersten Weltkrieges geläufig. Die Atombombe sah er bereits voraus, die ökologische Disharmonie war noch verhüllt im besänftigenden Dunstkreis des Zukünftigen, und dennoch hat STEINER schon damals richtungweisende und richtige Antworten gegeben. Seine ganze Anthroposophie beansprucht ja eine in der Tradition abendländischen Geistes stehende Antwort auf die durch eben das Abendland initiierten und provozierten Probleme zu sein.

Die Vorherrschaft einer einzigen Kultur über die anderen ist nicht denkbar ohne die der abendländischen Kultur durch die christliche Heilslehre und -erwartung immanente Ausbreitungsdynamik. Und: der Genozid im Atomschlag ist eben folgerichtiges Menetekel der um Erkenntnis ringenden abendländischen Wissenschaft. Ergo kann auch die Lösung der aus dem abendländischen Geist resultierenden Probleme nur eine abendländische sein. Denn nur der abendländische Geist kann seine am Rand der Apokalypse spielenden Kinder zur Räson rufen – seien diese nun abstrakte Formeln oder in Ingenieuren lebendig gewordene Technologie. Die Verketzerung des Sektierertums in unseren Breiten beweist diese These nachdrücklich, und wie schwer fällt es den Anthroposophen selbst, ernst genommen zu werden?

Wenn STEINER im christlichen Gedankengut besonders die Liebe betont, die reine Erkenntnis positivistischer Naturwissenschaft durch die normspendende Kraft des Denkens zügeln möchte und in allen herstellenden Tätigkeiten den Menschen selbst, sein Wesen und seine Bedürfnisse in den Mittelpunkt stellt, dann müssen wir noch einmal nachdrücklich nach dem »wahren Menschen« der Anthroposophie fragen. Denn letztlich beansprucht natürlich jede Weltanschauung, den einzig wahren Charakter des Menschen erkannt zu haben. Ein Vergleich der Resultate dieser Wahrheitsbemühungen bringt letztlich immer mehr oder weniger nicht mehr weiter hinterfragbare Glaubenspositionen und damit auch Antinomien zutage. Auch die Anthroposophie ist davon in ihren esoterischen Regionen sicherlich nicht ganz zu befreien. Aber jener Teil des anthroposophischen Menschenbildes, der uns hier einzig interessiert, der die »vita activa« betrifft und folglich den Menschen als Tätigen zum Thema hat, erscheint uns in seiner ganzheitlichen Anlage vollkommen stimmig.

STEINERS Ausgangspunkt ist der »Endpunkt der Schöpfung« (RUDOLF STEINER): der denkende Mensch, der sich wahrnehmend, beobachtend und im Denken seiner selbst und der Welt gleichermaßen bewußt handelnd ins Universum hineinentwikkelt. »Jede Erweiterung des Kreises meiner Wahrnehmungen nötigt mich, mein Bild der Welt zu berichtigen. Das zeigt sich im täglichen Leben ebenso wie in der Geistesentwicklung der Menschheit.«[38]

Mit dieser ständigen Berichtigung seines Weltbildes ändert der Mensch auch ständig sein Bewußtsein und damit sich selbst. Diese progressive Dezentrierung der Bewußtseinsstandpunkte wird initiiert durch Beobachtung und Wahrnehmung, vermittelt und verarbeitet im Denken und findet seine Bestimmung im Denken über das Denken, der spezifisch menschlichen Tätigkeit somit, die den einzelnen für andere objektiviert und damit die Pluralitäts- und gleichzeitig kosmische Empfindung ermöglicht, das Einssein mit dem Universum und der Menschheit.

Dieses Fühlen und Empfinden scheidet die einzelnen aber gleichzeitig wieder voneinander: »Durch diese besonderen Färbungen des universellen Denkens unterscheiden sich die einzelnen Menschen voneinander.«[39]

Zusammengefaßt heißt das:

»In dem Denken haben wir das Element gegeben, das unsere besondere Individualität mit dem Kosmos zu einem Ganzen zusammenschließt. Indem wir empfinden und fühlen (auch wahrnehmen), sind wir einzelne, indem wir denken, sind wir das *all-eine* Wesen, das alles durchdringt.«[40]

Diese Spezifikation des menschlichen Denkens ist die Basis für die anthroposophische Vorstellung von der »vita activa«, die diesem Band als Motto vorangestellt ist: »*Leben* in der Liebe zum Handeln und *Lebenlassen* im Verständnisse des fremden Wollens ist die Grundmaxime der *freien Menschen*.«[41]

Wenn Liebe und Toleranz zum Prinzip des Handelns, der eigentlichen Bestimmung der »vita activa« erhoben werden, dann wirkt dies naturgemäß auch zurück auf die Bereiche des

Herstellens und Arbeitens. Die verschiedenen Kapitel und Themen dieses Bandes weisen das aus. Der denkend und liebend sich in und an der Welt und den Menschen gestaltende, freie Mensch ist gleichermaßen verantwortlich für sich selbst wie für die anderen. Vor der Skylla Totalitarismus bewahrt bleibt er durch die Bindung allen Werdens und nicht zuletzt der Sittlichkeit an sich selbst als Individuum. Die Charibdis Anarchie wird umschifft durch den republikanisch verfaßten, dreigegliederten Sozialorganismus. Fehlt bislang die Übereinstimmung aller mit der »Alternative« Anthroposophie:

»Der Freie verlangt von seinen Mitmenschen keine Übereinstimmung, aber er erwartet sie, weil sie in der menschlichen Natur liegt.«[42]

Anmerkungen

Vorwort (Kurt E. Becker und Hans-Peter Schreiner)

1 RUDOLF STEINER: Aus der Akasha-Chronik (1904/08); Dornach 1979, S. 183/184
2 RUDOLF STEINER: Wie kann die seelische Not der Gegenwart überwunden werden? Vortrag Zürich, 10. Oktober 1916. In: *Die Verbindung zwischen Lebenden und Toten,* Dornach 1976
3 »Es ist alles, was heute theoretische Wissenschaft ist, ein phantastisches Gebilde, das dadurch entstanden ist, daß man die äußere Tatsache nach dem äußeren Schein kombiniert.« RUDOLF STEINER in: *Die Offenbarungen des Karma,* Vorträge, Dornach 1980, S. 186
4 RUDOLF STEINER: Aus der Akasha-Chronik (1904/08); Dornach 1979, S. 186
5 »Der bloße Pflichtbegriff schließt die Freiheit aus, weil er das Individuelle nicht anerkennen will, sondern Unterwerfung des letzteren unter eine allgemeine Norm fordert. Die Freiheit des Handelns ist nur denkbar vom Standpunkt des ethischen Individualismus aus.« In: RUDOLF STEINER, *Philosophie der Freiheit,* Dornach 1973, S. 165
6 RUDOLF STEINER: Die Offenbarungen des Karma (1910); Dornach 1980, S. 193
7 RUDOLF STEINER: Die Verbindung zwischen Lebenden und Toten (1916); Dornach 1976, S. 165
8 RUDOLF STEINER: Die Kernpunkte der sozialen Frage in den Lebensnotwendigkeiten der Gegenwart und Zukunft; Dornach 1980, S. 57
9 RUDOLF STEINER: Die Verbindung zwischen Lebenden und Toten (1916); Dornach 1976, S. 197

Zum Weltbild Rudolf Steiners (Friedrich Hiebel)

1 FRIEDRICH HIEBEL: Rudolf Steiner im Geistesgang des Abendlandes; Bern und München, 2. Auflage, 1975
2 FRIEDRICH HIEBEL: Goethe, Die Erhöhung des Menschen; Bern und München, 1960
3 FRIEDRICH HIEBEL: Rudolf Steiners Beitrag zur Goetheforschung; in: *Neue Deutsche Hefte; Beiträge zur europäischen Gegenwart,* Juli/August 1961, Nr. 82

4 RUDOLF STEINER: Gesamtausgabe, Dornach (Schweiz), für alle zitierten Werke von Rudolf Steiner
5 FRIEDRICH HIEBEL: Paulus und die Erkenntnislehre der Freiheit; Dornach, 2. Auflage, 1959
6 ANDREAS B. WACHSMUTH: Die Magia naturalis im Weltbild Goethes; in: *Goethe* XIX (1957)
7 Vgl. Anm. 4

Anthroposophie und Wissenschaft (Karl-Martin Dietz)

1 HORST STERN in: *Spiegel* Nr. 32, 4. 8. 80
2 ERNST MACH: Erkenntnis und Irrtum; Darmstadt 1980, S. 462
3 WALTER HEITLER: Der Mensch und die naturwissenschaftliche Erkenntnis; Braunschweig–Wiesbaden, 4. Auflage 1966, S. 86
4 KURT HÜBNER: Kritik der wissenschaftlichen Vernunft; Freiburg–München 1979, S. 21 f
5 WERNER HEITLER: Die Natur und das Göttliche; Stuttgart, 2. Auflage 1975, S. 56 f
6 ADOLF PORTMANN: Biologie und Geist, Zürich 1956, S. 46
7 WERNER HEISENBERG: Gespräche im Umkreis der Atomphysik; in: *Der Teil und das Ganze,* München 1973, S. 138 f
8 WOLFGANG STEGMÜLLER: Hauptströmungen der Gegenwartsphilosophie; Stuttgart 1978/79, Band 1, S. 383 ff
9 KURT HÜBNER: Kritik der wissenschaftlichen Vernunft; S. 426
10 WALTER HEITLER: Der Mensch und die naturwissenschaftliche Erkenntnis; Braunschweig–Wiesbaden 1966, S. 89
11 Ebd., S. 84
12 RUDOLF STEINER: Vortrag vom 29. 8. 1921
13 RUDOLF STEINER am 24. 4. 1904
14 RUDOLF STEINER: Die psychologischen Grundlagen und die erkenntnistheoretische Stellung der Anthroposophie; Gesamtausg. Dornach 1965, Bd. 35
15 HANS ERHARD LAUER: Rudolf Steiners Lebenswerk; Basel 1926
16 RUDOLF STEINER: Vortrag vom 8. 7. 1920
17 RUDOLF STEINER am 17. 12. 1903
18 RUDOLF STEINER: Vortrag vom 13. 9. 1908
19 RUDOLF STEINER: Vortrag vom 29. 10. 1920
20 RUDOLF STEINER: Vortrag vom 6. 1. 1923

Entstehung und Zukunft der Pädagogik Rudolf Steiners (Karl Rittersbacher)

1 MAX HOFFMEISTER, Die übersinnliche Vorbereitung der Inkarnation; Basel 1979
2 LOTHAR VOGEL, Der dreigliedrige Mensch; Dornach 1979

3 Einen anschaulichen Einblick in die Lehrstoffe gibt der Band »Die Pädagogik Rudolf Steiners. Bilder und Berichte aus der internationalen Waldorfbewegung«, Stuttgart 1978 (3. Aufl.)
4 Siehe dazu: Rudolf Steiner in der Waldorfschule (1919–24); Dornach 1979
5 Siehe dazu: RUDOLF STEINER, Die Philosophie der Freiheit (1894); Dornach 1973

Weitere Literaturhinweise zu diesem Beitrag:

KARL RITTERSBACHER: Die pädagogischen und sozialwissenschaftlichen Werke und Konferenzen Rudolf Steiners. In: *Zur Beurteilung der Pädagogik Rudolf Steiners,* Basel 1969

KARL RITTERSBACHER: Wirkungen der Schule im Lebenslauf; Basel 1975

Anthroposophie und Medizin (Lothar Vogel)

1 Vgl. BERNHARD ASCHNER: Krise der Medizin; Stuttgart 1933 (5. Aufl.)
2 Vgl. RUDOLF VIRCHOW, 1845
3 Vgl. RUDOLF VIRCHOW, 1893
4 Zitiert nach KARL ED. ROTHSCHUH: Konzepte der Medizin in Vergangenheit und Gegenwart; Stuttgart 1978
5 Der Begriff »Anthroposophie« geht ursprünglich auf FRIEDRICH WILHELM SCHELLING zurück:
»Allein ... die ganze Konstruktur des Menschenorganismus wäre die Sache einer Wissenschaft, die noch nicht existiert und die eigentlich Anthroposophie heißen sollte.«
Nach SCHELLING entwickelte hauptsächlich der SCHELLING-Schüler I. P. V. TROXLER (1780–1866) den Begriff »Anthroposophie« als erkenntnistheoretisch konsequente Weiterführung der idealistischen Philosophie.
6 Wir sehen hier von den bedeutsamen und grundlegenden Bemühungen VIKTOR VON WEIZSÄCKERS und seiner Schule ab, die sich um die Begründung einer medizinischen Anthropologie für die Gegenwart bemühten.
7 Vergl. FRIEDRICH WAGNER: Die Wissenschaft und die gefährdete Welt; München 1969 (2. Aufl.)
8 GOETHE: Vermächtnis, in: *Goethes Werke,* Weimar 1890, Bd. 3, S. 82
9 HERBERT HENSEL: Die Verantwortung der Wissenschaft, in: *Fragen der Freiheit;* Eckwälden 1978
10 A. M. KLAUS MÜLLER: Die präparierte Zeit. Der Mensch in der Krise seiner eigenen Zielsetzungen; Stuttgart 1972
11 Zum Begriff des Goetheanismus vgl. RUDOLF STEINER: Der Goetheanismus, ein Menschenumwandlungsimpuls und Auferstehungsgedanke, Dornach 1942

12 Vgl. I. P. V. TROXLER: Fragmente; St. Gallen 1936
13 Vgl. Anm. 12
14 HERMANN IMMANUEL FICHTE: Anthropologie; Leipzig 1876
15 Hier wären besonders noch die anthropologischen Werke von C. G. CARUS, K. A. V. ESCHENMAYER, K. F. BURDACH u. m. zu nennen
16 Vgl. Anm. 10
17 Vgl. Anm. 12
18 RUDOLF STEINER: Von Seelenrätseln; Anthropologie und Anthroposophie. Max Dessoir über Anthroposophie. Franz Brentano (1917); 3. Aufl., Dornach 1960
19 Vgl. Anm. 18
20 Vgl. Anm. 18
21 Vgl. Anm. 18
22 Vgl. Anm. 18
23 Vgl. Anm. 18
24 WOLFGANG SCHAD im »Sternenkalender« für 1981, Dornach 1980: »Im Frühjahr 1917 sprach RUDOLF STEINER darüber erstmals (nämlich über die Dreigliederung des Menschen, d. V.) und fügte hinzu: ›... es ist nun genau fünfunddreißig Jahre her, seit ich als ganz junger Mann in Wien begonnen habe mit den Forschungen, welche zuletzt dazu führen konnten ...‹ Der Student an der Wiener technischen Hochschule war damals im Frühjahr gerade einundzwanzig Jahre alt geworden. In der Autobiographie ›Mein Lebensgang‹ schilderte er im einzelnen, wie sich ihm diese ›Erfahrungserkenntnis‹ ergeben hatte und: ›daß Goethe hierbei gleichsam geistig Pate gestanden habe‹.«
25 Vgl. Anm. 18
26 Vgl. Anm. 18
27 GOETHES Gesetz von Polarität und Steigerung als Schlüssel zum Verständnis der Dreigliederungsdynamik. GOETHE an den Kanzler von Müller, Weimar den 24. Mai 1828
28 GOETHE: Schillers Reliquien, in: *Goethes Werke,* Weimar 1890
29 Vgl. I. P. V. TROXLER zur »Viergliederung« in *Das Wesen des Menschen*
30 RUDOLF STEINER: Geheimwissenschaft im Umriß (1910); Dornach 1968
31 RUDOLF STEINER: Theosophie, Einführung in übersinnliche Welterkenntnis und Menschenbestimmung (1904); Dornach 1961
32 Der Substanzbegriff ist hier im Sinne von Substanzprozeß eines noch nicht materiellen Kräfte-Stoffbegriffes, wie ihn RUDOLF STEINER häufig als »lebensätherische Wirksamkeit« bezeichnet, verwendet
33 JOHANN FRIEDRICH MECKEL (1781–1833) Mikrobiologie des Menschen, Halle
34 Der homöopathische Potenzierungsprozeß: SAMUEL HAHNEMANN charakterisiert die Potenzierung als Herstellung einer »geistartigen Substanz« (vgl. HAHNEMANNS Grundschrift *Organon der Heilkunde,* Stuttgart 1969, 6. Aufl.)

35 RUDOLF STEINER U. ITA WEGMANN: Grundlegendes für eine Erweiterung der Heilkunst nach geisteswissenschaftlichen Erkenntnissen (1925); Dornach 1975, S. 77
36 Ebd., S. 13
37 Ebd., S. 13f
38 Vgl. RUDOLF STEINER: Geisteswissenschaft und Medizin; 4. Vortrag (1920), Dornach 1976 (4. Aufl.)
39 Zur Sinneslehre RUDOLF STEINERS seien hier aus der großen Fülle nur die wichtigsten Schriften und Vortragswerke erwähnt: Anthroposophie – Psychosophie – Pneumatosophie, 12 Vorträge (1909/11); Dornach 1969, Gesamtausg., Bd. 115. Anthroposophie, ein Fragment (1910); Dornach 1970, Gesamtausg., Bd. 45. Die Welt der Sinne und die Welt des Geistes (1911/12); Dornach 1959, Gesamtausg., Bd. 134. Allgemeine Menschenkunde als Grundlage der Pädagogik (1919); Dornach 1973, Gesamtausg., Bd. 293
Dazu zusammenfassende Arbeiten über anthroposophische Sinneslehre: HANS ERHARD LAUER: Die zwölf Sinne des Menschen; Schaffhausen 1977
ERNST LEHRS: Vom Geist der Sinne; Frankfurt a. M. 1973
KARL KÖNIG: Sinnenentwicklung und Leiberfahrung. Heilpädagogische Gesichtspunkte zur Sinneslehre Rudolf Steiners; Dornach 1978
HANS JÜRGEN SCHEURLE: Überwindung der Subjekt-Objektspaltung in der Sinneslehre, phänomenologische und erkenntnistheoretische Grundlagen der allgemeinen Sinnesphysiologie; Stuttgart 1977

Die biologisch-dynamische Wirtschaftsweise in der Auseinandersetzung mit der Naturwissenschaft unserer Zeit (Wolfgang Schaumann)

1 JUSTUS VON LIEBIG: Die Chemie in ihrer Anwendung auf die Agricultur und Physiologie (1840); Braunschweig 1876
2 RUDOLF STEINER: Geisteswissenschaftliche Grundlagen zum Gedeihen der Landwirtschaft (1924); Dornach 1979
3 AUGUST THIENEMANN: Leben und Umwelt, Hamburg 1956
4 Vgl. Anm. 2
5 Ebd.
6 Ebd., 6. Vortrag
7 Vgl. Anm. 2
8 Ebd.
9 JUSTUS VON LIEBIG: Über den Materialismus; in: *Chemische Briefe,* Heidelberg 1844

Nonverbale Erziehung durch Architektur (Eberhard Grillparzer)

1 Vgl. THEODOR LIPPS: Vom Fühlen, Wollen und Denken; Leipzig 1902
2 Vgl. JOHANN WOLFGANG VON GOETHE: Metamorphosen der Pflanzen (1790); mit Anmerkungen und einem einleitenden Aufsatz von RUDOLF STEINER, Stuttgart 1977

Anthroposophie und Kunst (Hedwig Greiner-Vogel)

1 RUDOLF STEINER: Die Kunst der Rezitation und Deklamation (1912 bis 1918); Dornach 1967, Gesamtausg., Bd. 281
2 JOHANN WOLFGANG VON GOETHE: Die Schriften zur Kunst; Gedenkausgabe der Werke, München (Artemis), Bd. 13
3 RUDOLF STEINER: Wahrspruchworte; Dornach 1978, Gesamtausg., Bd. 40
4 ERICH SCHWEBSCH: Zur ästhetischen Erziehung; Stuttgart 1954
5 RUDOLF STEINER: Allgemeine Menschenkunde als Grundlage der Pädagogik (1919); Dornach 1968, Gesamtausg., Bd. 293
6 RUDOLF STEINER: Der übersinnliche Ursprung des Künstlerischen
7 RUDOLF STEINER: Eurythmie als sichtbare Sprache (1924); Dornach 1979, Gesamtausg., Bd. 279
8 RUDOLF STEINER: Die Pforte der Einweihung, in: *Mysteriendramen;* Dornach 1962, Gesamtausg., Bd. 14
9 RUDOLF STEINER: Die Pforte der Einweihung, in: *Mysteriendramen;* Dornach 1962, Gesamtausg., Bd. 14
10 RUDOLF STEINER: Kunst im Lichte der Mysterienweisheit (1914/15); Dornach 1980
11 RUDOLF STEINER: Wahrspruchworte; Dornach 1978, Gesamtausg., Bd. 40
12 RUDOLF STEINER: Umwandlungsimpulse für die künstlerische Evolution der Menschheit
13 RUDOLF STEINER: Anthroposophie und Dichtung

Aufbruch zu Christus im 20. Jahrhundert (Georg Blattmann)

1 Mündlich überliefert durch ERWIN SCHÜHLE
2 G. HILLERDAL und B. GUSTAFSSON (Hrsg.) Sie erlebten Christus. Berichte einer Untersuchung des Religionssoziologischen Seminars-Institut Stockholm; Stockholm 1973 (dt. Basel 1979)
3 Vgl. JOHANNES TAUTZ: Menschheit an der Schwelle. Die apokalyptische Sprache des Jahrhunderts; Stuttgart 1980
4 RUDOLF STEINER: Das Christentum als mystische Tatsache und die Mysterien des Altertums (1902); Dornach 1976, Gesamtausg., Bd. 8

5 Vgl. JOHANNES HEMLEBEN: Johannes der Evangelist; Hamburg 1972
6 FRIEDRICH RITTELMEYER: Meine Lebensbegegnung mit Rudolf Steiner; 1. Aufl., 1928; erweiterte Neuaufl. Stuttgart 1969
7 Vgl. GEORG BLATTMANN: Die Sonne – Gestirn und Gottheit; Stuttgart 1972
8 Vgl. z. B. den Beitrag von ERDMUT-MICHAEL HOERNER in: »Die Christengemeinschaft«, 1975, 47. Jahrg., Heft 5, 6, 7
9 NOVALIS (FRIEDRICH VON HARDENBERG): »Die Christenheit oder Europa« (1799); Hamburg 1946
(Heute dürfen wir den Titel mit Recht umformulieren und das Wort »Europa«, der bleibenden Aktualität des Inhalts entsprechend, durch »die Welt« oder »die Ökumene« – das heißt im ursprünglichen Wortsinn »der Erdkreis«, die von Menschen bewohnte Welt – ersetzen)

Freiheit und Handeln – Aspekte einer ganzheitlichen Alternative für die Zukunft (Kurt E. Becker und Hans-Peter Schreiner)

1 Vgl. FRIEDRICH HIEBEL: Rudolf Steiner im Geistesgang des Abendlandes, Bern und München 1975
2 Vgl. Beitrag von KARL-MARTIN DIETZ in diesem Band: Anthroposophie und Wissenschaft, S. 37
3 Vgl. JOHANNES HEMLEBEN: Rudolf Steiner; Reinbek 1963, S. 62
4 RUDOLF STEINER: Die Philosophie der Freiheit; Dornach 1973, S. 9. Im folgenden zitiert als PdF
5 HANNAH ARENDT: Vita activa oder vom tätigen Leben; München 1960
6 So enthält nicht zuletzt die PdF Passagen der Anlehnung an FRIEDRICH NIETZSCHE, ohne daß dieser allerdings von STEINER genannt wird. Ein auffallendes Beispiel: STEINERS pointierte Kritik an DAVID FRIEDRICH STRAUSS (vgl. PdF, S. 15 f), die letztlich nur erneut die Fundamentalkritik von NIETZSCHES erster »Unzeitgemäßer Betrachtung« aufwärmt.
7 PdF, S. 186
8 Ebd., S. 186
9 Zu STEINERS eigener Monismus-Interpretation vgl.: PdF, S. 29 ff oder S. 112 ff
10 PdF, S. 57 f
11 GEORG WILHELM FRIEDRICH HEGEL: Phänomenologie des Geistes; Frankfurt–Berlin–Wien 1973, S. 21
12 PdF, S. 171
13 Ebd., S. 171
14 Ebd., S. 171 f
15 Ebd., S. 241
16 Ebd., S. 179

17 Ebd., S. 170
18 Vgl. den Beitrag von GÜNTER BARTSCH in diesem Buch (S. 136)
19 GEORG WILHELM FRIEDRICH HEGEL: Grundlinien der Philosophie des Rechts; herausgegeben und eingeleitet von HELMUT REICHELT; Frankfurt–Berlin–Wien 1972, S. 214
20 PdF, S. 172
21 Ebd., S. 181
22 HEGEL, a. a. O. 1972, S. 218
23 Ebd., S. 218
24 PdF, S. 199
25 Ebd., S. 232
26 Ebd., S. 233
27 Ebd., S. 150
28 Ebd., S. 171
29 ERICH FROMM: Die Furcht vor der Freiheit; Frankfurt a. M. 1966
30 PdF, S. 164
31 HANNAH ARENDT: Vita activa oder vom tätigen Leben, München 1960
32 Ebd., S. 14
33 Ebd., S. 15
34 Ebd., S. 15
35 ERICH FROMM: Haben oder Sein. Die seelischen Grundlagen einer neuen Gesellschaft; München 1976
36 KURT E. BECKER: Triumph der Gleichgültigkeit, in: Neue Deutsche Hefte 4/1979, S. 783
37 Vgl. ebd., vor allem S. 781 f
38 PdF, S. 63
39 Ebd., S. 90
40 Ebd., S. 91
41 Ebd., S. 166
42 Ebd., S. 166

Adressen anthroposophischer Institutionen

Anthroposophische Gesellschaft

1. *Allgemeine Anthroposophische Gesellschaft*
   Sekretariat, CH-4143 Dornach (Schweiz)
   Tel. 004161/724242 (von Deutschland)
2. *Anthroposophische Gesellschaft in Deutschland e. V.,*
   Zur Uhlandshöhe 10, 7000 Stuttgart 1
   Tel. 0711/241872
3. Die Anschriften der Landesgesellschaften außerhalb der Bundesrepublik Deutschland und der Schweiz über:
   Allgemeine Anthroposophische Gesellschaft
   CH-4143 Dornach (Schweiz)
4. *Das Goetheanum, Freie Hochschule für Geisteswissenschaft*
   CH-4143 Dornach (Schweiz)
   mit Sektionen für
   - Allgemeine Anthroposophie
   - Pädagogik
   - Medizin
   - Naturwissenschaft
   - Ernährung und Landwirtschaft
   - Mathematik und Astronomie
   - Schöne Wissenschaften
   - Redende und musizierende Künste
   - Bildende Künste
   - Geistesstreben der Jugend
   - Sozialwissenschaft

Weitere Institutionen

1. Architektur
   Verein zur Förderung von Studienstätten für Gestaltung e. V.,
   Wilhelm Oberhuber, Inselstraße 8, 7815 Kirchzarten, Zarten.
   Tel. 07661/61555
2. Eurythmie
   Bildungsstätte für eurythmische Kunst und musische Erziehung,
   Zur Uhlandshöhe 8, 7000 Stuttgart 1,
   Tel. 0711/234230

3. Heilpädagogik
Rudolf-Steiner-Seminar für Heilpädagogik,
Hauptstraße 42, 7325 Eckwälden bei Bad Boll,
Tel. 07164/2148
4. Kunst
Freie Kunst- und Hochschule der Alanus Gesellschaft,
Gut Johannishof, 5305 Alfter bei Bonn,
Tel. 02222/2713
Die Freie-Kunst-Studienstätte Ottersberg,
Freie Hochschule für soziales Wirken der Kunst,
Am Wiestebruch 66–68, 2133 Ottersberg,
Tel. 04205/596
5. Landwirtschaft
Forschungsring für biologisch-dynamische Wirtschaftsweise,
Baumschulenweg 19, 6100 Darmstadt-Land 3
Demeter Bund e. V.,
Wellingstraße 24, 7000 Stuttgart 75,
Tel. 0711/478427/479497
Arbeitsgemeinschaft für biologisch-dynamische Wirtschaftsweise,
Mathystraße 34, 7530 Pforzheim
6. Medizin
Verein für ein erweitertes Heilwesen, Gemeinnütziger Verein e. V.,
Johannes-Kepler-Straße 58,
7263 Bad Liebenzell-Unterlengenhardt,
Tel. 07052/567
Arbeitsgemeinschaft anthroposophischer Ärzte,
Trossinger Straße 53, 7000 Stuttgart 75,
Tel. 0711/471501
Weleda AG, Heilmittelbetriebe,
Möhlerstr. 3, 7070 Schwäbisch Gmünd,
Tel. 07171/6051
Verband der Gemeinnützigen Krankenhäuser für anthroposophisch erweiterte Medizin e. V.,
7024 Filderstadt-Bonlanden
Verein für Krebsforschung,
Kirschweg 9, CH-4144 Arlesheim
Tel. 004161/722323
7. Pädagogik
Bund der Freien Waldorfschulen e. V.,
Haussmannstr. 46, 7000 Stuttgart 1,
Tel. 0711/232996
8. Religion
Die Christengemeinschaft, Schubartstr. 32, 7000 Stuttgart 1
9. Soziale Fragen
Seminar für freiheitliche Ordnung der Wirtschaft, des Staates und der Kultur e. V.,
Badstraße 35, 7325 Eckwalden/Boll,
Tel. 07164/2572

10. Wissenschaft
Friedrich-von-Hardenberg-Institut für Kulturwissenschaften,
Hauptstraße 59, 6900 Heidelberg,
Tel. 06221/28485

BANKEN

GLS Gemeinschaftsbank e. G.,
Oskar-Hoffmann-Straße 35 (Westfalenplatz), 4630 Bochum,
Tel. 02321/301034

KINDERGÄRTEN

Vereinigung der Waldorfkindergärten,
Haussmannstr. 44, 7000 Stuttgart 1,
Tel. 0711/232996

SEMINARE

Studienhaus Rüspe e. V.,
5942 Kirchhundem 3, Rüspe,
Tel. 02759/273
Freies Jugendseminar Stuttgart,
Ameisenbergstr. 44, 7000 Stuttgart 1,
Tel. 0711/261956, 265376

ZEITSCHRIFTEN

1. *Das Goetheanum,* Wochenschrift für Anthroposophie,
Goetheanum, CH-4143 Dornach (Schweiz)
2. *Die Drei,* Monatsschrift für Wissenschaft, Kunst und soziales Leben,
Haussmannstr. 76, 7000 Stuttgart 1
3. *Die Kommenden,* Verlag Die Kommenden GmbH,
Rosastr. 21, 7800 Freiburg
4. *Erziehungskunst,* Monatsschrift zur Pädagogik Rudolf Steiners,
Haussmannstr. 76, 7000 Stuttgart 76
5. *Lebendige Erde,*
Baumschulenweg 19, 6100 Darmstadt-Land 1
6. *Soziale Hygiene,* Merkblätter zur Gesundheitspflege,
Johannes-Kepler-Straße 58, 7263 Bad Liebenzell-Unterlengenhardt

Weitere Anschriften und Hinweise finden Sie im »Verzeichnis anthroposophischer Ausbildungs- und Studienstätten« (Bezug: Sekretariat der Anthroposophischen Gesellschaft in Deutschland, Zur Uhlandshöhe 10, 7000 Stuttgart 1).

Kurzbiographien der Autoren

KURT E. BECKER: 1950 geboren. Studium der Politischen Wissenschaften, Psychologie, Pädagogik, Philosophie (M. A.). Publizist. Mitherausgeber und Autor mehrerer Sammelbände u. a. *Rudolf Steiner: Der anthroposophische Weg,* Band-Nr. 5504; *Rudolf Steiner – Praktizierte Anthroposophie. Beiträge für ein humaneres Leben,* Band-Nr. 5534 beide im Fischer Taschenbuch Verlag, Frankfurt.

GEORG BLATTMANN: Jahrgang 1934. Waldorfschüler. Studium der Mathematik und Astronomie. Priesterseminar der Christengemeinschaft in Stuttgart. Seit 1960 Pfarrer. Schriftleiter der Monatsschrift *Die Christengemeinschaft.*
Wichtige Veröffentlichungen:
Die Sonne – Gestirn und Gottheit, Stuttgart 1972
Das Rätsel der Kometen, Stuttgart 1974
Strahlende Materie, Stuttgart 1980

KARL-MARTIN DIETZ: 1945 geboren. Studium der Klassischen Philologie, Germanistik und Philosophie in Heidelberg, Tübingen und Rom. Promotion zum Dr. phil. 1975. 1974–1980 Lehrtätigkeit an der Universität Heidelberg. Mitbegründer des Friedrich-von-Hardenberg-Instituts für Kulturwissenschaften in Heidelberg. Dort Mitarbeit in Forschung und Lehre.

HEDWIG GREINER-VOGEL: Geboren 1909. Waldorfschülerin in Stuttgart. Studium der Germanistik, Geschichte und Philosophie in Bonn und Erlangen, unter anderen bei Professor Benno von Wiese und Professor Eugen Herriegel. Promotion. Dissertationsthema: Goethes Faust. Seit 1935 Eurythmiestudium am Goetheanum in Dornach. Mitwirkung an der Eurythmiebühne und Unterricht an der Eurythmieschule. Umfangreiche Vortragstätigkeit über Faust-Themen, Ästhetik und Poetik.

EBERHARD GRILLPARZER: Jahrgang 1950. Kunsterzieher in Worms.

FRIEDRICH HIEBEL: 1903 in Wien geboren. Dr. phil. Ehemaliger Lehrer an der Freien Waldorfschule in Stuttgart. Lehrstuhl für deutsche Literatur in New York. Mitglied des Vorstandes der Anthroposophischen Gesellschaft in Dornach. Leiter der Sektion »Schöne Wissenschaften« am Goetheanum. Herausgeber der Wochenzeitung *Das Goetheanum.*

Wichtigste Buchveröffentlichungen:
Novalis, Bern/München, 1951, 1972
Christian Morgenstern, Bern/München 1957
Paulus und die Erkenntnislehre der Freiheit, Basel 1959
Goethe, Bern/München 1961
Die Botschaft von Hellas, Bern/München, 1963
Biografik und Essayistik, Bern/München 1970
Campanella, Stuttgart 1972
Der Tod des Aristoteles, Stuttgart 1978
Im Stillstand der Stunden, Gedichte, Dornach 1978

KARL RITTERSBACHER: Geboren 1900. Begegnungen mit Rudolf Steiner 1921–1923. Studium der Erziehungswissenschaft, Psychologie und Geschichte in Mannheim, Tübingen, Jena und Heidelberg. Pädagoge.
Wichtige Bücher:
Der Naturforscher Goethe in Selbstzeugnissen, Freiburg und St. Michael
Kreuzzug gegen den Gral (Hrsg.)
Zur Beurteilung der Pädagogik Rudolf Steiners, Basel 1969
Wirkungen der Schule im Lebenslauf, Basel 1975
Die Notwendigkeit eines neuen Lehrer- und Erzieherbewußtseins, Freiburg 1981

WOLFGANG SCHAUMANN: 1924 geboren. Studium der Tiermedizin in München. Studium der Anthroposophie, besonders der erkenntniswissenschaftlichen Schriften Steiners, dann der anthroposophischen Medizin. Tierärztliche Praxis. Mitwirkung in der biologisch-dynamischen Arbeit seit 1955. Vorstandsmitglied des Forschungsringes für biologisch-dynamische Wirtschaftsweise und des Demeterbundes.
Wichtige Veröffentlichung: *Biologisch-dynamische Landwirtschaft,* Stuttgart.

HANS-PETER SCHREINER: Jahrgang 1949. Journalist. Mitherausgeber und Autor mehrerer Sammelbände u. a. *Rudolf Steiner: Der anthroposophische Weg,* Band-Nr. 5504, *Rudolf Steiner – Praktizierte Anthroposophie. Beiträge für ein humaneres Leben,* Band-Nr. 5534 beide im Fischer Taschenbuch Verlag, Frankfurt.

LOTHAR VOGEL: 1917 geboren. Besuch der Freien Waldorfschule von 1926 bis 1937. Medizinstudium in Prag und Tübingen. 1946 bis 1976 heilpädagogische Tätigkeit, Schularzt. Seit 1976 freie wissenschaftliche Tätigkeit. Grundlegendes Werk über anthroposophische Menschenkunde: *Der dreigliedrige Mensch,* Dornach 1967. Umfangreiche Vortragstätigkeit.

Perspektiven der Anthroposophie

Der anthroposophische Weg

Kurt E. Becker
Anthroposophie – Revolution von innen
Leitlinien im Denken Rudolf Steiners
Band 3336

Der Band zeigt Leitlinien im Denken Rudolf Steiners auf: daß Denken Handeln ist, ein Tun, das in einem wechselwirkenden Prozeß an der Wirklichkeit sich entfaltet, ein Werden, das dem Individuum in einer steten, sich und die Welt in jeweils gleichem Maße einbeziehenden Erfahrung die Einsicht in die Einheit des Universums vermittelt.

Rudolf Steiner:
Der anthroposophische Weg
Herausgegeben von Kurt E. Becker/Friedrich Hiebel/
Hans-Peter Schreiner
Band 5504

Das Buch beantwortet die Fragen: Was ist der Mensch? Woher kommt er? Wohin geht er? Was bedeutet »Karma«? Was »Reinkarnation«? Welche Position hat diese Sicht vom Menschen im abendländischen Denken?

Walter Abendroth
Rudolf Steiner und die heutige Welt
Ein Beitrag zur Diskussion um die menschliche Zukunft
Band 5513

»An Hand einer scharfen Analyse der modernen Massengesellschaft wird der Wert von Steiners Sicht des Menschen als ganzheitlichen Wesens hervorgehoben und als Ausweg der heutigen Situation erkannt.«
Hannoversche Allgemeine Zeitung

Fischer Taschenbuch Verlag

fi 440/1a

Perspektiven der Anthroposophie

Der anthroposophische Weg

Rudolf Steiner –
Praktizierte Anthroposophie
Beiträge für ein humaneres Leben
Herausgegeben von Kurt E. Becker
und Hans-Peter Schreiner
Band 5534

Daß Anthroposophie mehr ist als geistige Erbauung in esoterischen Zirkeln, daß sie eng mit der Lebenspraxis verbunden ist, macht ihre zunehmende Anziehungskraft auf so viele Menschen aus. »Praktizierte« Anthroposophie heißt deshalb heute nicht allein, übersinnliches Schauen zu erlernen, mit Steiners Geisteswissenschaft Eingang in höhere Welten zu finden, es heißt vor allem auch, anthroposophische Erkenntnis auf den Alltag zu übertragen.

»Die Anthroposophie will praktisch verstanden werden und nicht als das ›utopisch-mystische Schwärmen unpraktischer Leute‹.« *Rudolf Steiner, 1924*

Anthroposophie heute
Herausgegeben von Kurt E. Becker
und Hans-Peter Schreiner
Band 5535

Dieses Buch gibt Aufschluß darüber, welches heute die meßbaren Ergebnisse der Anthroposophie sind, es erörtert, was in der Zukunft möglich erscheint, und es beschäftigt sich mit der Frage, welche ganzheitliche »Alternative« die Anthroposophie dem Menschen von heute bietet.

fi 430/1